문안의 수행 문밖의 수행

-
-
-
-
-
-

●
이 책은 육조단경 판본 가운데 가장 오래되어 원형에 가까운 돈황본敦煌本으로
원래 명칭은 『남종돈교 최상대승 마하반야바라밀경』이다.

문 안의 수행 문 밖의 수행

월호 스님의 육조단경 강의

불광출판사

── 머리말 ──

  하동 쌍계사 금당선원에는 육조 스님의 정상頂相을 모신 탑이 있습니다. 강원 시절 중국에서 온 스님 일행을 맞이한 적이 있습니다. 그분들은 육조 스님이 모셔진 금당을 참배하고자 했지만, 당시 결제기간 중인지라 출입이 곤란하다고 말씀드렸지요. 그러자 입구까지라도 안내해달라고 하기에, 금당 입구 돈오문頓悟門 앞까지 안내해드렸습니다. 그분들은 문 옆 담벼락 기왓장 위에 자신들이 준비해온 간단한 공양물을 올려놓고, 땅바닥에 대고 그대로 삼배를 하는 것이었습니다. 매우 진지하면서도 정성이 담겨있는 절이었습니다. 그리고 필자에게 몇 백 달러를 건네주면서 나중에 불전함에 넣어달라고 부탁을 했습니다. 비록 돈오문 안에 들어가지는 못하였지만, 문 밖에서나마 진실한 참배를 하고자 하는 것이었습니다.
  문 안의 수행과 문 밖의 수행. 수행은 이렇게 두 가지로 나눌 수 있습니다. 여기서의 문은 바로 돈오문頓悟門을 말합니다. 문 안의 수행은 돈오문 안으로 들어온 이후의 수행, 즉 단박 깨친 이후의 수행을 말하며, 문 밖의 수행은 아직 깨치기 이전의 수행을 말합니다. 깨친다는 것은 성품을 보

는 것입니다. 성품은 공空한 것입니다. 텅 비었기 때문에 무엇으로든 채울 수 있습니다. 그러므로 성품을 보고 난 이후의 수행은, 본래 닦을 것이 없음을 알고 닦는 것입니다. 이와 달리 성품을 보기 이전의 수행은 정말 닦을 것이 있다고 생각하며 닦는 것입니다. 몸과 마음에 고정된 실체가 없음을 아직 깨닫지 못한 것이지요. 몸과 마음에 초점이 맞추어져 있어서, 성품의 문 안으로 들어오기 이전의 상태인 것입니다.

여기 만 원짜리 지폐 두 장이 있습니다. 한 장은 빳빳한 새 돈이고, 한 장은 구겨지고 더러운 헌 돈입니다. 하지만 슈퍼마켓에 가면 둘 다 똑같은 가치를 지닙니다. 똑같이 만 원어치의 물건을 살 수 있다고 하는 것입니다. 새 돈은 더 많은 물건을 살 수 있고, 헌 돈은 더 적은 물건을 살 수 있는 것이 아닙니다. 우리의 본성도 마찬가지입니다. 몸과 마음이 청정하든 오염되었든 상관없이 똑같은 가능성을 지니고 있습니다. 그것은 무한한 가능성이며, 부처가 될 수 있는 가능성입니다. 인간은 물론 신의 스승인 부처도 될 수 있는데, 무엇인들 될 수 없겠습니까?

대매산大梅山 법상法常 선사가 마조도일馬祖道一 스님에게 물었습니다.

"어떤 것이 부처입니까?"

"마음이 곧 부처이니라卽心是佛."

이에 선사가 크게 깨닫고 산으로 들어가 암자를 짓고 6년을 지냈습니다.

어느 날 마조 대사가 갑자기 법상 선사를 생각해서, 한 스님을 보내 묻게 하였습니다.

"그 때 마조 스님을 뵙고 어떤 도리를 얻었기에 암자를 짓고 사십니까?"

"당시에 마조 스님께서 '마음이 부처'라고 하신 말씀을 듣고 여기에 머물게 되었습니다."

"마조 스님께서 요즘 설하시는 불법은 다릅니다."

"어떻게 다릅니까?"

"요즘은 '마음도 아니요, 부처도 아니다非心非佛.'라고 하십니다."

"그 노장이 사람 미혹하게 하기를 그칠 날이 없군요. 마조 스님께서 그렇게 말씀하신다 하더라도, 나는 오로지 '마음이 부처'라고 할 것입니다."

그 스님이 돌아와 마조 대사에게 고하니, 마조 대사가 말했습니다.

"대중이여, 매실이 익었구나梅子熟也."

마조 스님의 도움으로 깨달음을 얻었지만, 마조 스님의 말씀에 끌려 다녀서도 안 됩니다. 자신의 본래 성품을 제대로 보게 되면 더 이상 밖으로 찾아다닐 일이 없게 되는 것이지요. 양에게는 울타리가 절대 필요하지만 사자에게는 울타리가 필요 없습니다. 결국 이 물건 그대로여서 딴 물건이 아니니, 잘 보호해 가져야 한다고 하는 것입니다.

자신이 지닌 무한한 가능성을 꺼내 쓸 생각은 하지 않고 밖으로만 찾아다니고 구걸하는 것은 올바른 마음가짐이 아닙니다. 비록 누군가의 도움으로 마음을 열거나 병이 낫게 되었다고 하더라도, 그것조차 내 자신에게 이미 열려진 마음, 건강함의 능력이 잠재되어 있었기 때문에 가능한 것입니다. 자기야말로 자신의 주인이라고 하는 것이지요.

"불시자성작佛是自性作 막향신외구莫向身外求하라."

부처는 자기 성품으로 이루어지는 것이니 몸 밖에서 구하지 말라, 아주 짤막한 대목이지만 『육조단경』의 핵심입니다. 남녀노소, 빈자와 부자를 막론하고 누구나 똑같이 무한한 가능성을 지니고 있다는 것이 『육조단경』의 가르침입니다. 우리의 가능성은 이미 완전합니다. 이제부터 완전하게 만들어나가는 것이 아닙니다. 그러므로 문 안의 수행이란 '불완전한

나'를 '완전한 나'로 만들어가는 것이 아니라, '이미 완전한 나'를 그대로 지키고 살려나가는 것이지요. 비록 겉보기에 모자라고 불완전해 보이는 존재라 할지라도, 바로 지금 여기에서 무한한 가능성을 지니고 있기 때문에 존중하지 않을 수 없습니다.

하지만 어마어마한 금덩어리가 있을지라도 땅속에 파묻혀 있으면 소용이 없듯 부처가 될 가능성을 입으로만 읊조려서는 안 됩니다. 자기와 남, 세상을 위해서 잘 쓸 때 비로소 진정한 가치가 있는 것입니다. 바로 지금 여기에서 부처의 행을 수행하는 것, 자신의 주인이 되어 완전연소 하는 것, 스스로도 꿈에서 깨어나고 남도 꿈에서 깨어날 수 있도록 도와야 하는 것입니다. 이것이 우리 모두의 삶의 목적이 될 때 나도 행복하고, 남도 행복하고, 세상에 진정한 평화가 올 것입니다.

2009년 새봄
지리산 국사암 염화실에서
월호 화남

차례

머리말 ●04

남종돈교 최상대승 마하반야바라밀경 ●12
서언序言 ●16

一. 전법의 인연을 설하시다

1. 사람에게는 남북이 있으나 불성에는 남북이 없다 ●21
2. 몸은 깨달음의 나무요, 마음은 밝은 거울의 밑바탕 ●32
3. 깨달음은 본래 나무가 없고 밝은 거울은 또한 밑바탕 없네 ●42

二. 마하반야바라밀법을 설하시다

1. 선정과 지혜는 둘이 아니다 ●51
2. 무념을 으뜸으로 삼고, 무상을 몸통으로 삼으며, 무주로 근본을 삼는다 ●59
3. 생각 일으키지 않음이 좌坐요, 어지럽지 않음이 선禪이다 ●75
4. 삼신불은 몸과 마음 그리고 성품을 말한다 ●86
5. 네 가지 큰 서원을 세워라 ●102
6. 상相이 없는 것이 진정한 참회다 ●109
7. 마하반야바라밀법을 수행하라 ●123
8. 단박의 가르침을 듣고 성품을 보라 ●131
9. 스스로 깨닫지 못하는 이는 큰 선지식을 찾아서 성품을 보라 ●138
10. 모양을 여읜 게송을 설하다 ●160

三. 법을 묻고 답하다

1. 복과 공덕은 다르다 ●171
2. 서방정토는 멀지 않다 ●182
3. 세속에서 닦는 방법 ●201

四. 조계산에서 교화를 펴시다

1. 법에는 돈과 점이 없으나, 사람에게 영리함과 우둔함이 있다 ●221
2. 자성은 잘못도 없고 어지러움도 없으며 어리석음도 없다 ●228
3. 부처의 행이 부처이다 ●239
4. 짓되 얻고자 함이 없는 것이 최상승이다 ●254
5. 볼 것은 나의 허물이요, 보지 않을 것은 남의 허물이다 ●257

五. 法을 전하고 流通케 하다

1. 서른여섯 가지로 상대하는 법을 설하다 ●267
2. 성품의 몸통은 생멸거래가 없다 ●289
3. 법은 전하고 가사는 전하지 않다 ●301
4. 일곱 부처님과 삽삼조사 ●316
5. 참 부처를 보는 해탈의 노래 ●326
6. 자성의 참 부처 해탈의 노래 ●333
7. 마지막 말씀을 남기시다 ●343
8. 후기 ●349

六祖壇經(敦煌本) ●353

조계 남화선사 육조 혜능선사 진신상

사진 · 장혜경

문 안의 수행 문 밖의 수행

-
-
-
-
-
-

남종돈교 최상대승 마하반야바라밀경

6조 혜능 대사가 소주 대범사에서 법단경 1권을 베푸시고 겸하여 무상계를 주셨다. 홍법 제자인 법해가 기록하다.

———

^{강의} 맨 먼저 경전의 제목과 개요를 말하고 있습니다. 원래 경전은 부처님께서 말씀하신 가르침을 말합니다. 그런데 『육조단경』은 부처님의 직설이 아니고, 6조 혜능 스님께서 하신 말씀을 모아놓은 겁니다. 그런데도 왜 경이라고 부르느냐? 부처님 가르침의 핵심을 당나라 시대의 언어로 직설해 놓았기 때문에 부처님의 가르침이 아닐 수 없다는 의미에서 경이라고 한 것입니다.

육조단경의 원래 제목은 『남종돈교 최상대승 마하반야바라밀경』입니다. 육조단경에서 가장 핵심적으로 말씀하시는 부분이 바로 '위대한 지혜로서 저 언덕으로 건너간다.'는 의미를 지닌 '마하반야바라밀'을 계속 염송하라는 말씀입니다. 대부분 경전 제목만 보더라도 그 경전의 종지를 짐

작할 수 있습니다. 육조단경도 마찬가지입니다.

남종南宗이란, 혜능 스님께서는 중국의 남쪽으로 내려오셔서 가르침을 폈고 또 신수 대사께서는 북쪽, 당시 수도인 장안과 낙양 부근에서 가르침을 폈기 때문에 신수 스님의 종파를 북종이라 하고, 혜능 스님의 종파를 남종이라고 한 것입니다.

돈교頓教에서의 돈은 단박 돈頓 자입니다. 하동 쌍계사 금당선원으로 올라가는 선방 입구의 대문 위에 돈오문頓悟門이라고 적혀 있습니다. 이 문을 통과하면 단박에 깨달을 수 있다는 겁니다. '단박'은 물론 시간적으로 '빨리, 금방'이라는 의미도 있지만, 열심히 수행해서 수없이 긴 생에 걸쳐서 겨우 갈 수 있는 것이 아니고 바로 지금 여기에서도 가능하다는 의미를 지니고 있는 것입니다. 현대식 용어로 하자면 '디지털식 깨침'이지요. 몸과 마음을 닦는 수행은 아날로그식으로 꾸준히 해야 됩니다. 그러나 깨달음이란 단박에 디지털식으로 온다는 것입니다. 그것이 남·북종의 차이이기도 합니다. 신수의 북종 계통은 몸과 마음을 꾸준히 닦다 보면 마침내는 때가 다 벗어진다는 가르침을 펴고 있는 반면에, 혜능 스님은 몸이니 마음이니 실체가 없는 것, 자기의 성품을 보아야 한다고 해서 돈오견성의 문을 활짝 열어놓았습니다.

최상대승은 가장 으뜸가는 대승을 뜻합니다. 소승은 히나야나, '작은 수레'이고 대승은 마하야나, '큰 수레'인데, 대승 가운데서도 으뜸가는 대승이란 의미에서 최상대승이라 한 것입니다.

마하반야바라밀에서의 '마하'는 크다는 뜻이고 '반야'는 지혜, '바라밀'은 지혜의 완성 또는 고통의 이 언덕에서 열반의 저 언덕으로 건너간다는 뜻입니다. 경은 수트라, 부처님의 가르침인데 육조단경의 원래 제목이 다름 아닌 '마하반야바라밀경'이라는 것이야말로 단경의 취지를 잘 드러내주고 있습니다.

　조사祖師는 한 가문을 이룬 큰스님을 말하고, 6조는 초조初祖인 보리달마 스님부터 죽 내려와서 여섯 번째 조사스님이라는 뜻입니다. 혜능은 6조 스님의 법명입니다.

　법단경 1권을 베푸셨다고 하였는데, 6조 스님께서 법단을 설치해서 가르침을 주셨다고 해서 육조단경이라고도 하고, 법단경, 법보단경이라고도 합니다. 육조단경을 영어로 번역할 때는 플랫폼 수트라라고 번역했습니다. 단壇은 플랫폼을 뜻합니다. 육조단경이야말로 바로 깨달음으로 직행하는 열차를 타는 플랫폼, 승강장 역할을 하고 있습니다. 올라타기만 하면 여러분의 행선지인 깨달음의 세계에 단박에 데려다 주게 되어 있습니다.

　또한 혜능 스님께서는 육조단경과 겸하여 무상계를 내려주셨고, 그것을 법을 펼치는 제자인 법해가 모아서 기록했다는 것을 밝히고 있습니다. 무상계야말로 육조단경에서 아주 중요한 내용입니다. 직역하면 모양이 없는 계율인데, 그 뜻이 무엇일까? 심심 미묘한 이치가 여기에 담겨 있습니다.

　스님들이 출가해서 행자생활을 마치고 행자 교육원에서 교육을 받고 나면 사미(니)계를 받습니다. 사미계를 받으면 사미가 됩니다. 그리고 4년 이상의 정기 교육을 마치고 나서 비구계를 받습니다. 비구계를 받으면 비구가 됩니다. 그리고 요새 전국 각지에서 보살계 행사가 많이 이루어지고 있는데, 보살계를 받으면 뭐가 됩니까? 바로 보살이 됩니다. 여기에 굉장히 중요한 이치가 있습니다. 보살이 된다는 것은 바로 문수·보현·관음·지장보살과 같이 공부하는 반려자, 쉽게 말하면 도반(친구)이 되는 것입니다. 보살계를 받는 순간부터 모든 보살님과 친구가 되니 얼마나 기쁘고 가슴 벅찬 일입니까? 보살은 보디사트바의 음역입니다. 한편으로는 깨달음을 추구하고 한편으로는 중생제도를 합니다. 다시 말해서 상구보리 하화중생하면서 부처님과 중생의 다리, 교량 역할을 하는 분이 보살입니다. 여태까지는 나만 생각하고 남의 은혜를 받기만 하고 살았지만 이제부터는 베풀고 살아야겠다는 것이 바로 보살의 마음가짐입니다.

그와 같이 무상계無相戒를 받으면 무상無相이 된다는 겁니다. 무상은 무아상無我相, 아상이 없어진다, 형상에 집착하지 않는다, 나라는 존재에 집착하지 않는다는 것을 말함이니, 무상계를 받으면 한 마디로 말해서 무아가 성취된다는 겁니다. 다시 말해서 육조단경을 잘 읽고 무상계를 받으면 그 순간 무아법에 통달하고 보살이 된다는 겁니다.

요즘도 선이라 하면 수행자들이 선방에서 결제 기간 동안 하는 것이라 알고 있는 분들이 있는데, 6조 스님은 '바로 지금 여기에서 언제 어디서나 누구나' 할 수 있는 게 참선이라고 말씀하셨습니다. 참선을 대중화·세계화시킨 분이 바로 6조 스님이시고, 참선이 지금까지 많은 사람에게 큰 영향을 미칠 수 있었던 것이 6조 스님 덕분입니다. 바로 이런 점에서 6조 스님을 위대하다고 하는 것입니다. 육조단경을 공부하기 전에 먼저, 참선이라 하면 특수한 사람들이 특수한 장소에서 특수한 시간에 하는 것이라는 참선에 대한 고정관념, 선입견을 놓아야 됩니다.

서언

　혜능 대사가 대범사 강당의 높은 자리에 올라 마하반야바라밀법을 설하고 무상계를 주시니, 그 때 자리 아래는 비구·비구니·수도인·속인 등 일만여 명이 있었다.
　소주 자사 위거와 여러 관료 삼십여 명, 그리고 유가의 선비들 몇몇이 대사께서 마하반야바라밀법 설해 주기를 청하였고, 자사는 마침내 대사의 제자인 법해 스님에게 모아 기록하여 후대에 유통케 했다. 도를 배우는 사람으로 하여금 이 종지를 이어받아 서로서로 전수케 하였으니, 대략 좇을 바 있으므로 받아 잇게 하기 위하여 이 단경을 설하게 되었다.

───

　앞의 머리말에서는 첫 번째, 위대한 지혜로써 저 열반의 언덕으로 건너간다, 지혜를 완성한다는 의미를 가지고 있는 '마하반야바라밀법'을 설하셨다는 것, 두 번째는 '무상계'를 주셨다는 것이 중요한 포인트입니다.
　『범망경』에 의하면, 부처님께서 우리에게 진정으로 주고 싶어 하시는 것은 불계라고 합니다. 보살계를 받으면 보살이 되는 것처럼 불계를 받으면 바로 그 자리에서 부처님이 되는 겁니다. 더 이상 밖에서 찾을 것이 아니고 이미 내가 갖추고 있는 것을 확인하고 써나가면 된다고 하는 불지견佛知見, 내가 원래 부처라는 지견에서 출발하는 게 바로 참선의 특색입니다. 그런데 중생들이 아직 스스로의 확신이 부족한 관계로 일단 보살계를 먼저 준다는 표현이 있습니다.

이처럼 보살계를 받는 취지를 잘 알아야 하는데, 보살은 대심범부, 마음이 큰 범부로서 일반 범부 중생과 달라야 합니다. 스스로 보살심을 써나가야 진정한 보살이 되는 것입니다. 10년 20년 아무리 절에 오래 다녔어도 자기가 사온 초와 향을 먼저 켜려 하고 좋은 자리, 좋은 방을 독차지하려고 하면 진정한 보살이 아닙니다. 그와 달리 초보불자라도 보살심을 내면 참 보살이 되는 겁니다.

무상계는 무상無相, 고정 불변한 실체로서의 나가 없다는 무상계를 받으면 무상을 터득하게 되는 것입니다. 우리 모두가 무상계를 받아서 무상·무아상·아상이 없는 경지를 바로 지금 이 자리에서 터득한다, 그런 의미에서 무상계가 굉장히 중요한 의미를 지니고 있습니다.

경전에 보면, 청하는 사람에게 법문을 설해주라고 합니다. 법을 청하지도 않는 사람에게 설하면 제대로 듣지 않는다는 겁니다. '저 사람이 잘난 척하려고 법을 설하는구나.' 하고 생각하는 사람도 있고, '나는 다른 일을 해야 되는데' 하며 법문을 허투로 듣기 때문입니다. 그래서 요즘도 법회 때마다 법문을 청하는 삼배를 먼저 드리고 청법가를 부르는 것입니다. 그 당시에도 마찬가지였습니다. 자사는 한 지역을 다스리는 수령의 직함인데, 소주의 자사인 위거와 여러 사람이 대사에게 법을 설해주기를 청하였고, 마침내 대사의 제자인 법해 스님으로 하여금 모아서 기록하게 한 것입니다.

一

전법의 인연을 설하시다

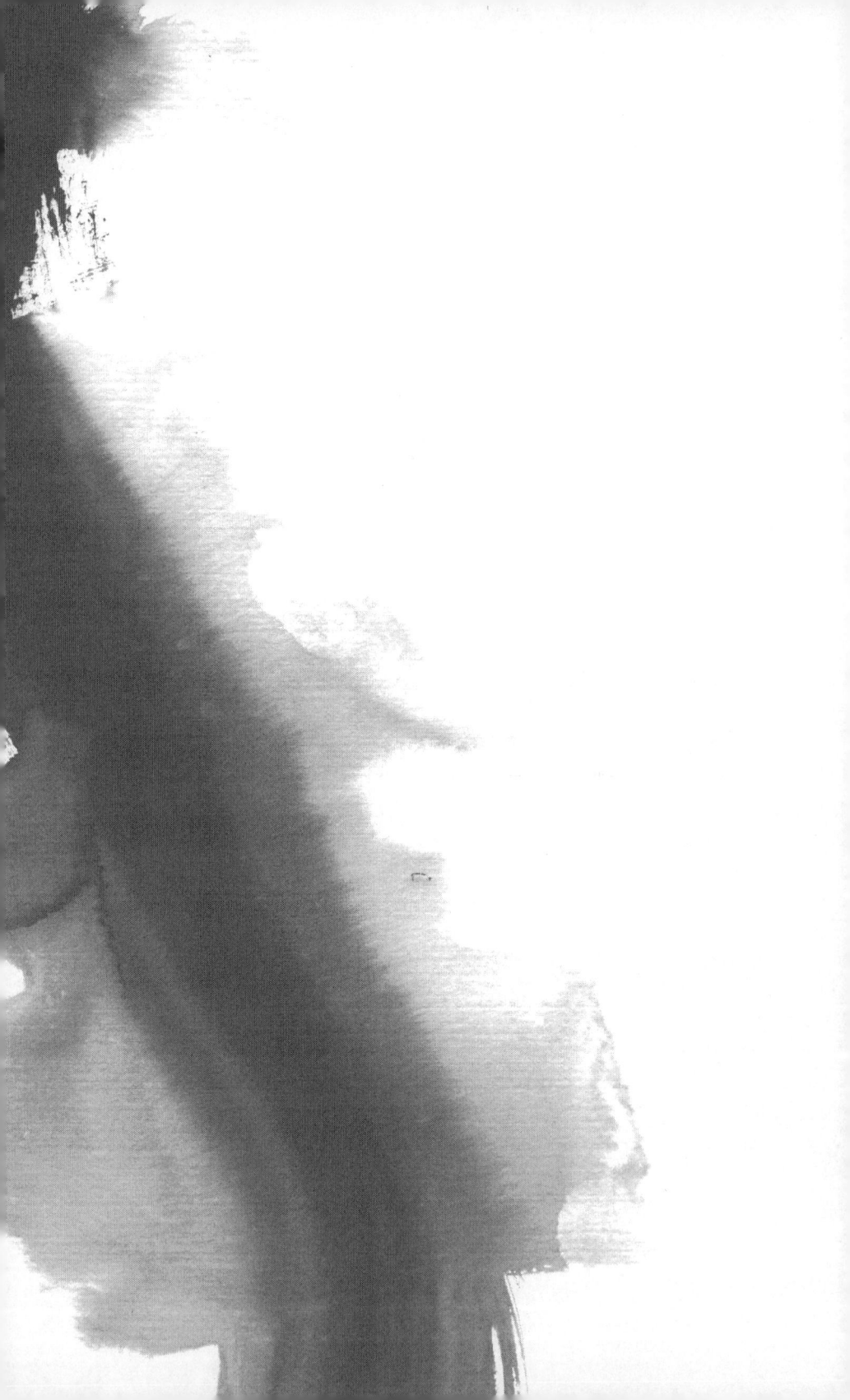

1

― 사람에게는 남북이 있으나 불성에는 남북이 없다 ―

혜능 대사는 말씀하셨다.

"선지식들이여, 마음을 맑히고 마하반야바라밀법을 생각하라!"

대사께서는 말없이 스스로 정신을 가다듬고 한동안 침묵하시고 나서 말씀하셨다.

"선지식들이여, 조용히 들으시오. 혜능의 아버지 본관은 범양인데 좌천되어 영남 땅 신주 백성으로 옮겨 살았느니라. 혜능은 어려서 일찍 아버지를 여의었으며 늙은 어머니와 외로운 아들은 남해로 옮겨와서 가난에 시달리며 장터에서 땔나무를 팔며 지냈느니라."

강의 혜능 대사는 어째서 법문을 듣는 이들에게 '뭇 중생들이여' 하지 않고 '선지식들이여' 라고 했을까요? 혜능 대사의 이 말씀은 알고 보면 정말

멋진 표현입니다. 법문을 듣는 이들이 모두 이미 선지식이라는 뜻이지요. 마찬가지로 여러분이나 저도 마음에 선지식을 지니고 있습니다. 그 사실을 제대로 확인하기 위해 마하반야바라밀법을 염하라는 것이지요.

그 다음을 읽어보면 혜능 대사가 '혜능'이라는 말로 자신을 지칭하고 있습니다. '나'라는 말을 쓰지 않는 것이 마치 남의 이야기를 하는 것 같지요. 제가 저에 대해 이야기하는데 "월호는 쌍계사에 사는 스님인데…"라고 말하는 식입니다. 자신의 이야기를 마치 남의 이야기처럼 말하는 것, 여기에는 중요한 의미가 있습니다.

우리는 평소에 대화할 때 '나'라는 표현을 많이 씁니다. '나 오늘 기분이 나빠', '내가 오늘 어디를 가는데 말이야', '나의 집', '우리 가족' 등등이 그런 예이지요. 미국의 뉴욕의 어떤 전화국에서 사람들이 통화하면서 가장 많이 쓰는 단어가 무엇인지 분석해 봤더니 바로 '나'라는 단어였다고 합니다. 저도 한번은 도반들과 일주일 동안에 '나'라는 말을 몇 번이나 쓰는지 체크해 보기로 한 적이 있습니다. 그런데 하도 많이 쓰다 보니 다 세지를 못하겠더군요. 여러분도 한번 체크해 보면 '나'라는 표현을 생각한 것보다 훨씬 더 많이 쓰고 있다는 것을 알 수 있을 것입니다.

그러면 부처님은 자신을 뭐라고 지칭했을까요? 경전을 보면 부처님은 본인을 지칭할 때 '나'라는 표현을 쓰지 않고 마치 다른 사람을 말하는 것처럼 '여래'라는 표현을 썼습니다. 그래서 부처님은 '나는 이렇게 생각한다'라고 하지 않고 '여래는 이렇게 생각한다'라고 했습니다. 한역 경전이나 한글 대장경을 보면 부처님이 자신을 '나'라고 지칭하는 부분들이 더러 있습니다. 하지만 그것은 번역한 이들이 그렇게 번역한 것일 뿐이고 산스크리트 원문에서는 '나' 대신 '타타가타', 곧 여래라는 표현이나 붓다라는 표현을 씁니다.

진정으로 해탈한 이는 아상我相에서 벗어났기 때문에 '나'라는 표현을 잘 쓰지 않습니다. 무아법에 통달하게 되면 의식적으로든 무의식적으로든 '나'라는 표현을 사용하지 않게 된다고 합니다. 부처님이 '나'라는 표현을 쓰지 않은 것도 이런 이유 때문이지요. 오늘 공부하는 『육조단경』의 구절에서 혜능 대사가 자신에 대해 '나'라는 표현을 쓰지 않고 '혜능', '외로운 아들'과 같이 객관적인 표현을 쓰는 것 또한 이런 이유 때문이지요. 무아법에 통달했기 때문에 본인의 이야기를 하면서도 마치 남의 이야기 하듯 할 수 있는 것입니다.

부처님이나 혜능 대사를 본받아 저도 되도록 '나'라는 표현을 쓰지 않으려 하고 있습니다. 실제로 해보면 '나'라는 표현을 안 쓰고도 얼마든지 필요한 말을 다 할 수 있습니다. 『육조단경』을 공부하시는 여러분들도 앞으로 가능한 한 '나'라는 말을 줄여 보십시오. 아상我相을 줄이는 공부가 될 것입니다.

어느 날 한 손님이 땔나무를 사서 혜능을 데리고 관숙사官宿舍에 갔다. 손님은 나무를 가져가고 혜능은 돈을 받고 문을 나서다가 홀연히 한 손님이 『금강경』읽는 것을 보았다. 혜능은 한 번 들음에 마음이 밝아져 문득 깨닫고 이내 손님에게 물었다.

강의 깨달음을 얻기 전의 혜능 대사는 불교 공부를 열심히 한 것도 아니고 수행을 열심히 한 것도 아니었습니다. 불교 공부나 수행은 고사하고 불교적 소양 자체가 전혀 없었습니다. 그렇다고 다른 학문적 소양이 있었던 것도 아니었습니다. 그저 홀어머니를 모시고 살아가는 평범한 나무꾼이었을 뿐이지요. 그러다가 어느 날 『금강경』을, 그것도 자신이 읽은 것이 아니라 남이 읽는 것을 듣고 단박에 깨친 것입니다.

깨달음이란 이렇게 단박에 올 수 있습니다. 마음 공부를 하는 우리들은 언제나 어디서나 무엇을 하고 있거나 갑자기 깨달음이 올 수 있다는 확신을 가져야 합니다. 불교를 믿음에 있어서 공부나 수행은 말할 것도 없이 중요합니다. 하지만 그러한 것들이 깨달음을 얻기 위한 절대적인 조건이라고 생각해서는 안 됩니다. 깨달음의 본질을 망각한 채 이런저런 조건에만 집착하게 된다면 깨달음에 이르는 길은 멀어지게 됩니다. 조건을 적게 달면 달수록 깨달음에 이르는 길은 가까워집니다. 혜능 대사의 일화가 이를 잘 보여줍니다.

"어디에서 오셨기에 이 경전을 지니고 계십니까?"
손님이 대답했다.
"나는 기주 황매현 동빙무산東憑茂山에서 5조 홍인 화상을 예배하였는데, 지금 그 곳에는 제자가 천여 명이 있습니다. 나는 거기에서 5조 대사가 승려와 속인들에게 다만 『금강경』 한 권만 지니면 곧 성품을 보아 바로 부처를 이루게 된다고 권하는 것을 들었습니다."

강의 마음공부를 할 때 처음에는 한마음으로 모으는 일심공부를 하게 됩니다. 그리고 응무소주應無所住, 머무는 바 없는 마음, 무심으로 가야 됩니다. 그리고 나서 이생기심而生其心, 마음을 내는 발심을 합니다. 마음공부의 삼 단계를 유념해야 됩니다. 그렇지 않으면 자기가 어느 단계 공부를 하고 있는지 잊어버릴 수가 있습니다. 처음에는 일심공부, 그 다음에는 무심공부, 그 한마음조차도 넘어서는 경지에 갔다가 다시 발심공부를 하는 겁니다. 이것이 바로 진공묘유의 이치입니다. 일체가 다 허깨비고 그림의 떡이지만 사실은 그림의 떡이 없으면 허기를 채울 수 없다는 이치가 진공묘유입니다. 그렇기 때문에 바로 지금 여기에서 중생 구제의 발심, 불법 전파의 발심을 일으키는 게 중요합니다.

혜능 스님은 『금강경』의 "응당 머무는 바 없이 그 마음을 낸다."는 말씀을 듣고 심명변오心明便悟, 마음이 밝아져 문득 깨달았다고 합니다. 선사 스님들의 깨달음의 일화를 모아 놓은 『경덕전등록』이나 『선문염송』 같은 책에서 깨달음의 기연에 대해 조사해 본 적이 있습니다.

그런데 반 이상이 듣고 깨달았다고 합니다. 듣는 것이 굉장히 중요합니다. 『능엄경』에서도 성품을 돌이켜 듣는다고 해서, 우리가 안·이·비·설·신·의 육근을 가지고 수행할 수밖에 없고 깨달을 수밖에 없는데 그 중에서 가장 수승한 것이 바로 이근耳根이라고 합니다. 선지식의 말씀을 듣고 깨닫는다든지, 대나무에 기왓장 부딪치는 소리나 번개 치는 소리를 듣고 깨닫는 등 듣고 깨닫는 경우가 가장 많았습니다. 그 다음이 부처님이 샛별을 보고 깨닫는 것처럼 보고 깨닫는 것이 일부 있고, 그 외에 특수한 경우가 몇 가지 있는데, 16나한 중에서 여섯 번째 발타라 존자처럼 목욕을 하다 깨닫는 경우도 있었습니다.

그 말을 들은 혜능은 숙업의 연이 있음을 알아 곧 어머니를 하직하고 황매의 빙무산으로 가서 5조 홍인 화상을 예배하였다.

<u>강의</u> 공부는 이렇게 해야 합니다. 발심한 순간 선지식을 찾아가야 하는 것입니다. 세상에 양보할 것과 양보하지 말아야 할 것이 있습니다. 다른 것은 다 양보해도 공부하는 자리는 절대 양보해서는 안 됩니다. 전 재산을 털어서라도, 모든 시간과 노력을 들여서라도 공부는 꼭 해야 된다는 마음가짐으로 해야 공부가 늡니다.

우리나라 쌍계사의 창건설화를 보면, 신라시대에 삼법 스님께서 6조 스님을 참배하고 싶었는데 이미 6조 스님은 입적하신 뒤였습니다. 그래서 할 수 없이 육조단경을 보게 되었는데 그것을 보고 크게 발심하신 것입니다. 삼법 스님은 '6조 스님의 정상(頂相:머리)을 모셔 오리라'는 마음을 먹고 당나라로 떠납니다. 당시 6조 스님의 유해를 탑 안에 모셔놓고 있었는데, 대비 스님과 함께 장정만이라는 거사를 매수하여 6조 스님의 정상을 우리나라에 모시고 와서 지금 쌍계사 금당선원이 자리한 유역에 모셨다고 하는 기록이 고려시대 때 각훈覺訓 스님이 쓴 '육조정상 동래연기六祖頂相 東來緣起'라는 기록으로 남아 있습니다. 이처럼 선지식을 모시기 위하여 험난한 여정을 마다하지 않는 것은 선지식이야말로 마음 공부하는 데 가장 중요하기 때문입니다.

6조께서 5조를 찾아가 부처가 되는 법을 여쭙고 있습니다. 부처가 되는 법을 부처님의 가르침으로 해석할 수도 있습니다. 불교에서는 우리도 열심히 노력하면 부처가 될 수 있다고 합니다.『화엄경』에도 보면 심불급중생心佛及衆生 시삼무차별是三無差別, 마음과 부처와 중생이 차별이 없다고 하였습니다. 내 마음을 떠나 부처를 찾지 말라는 핵심적인 진리가 담겨 있는 말씀입니다. 불교 교리의 핵심을 담고 있는『대승기신론』의 종지를 일심一心 이문二門 삼대三大 사신四信 오행五行 육자六字로 정리할 수 있습니다. 신라 때 원효 스님께서『기신론』에 대한 소를 쓰셨는데, 원효 스님의 화쟁 사상이『대승기신론』에 바탕을 두고 있는 것입니다.

세간을 떠나서 불법이 없고 불법을 떠나서 세간법이 없다는 것이 바로 일심 이문 사상입니다. 한마음은 부처님만 가지고 있는 마음이 아니라 바로 지금 여기에서 나날이 보고 듣고 쓰는 그 마음자리를 얘기합니다. 우리의 중생심에 문이 두 개 달려 있는데, 한 쪽은 진여문이고 한 쪽은 생멸문이라고 했습니다. 진여문은 부처님 자리이고 생멸문은 중생 자리입니다. 내 마음 속에 부처와 중생을 다 지니고 있지만 어느 문을 열고 들락거릴 것이냐 하는 것은 자신에게 달렸다는 겁니다.

또한 진여문은 자성불, 법신불 자리이고 생멸문에서 보신불과 화신불이 다시 갈라집니다. 보신불은 나의 마음, 화신불은 나의 몸, 법신불은 나의 본마음, 이렇게 삼대로 갈라진다고 합니다. 몸과 마음이 본마음 자리에서 나왔는데 다시 본마음 자리로 돌아가려면 어떻게 해야 되느냐 하는 것을 말씀하신 게 바로 사신四信, 불법승佛法僧 삼보와 진여에 대한 네 가지 믿음입니다. 불법승 삼보조차 본마음 참나 자리에서 나왔다는 믿음을 가지고 오행五行, 보시·지계·인욕·정진·지관 이 다섯 가지 수행을 하면 된다는 것이지요. 오행도 이해하기 힘들다, 단순무식한 수행 없느냐? 하면 육자六字, 여섯 가지 글자, 나무아미타불입니다. 오직 나무아미타불 여섯 글자만 하면 누구나 다 극락정토에 왕생하고 불교를 터득할 수 있다는 위대한 가르침입니다.

●.

홍인 화상께서 혜능에게 물었다.
"그대는 어느 곳 사람인데 이 산에까지 와서 나를 예배하며, 지금 나에게 다시 어떠한 물건을 구하는가?"
혜능이 대답했다.
"제자는 영남 사람으로 신주의 백성입니다. 지금 일부러 멀리 와서 화상을 예배하는 것은 다른 것을 구함이 아니옵고 오직 부처되는 법을 구할 뿐입니다."
5조 대사는 혜능을 꾸짖어 말했다.
"그대는 영남 사람이요, 또한 오랑캐 출신이니 어떻게 부처가 될 수 있단 말이냐?"
혜능이 대답했다.
"사람에게는 남북이 있으나 부처의 성품은 남북이 없습니다. 오랑캐의 몸은 큰스님과 같지 않사오나 부처의 성품에 무슨 차별이 있겠습니까?"

강의 그 당시 영남 신주는 산간 벽지였습니다. 더군다나 중국은 중화사상이 있어서 장안이나 낙양 수도 부근을 중심으로 나머지 동서남북이 다 오

랑캐라는 관념이 있었습니다. "남쪽 오랑캐 출신인 네가 어떻게 부처가 될 수 있단 말인가?"라는 5조 홍인 스님의 반문에 대해 혜능 스님의 답변이 걸작이었습니다.

"사람에게는 남북이 있으나 부처의 성품은 남북이 없습니다. 오랑캐의 몸은 큰스님과 같지 않사오나 부처의 성품에 무슨 차별이 있겠습니까?"

이 말을 듣고 5조 홍인 스님이 속으로 뜨끔했겠지요. '이 놈이 보통내기가 아니구나.' 하고 벌써 알아차리는 것입니다. 문답이라는 게 서로의 마음을 표현할 수 있는 가장 좋은 방법이고 근기를 알 수 있는 정확한 방법이기도 합니다. 여기서도 혜능 스님은 이미 『금강경』 읽는 소리를 듣고 성품을 보고 마음의 문이 열렸기 때문에 진리를 관통하는 이런 대답을 할 수가 있었던 겁니다.

필자가 쓴 『영화로 떠나는 불교여행』이라는 책에서 요 대목을 썼습니다. '태극기 휘날리며' 라는 영화를 보면, 처음에는 주인공 형제가 다 국군이었는데, 형이 자기 동생이 국군에 의해 죽은 줄로 오해하고 북한군이 됩니다. 북한군 진영에서 깃발 부대의 선봉장으로 혁혁한 전과를 세우는데, 자기 동생이 살아 있는 걸 확인하고 다시 또 국군 측에 가담해서 북한군을 향해서 총을 쏘는 장면이 나옵니다. 이 형에게는 다만 동생을 지키고자 하는 일념, 형제애가 있을 뿐이지 남쪽, 북쪽의 구분이 없었던 겁니다.

겉으로 드러나는 우리의 몸과 마음은 차별이 있을지 몰라도 불성, 본 마음 참나 자리는 차별이 없는 자리입니다. 불성은 남북도 없고, 남녀노소도 없고 귀천도 없고 승속도 없습니다. 이 소리를 딱 들으면 응용할 줄 알아야 합니다. 우리나라에서는 동서로 갈라지는 경우가 많은데, 불성에는 동서가 없습니다. 동쪽의 영남지방 사람들은 불성이 많고 서쪽의 호남지

방 사람들은 불성이 적지 않습니다. 불성은 차별이 없다는 유명한 이 답변을 5조 홍인 대사에게 올리는 장면을 마음에 새기시면 수행에 큰 도움이 될 것입니다.

대사는 함께 더 이야기하고 싶었으나 좌우에 사람들이 둘러 있는 것을 보시고 다시 더 말씀하시지 않았다.
　마침내 혜능을 보내어 대중을 따라 일하게 하시니, 그 때 혜능은 한 행자를 따라 방앗간으로 가서 여덟 달 남짓 방아를 찧었다.

강의　그 당시에 천여 명이나 되는 대중이 함께 사는 큰 도량이었기 때문에 절 안에 방앗간이 따로 있었지요. 혜능 스님은 여덟 달 동안 방앗간에서 방아를 찧으면서 행자 생활을 하였습니다. 성이 노 씨였기 때문에 노 행자라고 불렸는데, 행자 생활을 하면서 마음공부를 한 것입니다. 방아를 찧는 것은 알곡을 벗겨내는 겁니다. 방아를 찧으면서 알곡의 겉만 벗겨내는 게 아니라 까칠한 마음도 같이 벗겨내는 공부를 하셨겠지요.
　행자 때는 무엇보다 가장 중요한 공부가 하심下心 공부입니다. 필자는 쌍계사로 출가했는데, 행자 때 "첫째도 하심下心이요, 둘째도 하심이요, 셋째도 하심이다."라는 교육을 받았습니다. 지금까지 수행해오면서 행자 생활뿐만 아니라 수행하는 데 최상의 덕목이 바로 하심임을 절감하고 있습니다. 바다는 낮은 곳에 있기 때문에 바다가 되는 것입니다. 항상

낮은 곳에 있기 때문에 물이 전부 그리 모여드는 것입니다. 하심을 해야 사람이든 복덕이든 나한테 몰려옵니다. 잘난 척하고 오만방자하면 어느 누가 모여들겠습니까? 콧방귀를 뀝니다. 그러면 있는 복도 다 떠나버리는 겁니다. 사회생활에서도 마찬가지입니다. 하심하고 겸손한 사람한테는 자꾸 사람이 모여 들고 복덕이 모여 들게 마련입니다.

또한 불교 공부를 해서 무심을 성취해야 되는데 하심도 안 되면서 무심이 되겠습니까. 무심으로 가는 지름길이 바로 하심입니다. 필자도 행자 시절 아침에 500배, 저녁에 500배씩 해서 하루에 천배씩 절을 했습니다. 절에 오면 절을 많이 시키는데, 그 이유가 바로 하심 공부를 시키는 겁니다. 자기 몸을 낮추는 공부를 하면서 내 마음을 같이 낮추는 것입니다.

그런데 어떤 분들은 절 실컷 잘하고 '내가 3000배를 했다' 하는 상相을 하나 더 만듭니다. 하심은커녕 오히려 상심上心을 하게 되면 절을 한 보람이 없습니다. '하심이 되었구나. 안 되었구나.'는 두서너 마디 해보면 금방 압니다. 공부할 준비가 안 되었다 싶으면 별 얘기 안 합니다.

그래서 아마 옛날에 조주 스님이 '차나 한 잔 들라.'고 하신 게 아닐까요? 잘난 척하는 사람들한테 얘기해 봐야 입만 아프니까 '차나 한잔 드시지요.'라고 입막음하는 면도 다분히 있었을 것입니다.

2

―몸은 깨달음의 나무요, 마음은 밝은 거울의 밑바탕―

5조 홍인 대사께서 하루는 문인들을 모두 불러오게 하였다. 문인들이 다 모이자 말씀하셨다.

"내가 그대들에게 말하나니, 세상 사람의 나고 죽는 일이 크거늘 그대들 제자들은 종일토록 공양하며 다만 복 받는 일만을 구할 뿐 생사고해를 벗어나려고 하지 않는다. 그대들의 자성이 미혹하면 복의 문이 어찌 그대들을 구제할 수가 있겠느냐? 그대들은 모두 방으로 돌아가서 스스로 잘 살펴보아라. 지혜 있는 자는 본래의 성품인 반야의 지혜로써 각기 게송 한 수를 지어 나에게 가져 오너라. 내가 그대들의 게송을 보고 만약 큰 뜻을 깨친 자가 있으면 그에게 가사와 법을 부촉하여 6대의 조사가 되게 하리니 빨리 서둘도록 하라."

문인들이 분부를 받고 각기 자기 방으로 돌아와서 서로 번갈아 말했다.

"우리들은 굳이 마음을 써서 게송을 지어 화상에게 바칠 필요가 없다.

신수 상좌는 우리의 교수사이므로 신수 상좌가 법을 얻은 후에는 저절로 의지하게 될 터이니 애써서 지어봐야 소용이 없다."

모두들 생각을 쉬고 다들 감히 게송을 바치려 하지 않았다.

그 때 5조 대사의 방 앞에 있는 삼 칸 복도에 「능가변상」과 함께 5조 대사가 가사와 법을 전수하는 그림을 그려 공양하고 후대에 전하여 기념하고자 했다. 화공인 노진이 벽을 살펴보고서 다음 날 착수하려고 하였다.

강의 5조 홍인 대사께서 게송을 바치라고 했는데 '신수 대사가 우리의 교수사이므로 당연히 신수 대사가 게송을 바치고 법을 이어 받으리라.'는 예상을 하고 아무도 게송을 바치는 이가 없었습니다. 마침 화공畵工 노진이라는 사람이 5조 대사의 방 앞 복도에 「능가변상도」와 5조 대사가 가사와 법을 전수하는 그림을 그려서 기념하고자 하였습니다.

부처님께서 『능가경』을 설하시고, 그 가르침을 받는 사람들을 그려놓은 것을 「능가변상도」라고 합니다. 본래 달마 대사께서 『능가경』을 전하셨다 해서 선가에서 매우 중요하게 여기는 경전입니다. 그런데 여기서 「능가변상도」를 그리려고 했다가 취소한 것에 주목해야 합니다. 굉장한 의미를 가지는 대목입니다. 선종사를 살펴보면, 초조 달마부터 5조 홍인까지는 『능가경』을 전했는데, 5조 홍인에서부터 게송 위주로, 또 짧지만 핵심적인 내용을 함축하고 있는 『금강경』을 전하는 어떤 전환점이 이루어지는 상징적인 표현을 담고 있는 대목이기 때문입니다.

『능가경』은 상당히 난해한 경전입니다. 여러 가지 어려운 표현들이 많이 나오는데, 그 중에 대표적인 것이 '구모토각' 입니다. 거북이 털, 토끼 뿔이라는 이 표현이 『능가경』의 내용을 결정짓는 단어입니다. 이 세상은 마치 구모토각과 같다는 말입니다. 거북이는 딱딱한 등껍질을 가지고 있을 뿐 털이 없습니다. 토끼는 귀는 쫑긋하게 세워져 있지만 뿔은 없습니다. 거북이 털, 토끼 뿔은 언어로써는 분명히 존재하지만 실체가 없는 것을 얘기합니다. 언어로써는 분명히 존재합니다. 마찬가지로 이 세상이라는 것이 이름이 이 세상일 뿐 어떤 고정된 실체로서의 이 세상이 있는 것이 아니라는 대표적인 은유법입니다. 『금강경』에도 이와 유사한 표현이 많이 보입니다. "반야바라밀이 반야바라밀이 아니다. 이름이 반야바라밀일 뿐이다."라는 표현들이 그것입니다. "월호가 월호가 아니고 이름이 월호일 뿐이다. 이 우주가 우주가 아니라 이름이 우주일 뿐이다."라는 표현들은 그 존재의 본질을 드러내 주는 말입니다.

이런 말을 처음 듣는 사람들은 도대체 무슨 소리인지 어리둥절해 합니다. 바로 그것을 공부해야 되는 겁니다. 화두 선에 관한 이야기를 하다 보면 도대체 무슨 소리인 줄 모릅니다. 그러나 그 모른다는 것이 '아~ 공부를 해야 되는구나' 하는 그것을 가르쳐 주는 겁니다. '지금까지 내가 다 아는 줄 알았는데 이제 보니까 내가 모르는 것이 있구나.' 하는, 자기가 모른다는 것을 안다는 것이야 말로 진정한 앎입니다. 『능가경』의 거북이 털, 토끼 뿔이라는 표현은 이 세상이 알고 보면 다 거북이 털, 토끼 뿔과 같다는 사상을 전하고 있는 것입니다.

상좌인 신수는 생각하였다.
"모두들 마음의 게송을 바치지 않는 것은 내가 교수사이기 때문이다.

내가 만약 마음의 게송을 바치지 않으면 5조 대사께서 나의 마음속 견해가 깊고 얕음을 어찌 아시리오. 내가 마음의 게송을 5조 대사께 올려 뜻을 바쳐서 법을 구함은 옳거니와 조사가 되기를 바람은 옳지 않다. 도리어 범부의 마음으로 성인의 지위를 빼앗음과 같다. 그러나 만약 마음의 게송을 바치지 않으면 마침내 법을 얻지 못할 것이다.

한참 동안 생각하여도 참으로 어렵고 어려운 일이며 심히 어려운 일이로다. 밤이 삼경에 이르면 사람들이 보지 못하게 남쪽 복도의 중간 벽 위에 마음의 게송을 지어서 붙여놓고 법을 구하여야겠다. 만약 5조 대사께서 게송을 보시고 이 게송이 당치 않다고 나를 찾으시면 나의 과거 업장이 두터워서 합당히 법을 얻지 못함이니, 성인의 뜻은 헤아리기 어려우므로 내 마음을 스스로 쉬리라."

강의 신수 또한 나름대로 갈등이 생기는 겁니다. '게송을 바치려고 하니 아직 덜 열려서 자신이 없고, 안 바치려니 다른 스님들은 자기가 법을 이을 것이라고 알고 있는데…' 라며 마음의 갈등을 아주 잘 표현해놓은 장면입니다. 아무리 생각해도 답이 안 나오는 겁니다. 고민 고민 하다가 사람들이 없을 때 살짝 적어 놓아 게송을 보시고 5조 스님께서 이거 당치 않다고 하시면 마음을 쉬고, 인가를 해 주면 고맙겠다는 마음입니다. 비록 떳떳하지는 않지만 게송을 적게 됩니다. 이 부분은 사실 육조단경에서 가장 중요한 부분이라고 볼 수 있습니다. 신수 대사의 게송과 이것을 보고 자신의 견해를 밝힌 노행자(6조 스님이 계를 받기 전인지라 행자라고 칭함)의 게송은 바로 문 밖과 문 안을 가늠하는 내용이라고 말할 수 있겠습니다.

신수 상좌가 삼경에 촛불을 들고 남쪽 복도의 벽 위에 게송을 지어서 써 놓았으니, 사람들이 아무도 알지 못하였다.

게송에 일렀다.

몸은 깨달음의 나무요
마음은 밝은 거울의 밑바탕과 같나니
때때로 부지런히 털고 닦아서
티끌과 먼지 끼지 않게 하라.

<u>강의</u> 이 신수 스님의 게송과 6조 스님의 게송을 서로 대조해 가면서 이미 말씀을 드렸기 때문에 자세한 설명이 없어도 아실 것입니다. 신수 스님이 아무도 모르게 위의 게송을 벽에 써놓은 것은 앞에서도 말씀드렸듯이 자신이 없었기 때문입니다. 불교 공부에도 사실은 내공과 외공이 함께 갖춰져야 되는 겁니다. 내공은 바로 자기 스스로에게 갖춰진 자신감입니다. 내공이 축적이 돼야 외공으로 말을 해도 떳떳하고 그에 대해서 책임도 질 수 있는 것입니다.

어쨌든 신수 상좌의 게송은 앞에서 말씀드린 것처럼, "몸은 깨달음의 나무이고 마음은 밝은 거울의 받침대와 같으니까 몸과 마음을 부지런히 털고 닦아서 때가 끼지 않도록 하라."는 상식적인 견해를 표출했다고 볼 수 있습니다. 지금도 역시 많은 분들이 참선이라 하면 몸을 닦고 마음을

닦는 것이라고 알고 있는 분들이 많습니다. 그래서 좌선을 열심히 해서 몸을 일단 조복을 받은 다음 마음을 조복 받아야 된다는 표현을 많이 쓰기도 합니다. 그런데 사실은 몸과 마음을 떠나서 성품을 바로 보아야 된다는 것입니다. 참선의 입장에서 보면 몸과 마음을 조복 받는 것은 하나의 방편일 뿐이지, 그 자체가 목적이나 궁극이 아니라고 하는 것을 명심해야 합니다. 성품자리에서 한 마음이 일어났고 마음자리에서 몸이 나타난 것입니다. 그렇기 때문에 성품과 몸과 마음이 전혀 별개의 것은 아닙니다. 그래서 몸에 대한 집착과 마음의 분별이 놓아지면 성품은 저절로 드러나는 것입니다.

이런 의미에서 보자면 몸도 닦고 마음도 닦아야 된다고 하는 것입니다. 그래서 현대식으로 표현한 것이 몸과 마음은 아날로그식으로 꾸준히 닦아줘야 되고, 성품 자리는 디지털식으로 단박에 볼 수 있는 것이라고 한 것입니다. 참선 공부한 지 얼마 안 됐다고 해서 성품을 못 보는 것도 아니고, 출가자가 아니라고 해서 성품을 못 보는 것도 아닙니다. 또한 일상생활 속에 있다 해서 성품을 못 보는 것도 아닙니다. 6조 스님은 언제, 어디서나 누구나 할 수 있는 게 바로 선이라고 강조하셨습니다. 참선이라 하면 좌선을 연상하는데 그런 고정관념 또한 버려야 합니다.

간화선의 교과서라 할 수 있는 『선요』를 지은 고봉원묘 스님은 계속 걸어 다니는 행선行禪을 했습니다. 밥 먹을 때 빼 놓고는 자리에 앉아있지를 않고, 계속 걸어 다니면서 화두를 참구했다는 겁니다. 졸릴 때는 서서 잠깐 졸고, 앉아서 존 적도 없었지요. 그렇게 하다가 한 소식을 얻어서, 깨달음을 얻었다는 표현이 있습니다. 그리고 또 걷기 수행만 29년 동안 하는 스님이 있는데, 그 스님도 본래는 무문관에서 6년 동안 오로지 좌선 수행을 한 분입니다. 좌선 수행만 열심히 한 스님이 왜 지금은 걷기 수행에 몰두하고 있는가에 대해 생각해 봐야 합니다. 참선은 행주좌와 어묵동정과 상관이 없는 겁니다. 성품을 보는 것이기 때문에 앉아서만 해야 하는 것도 아니고 걷기만 해야 하는 것도 아닙니다. 이렇게 주장한다면 참선에서는 한 걸음 떨어진 문 밖의 소식이라고 할 수 있는 겁니다. 몸이나 마음은 고정된 실체가 없이 변화하는 것인데, 그것을 가지고 이렇게 해야 되니 저렇게 해야 되니, 하면 벌써 두 겹의 관문이 생기는 것입니다. 사실은 몸과 마음에 대한 애착이 떠났을 때 깨달음을 얻게 된다고 하는 것입니다. 그런 의미에서 신수 스님의 게송도 볼 만한 내용이 있습니다. '조계종'이라는 명칭이 혜능 스님이 살던 조계산을 따서 지은 이름이지만 불자들 가운데는 신수 스님 식으로 공부하는 사람들이 제법 많다고 봅니다. 과연 신수종에 가까운지 조계종에 가까운지 각자가 스스로 가슴에 손을 얹고 판단해 볼 일입니다.

신수 상좌가 이 게송을 적어놓고 방에 돌아와서 누웠으나 아무도 본 사람이 없었다. 5조 대사께서 아침에 노 공봉을 불러 남쪽 복도에「능가변상」을 그리게 하려 하시다가 문득 이 게송을 보셨다. 읽고 나서 공봉에게 말씀하셨다.

"홍인이 공봉에게 돈 삼만 냥을 주어 멀리서 온 것을 깊이 위로하니, 변상도는 그리지 않으리라.『금강경』에 말씀하시기를 '무릇 모양이 있는 것은 모두 다 허망하다' 하였으니, 이 게송을 그대로 두어서 미혹한 사람들로 하여금 외우게 하고, 이를 의지하여 수행하여 삼악도에 떨어지지 않게 하는 것만 못할 것이다. 법을 의지하여 행을 닦으면 사람들에게 큰 이익이 있을 것이니라."

이윽고 5조 대사께서 제자들을 다 불러오게 하여 게송 앞에 향을 사르게 하시니, 사람들이 들어와 보고 모두 공경하는 마음을 내므로 5조 대사가 말씀하셨다.

"그대들은 모두 이 게송을 외워라. 외우는 자는 장차 성품을 볼 것이며 이를 의지하여 수행하면 곧 타락하지 않으리라."

강의 "모양 있는 것은 다 허망하다."는 『금강경』 사구게를 인용하시면서 변상도를 굳이 그릴 것 없이 신수 대사가 써 놓은 게송을 외우면 삼악도에는 떨어지지 않으리라고 하셨습니다. 삼악도는 지옥·아귀·축생입니다. 우리가 사는 인간세상과 천상·수라는 삼선도라고 하지요. 몸과 마음을 부지런히 닦아서 때가 끼지 않도록 하는 공부를 하면 최소한 삼악도는 면한다는 가르침을 주신 겁니다. 그러나 그 이상은 바라보기 어렵다는 점을 강조하는 것입니다.

제자들이 다들 외우고 모두 공경하는 마음을 내어 "훌륭하다!"고 말하였다.

5조 대사께서 마침내 신수 상좌를 처소로 불러서 물으셨다.

"이것이 네가 지은 게송이냐? 만약 그대가 지었다면 나의 법을 얻으리라."

신수 상좌가 말했다.

"죄송합니다. 실은 제가 지었습니다. 그러나 감히 조사의 자리를 구함이 아니오니, 원하옵건대 화상께서는 자비로 살펴주옵소서. 제자가 작은 지혜라도 있어서 큰 뜻을 알았습니까?"

5조 대사께서 말씀하셨다.

"그대가 지은 이 게송은 소견은 당도하였으나 다만 문 앞에 이르렀을 뿐 아직 문 안으로 들어오지 못하였다. 범부들이 이 게송을 의지하여 수행하면 타락하지는 않겠으나 이런 견해를 가지고 위없는 진리를 찾는다면 결코 얻지 못할 것이다. 모름지기 문 안으로 들어와야만 자기의 본성을 보느니라. 그대는 다시 돌아가서 하루 이틀 잘 생각하여 다시 한 게송을 지어 나에게 와서 바치도록 하여라. 만약 문 안에 들어와서 스스로의 본성을 보면 마땅히 가사와 법을 그대에게 주리라."

신수 상좌는 돌아가서 며칠이 지났으나 게송을 짓지 못하였다.

강의 제자들이 5조 홍인 화상의 말을 듣고 게송을 외우고 다녔겠지요. 필자도 강원에서 생활할 때 하루에 한두 가지씩 게송들을 외우고 다녔는데, 불교의 핵심적인 내용이 함축되어 있어서 외우다 보면 참 재미있습니다. 스님들이 새벽에 맨 먼저 도량석을 하고, 종을 치면서 종성鐘聲을 합니다. "보화비진요망연報化非眞了妄緣 법신청정광무변法身淸淨廣無邊 천강유수천강월千江有水千江月 만리무운만리천萬里無雲萬里天."이라 하고 종 한 번 쾅 치고 나무~아미타불 하고, 또 한 번 땡 치고 하는데, 게송의 의미를 몰라도 새벽에 종소리와 함께 착 깔리는 저음으로 도량에 울려 퍼지는 소리만 들어도 신심이 새록새록 일어납니다. 쌍계사 강원에 다닐 때 종성을 직

접 했는데, 한 번은 종성을 하다가 삼매경에 빠져가지고 비몽사몽간에 있는데, 어떤 스님이 "지금 종성하다 말고 왜 잠을 자고 있는 거냐?"고 깨운 적도 있습니다. 강원 생활의 묘미가 그런 데 있습니다.

스님들이 출가해서 10년 동안은 대중 생활을 권장합니다. 강원이나 선방에서 수십 명이 같이 생활하며 서로 절차탁마하는 과정 속에서 공부가 되는 것입니다. 서로 부대껴 가면서 언쟁도 하고 질투도 하면서 마음을 다스리는 것이 실전 공부입니다. 혼자 하는 공부는 연습에 불과합니다. 대중 생활에서 가장 중요한 것은 하심입니다. 계속 내 주장, 내 고집을 내세우게 되면 부딪치게 됩니다. '혼자 있을 때는 굉장히 잘난 사람이고 겸손한 사람이고 공부가 된 사람인 줄 알았는데 대중과 같이 살다보니까 내가 의외로 상이 많구나' 하는 것을 배울 수가 있습니다.

세상은 더불어 살아가는 것입니다. 온 천지의 은혜, 부모님 은혜, 스승의 은혜, 주변 사람들의 은혜를 받고 우리가 존재하는 것이지 홀로 존재하는 것은 없습니다. 이것이 바로 연기법입니다. 인간은 어디로 와서 어디로 가는가? 연 따라 왔다 연 따라 갑니다. 연이라는 것은 홀로 존재하는 게 아니라 더불어 상호 의존하며 존재하는 것을 말합니다.

3

──깨달음은 본래 나무가 없고 밝은 거울은 또한 밑바탕 없네──

 한 동자가 방앗간 옆을 지나가면서 이 게송을 소리 내어 읊었다. 혜능은 한 번 듣고, 아직 성품을 보지 못하였고 큰 뜻을 알지도 못한 것임을 알았다. 혜능이 동자에게 물었다.
 "지금 외우는 것은 무슨 게송인가요?"
 동자가 혜능에게 대답했다. "당신은 모르고 있었군요. 5조 대사께서 말씀하시기를, 태어나고 죽는 일이 가장 크니 가사와 법을 전하시겠다고 하셨습니다. 제자들로 하여금 각기 게송 한 수씩을 지어 와서 바쳐서 큰 뜻을 깨달았으면 곧 가사와 법을 주어서 6조 대사로 삼으리라 하셨습니다. 그러자 신수라고 하는 상좌가 문득 남쪽 복도 벽에 무상게 한 수를 써 놓았지요. 5조 대사께서 모든 문인들로 하여금 다 외우게 하시고, 이 게송을 깨친 이는 바로 자기의 성품을 볼 것이니, 이를 의지하여 수행하면 생사를 벗어나게 되리라고 하셨습니다."

혜능이 대답했다. "나는 여기서 방아 밟기를 여덟 달 남짓 하였으나, 아직 조사당 앞에 가보지를 못하였소. 바라건대 그대는 혜능을 남쪽 복도로 인도하여 이 게송을 예배하게 하여 주시오. 나 또한 이 게송을 외워 내 생의 인연을 맺어 부처님 나라에 태어나기를 바라오."

동자가 혜능을 인도하여 남쪽 복도에 이르렀다. 혜능은 곧 이 게송에 예배하였지만, 글자를 알지 못하므로 다른 사람에게 읽어주기를 청하였다. 혜능은 듣고서 바로 대강의 뜻을 알았다. 혜능도 또한 한 게송을 지어서 글을 쓸 줄 아는 이에게 청하여 서쪽 벽 위에 써서 자기의 본마음을 나타내 보였다. 본마음을 모르면 법을 배워도 이익이 없으니, 마음을 알고 성품을 보아야만 바로 큰 뜻을 깨닫느니라. 혜능은 게송으로 일렀다.

깨달음은 본래 나무가 없고
밝은 거울 또한 밑바탕 없네.
불성은 항상 청정하거늘
어느 곳에 티끌 먼지 있으리오.

다시 게송에 일렀다.

마음은 보리의 나무요
몸은 밝은 거울의 밑바탕이라
밝은 거울은 본래 청정하거니
어느 곳이 티끌과 먼지에 물들리오.

절 안의 대중들이 혜능이 지은 게송을 보고 다들 괴이하게 여기었으니다. 이처럼 우리의 목적이 나무나 바위로 깎아놓은 등상불과 같은 게 되는 것이냐? 이게 아니라는 거죠.

우리에게는 따뜻한 피가 흐르고 있고, 번뇌 망상도 하기 마련입니다. 그런데 어떻게 보면 번뇌 망상이지만 또 달리 생각하면 한 생각 일으켜서 좋은 일을 할 수도 있는 것입니다. 돈을 예로 든다면, 돈으로 사람을 죽이는 데 쓸 수도 있고 살리는 데 쓸 수도 있는 겁니다. 돈 그 자체는 나쁘다, 좋다 이렇게 속단하기가 어려운 일입니다. 무엇이든 어떻게 쓰느냐가 중요한 것입니다. 좋은 데 쓰면 디딤돌이 되는 것이고 나쁜 데 쓰면 걸림돌이 되는 것입니다. "스님, 참선한다고 조금만 앉아 있어도 다리도 아프고 허리도 아픈데 얼마나 수행해야 이 고통에서 벗어날 수 있을까요?"라는 질문을 많이 받습니다. 사실 다리 아프고 허리 아픈 게 정상입니다. 저도 허리도 아프고 다리도 아픕니다. 번뇌 망상, 별의별 생각이 다 일어납니다. 그것도 정상입니다. 다리가 아프다는 것은 내 몸뚱이가 살아 있다는 증거요, 번뇌 망상이 일어나는 것 또한 내 마음이 살아있다는 증거입니다.

영가현각 스님의 증도가 첫 부분이 이렇게 시작합니다. 절학무위한도인絕學無爲閒道人은 부제망상불구진不除妄想不求眞이라, 배움을 끊고 할 일 없는 한가한 도인은 망상을 제거하려고 하지도 않고 진리를 구하려고도 하지 않는다는 너무나 멋진 표현입니다. 망상을 억지로 제거하려고 하면 그게 또 망상이 되어서 더 힘들어지고 진리도 억지로 찾으려고 하면 그게 또 장애하는 인연을 짓게 된다는 겁니다. 좌선이든 화두든 수행에 요긴한 방편인 것은 분명하나 그것 자체를 궁극으로 삼아서는 안 된다는 표현이 이 부분에 잘 나타나 있고, 이 말씀은 곧 6조께서 말씀하신 위의 내용과 일맥상통한 것입니다.

미혹한 사람들처럼 일행삼매에 집착한다면 일상생활 속에서 보통사며, 혜능은 방앗간으로 돌아갔다. 5조 대사가 문득 혜능의 게송을 보시고 바로 큰 뜻을 잘 알고 있음을 알아챘으나 여러 사람들이 알까 걱정하여 대중에게 말씀하셨다. "이 또한 아직 문 안에 들어오지 못하였다."

―――

강송 선문에서 말하는 견성법이란, 성품을 보는 것입니다. 성품은 바로 본마음입니다. 본마음은 닦는 것이 아닙니다. 아니, 닦으려 해도 닦을 수가 없지요. 일찍이 오염된 적이 없고 앞으로도 오염되지 않는 자리이기 때문입니다. 예컨대 100만 원짜리 수표는 오염되고 더러워질 수 있습니다. 하지만 그렇다고 해서 100만원의 가치가 사라지는 것이 아닙니다. 깨끗한 100만 원짜리 수표나 더럽혀진 100만 원짜리 수표나 똑같은 100만원의 가치를 가집니다. 그러므로 본마음은 단지 보면 되는 것입니다.

몸과 마음을 닦는 수행을 말하는 이는 아직 성품의 문 안에 들어오지 못한 것입니다. 성품의 문 안에 들어오게 되면 몸이니 마음이니 하는 것은 더 이상 닦을 대상이 아닙니다. 단지 쉬어줄 대상입니다. 무엇을 쉬어주는가? 몸과 마음이 고정된 실체가 있다는 생각을 쉬어주어야 합니다. 무언가 실체가 있어서 닦는 것이 아니라, 애당초 고정된 실체가 없음을 직시해야 합니다. 설혹 닦는다 하더라도 이러한 점을 밑바탕에 깔고 닦아야 합니다. 그것이 바로 닦을 것이 없되 닦는 것입니다.

결국 중요한 것은 성품을 보는 것입니다. 성품은 공空한 것입니다. 텅 비어있으므로 무엇으로든 채울 수가 있습니다. 선인도 될 수 있고 악인도 될 수 있습니다. 부자도 될 수 있고, 가난뱅이도 될 수 있습니다. 내가 선택합니다. 내 작품입니다.

5조 대사께서 한밤중 삼경에 혜능을 조사당 안으로 불러 『금강경』을 설해 주셨다. 혜능이 한 번 듣고 말끝에 바로 깨쳐서 그날 밤으로 법을 받으니, 아무도 알지 못하였다. 5조 대사는 단박에 깨닫는 법과 가사를 전하며 말씀하셨다. "그대가 6대 조사가 되었으니 가사로써 신표를 삼는다. 대대로 이어받아 서로 전하되, 법은 마음으로써 마음에 전하여 마땅히 스스로 깨치도록 하라."

    5조 대사는 다시 말씀하셨다. "혜능이여, 예로부터 법을 전함에 있어서 목숨은 실낱에 매달린 것과 같으니, 만약 이곳에 머물면 사람들이 그대를 해칠 것이니 그대는 모름지기 빨리 떠나도록 하여라."

    혜능이 가사와 법을 받고 밤중에 떠나려 하니 5조 스님께서 몸소 구강 역까지 혜능을 전송해 주셨다. 떠날 때 문득 5조께서 당부하셨다.

    "그대는 가서 노력하여라. 법을 가지고 남쪽으로 가되, 삼 년 동안은 이 법을 펴려 하지 말라. 어려움이 생기리라. 뒤에 널리 교화하여 미혹한 사람들을 잘 지도하고 마음이 열리면 그대의 깨달음과 다름이 없으리라."

    이에 혜능은 5조 스님을 하직하고 곧 떠나서 남쪽으로 향하였다.

    갚의 자료를 찾아보니 6조 혜능 대사께서 득도하신 나이는 24세라고 되어 있습니다. 젊은 나이인데 그 당시에는 그 나이도 노총각에 속했는가 의아스러워하시겠지만, 20년 전만 해도 나이가 30만 넘어도 노총각이라 했으니 그 때는 더욱 그랬겠지요. 세월 따라서 그런 개념도 변하니, 세상에 변

하지 않는 것은 하나도 없다는 것을 느끼게 됩니다. 득도라는 말을 쓸 때 유념할 게 있습니다. 얻을 득자에 어떤 도자를 쓰느냐에 따라서 의미가 달라집니다. 사미계, 비구계를 받는 것을 득도식이라고 하는데, 이때의 도자는 제도할 도, 건널 도度자를 씁니다. 그런데 깨달음을 얻었다 할 때의 도는 길 도道자를 씁니다. 6조 스님께서 입문할 때의 나이는 24세이고, 행자 생활을 하다가 5조 홍인 대사로부터 깨달음을 인정받아 의발을 전수받았지만 5조의 당부로 16년 동안 숨어 지내다가 40세가 되어서야 겨우 정식으로 계를 받았습니다.

두 달 가량 되어서 대유령에 이르렀는데 모르는 결에 뒤에서 수백 명의 사람들이 쫓아와서 혜능을 해치고 가사와 법을 빼앗고자 하였다. 반 쯤 와서 대부분 되돌아갔지만, 오직 한 사람만 돌아가지 않았는데, 성은 진이요, 이름은 혜명이었다. 그의 선조는 삼품 장군으로서 성품과 행동이 거칠고 포악하여 바로 고갯마루까지 쫓아 올라와서 덮치려 하였다. 이에 혜능이 바로 가사를 돌려주려 하였으나 또한 받으려 하지 않고 말했다.

"제가 일부러 멀리 온 것은 법을 구함이요, 그 옷은 필요하지 않습니다."

혜능이 고갯마루에서 바로 혜명에게 법을 전하니 혜명이 듣고서는 말 끝에 마음이 열렸으므로, 혜능은 혜명으로 하여금 곧 북쪽으로 돌아가서 사람들을 교화하라고 당부하였다.

참의 『육조단경』「덕이본」에서는 혜능 스님께서 혜명에게 "선도 생각하지 말고 악도 생각하지 말라. 그럴 때 그대의 본래면목이 무엇이냐?"라고 설하신 것으로 되어있습니다.

'좋다 싫다', '밉다 곱다'를 선택하는 것은 바로 내 기준입니다. 내 입장, 내 기준에서 좋고 싫으며 밉고 고울 뿐, 입장이나 기준이 바뀌면 얼마든지 호오好惡와 선악善惡이 바뀔 수 있습니다. 이러한 나의 고정관념과 선입견이야말로 바로 아상我相이며, 윤회의 근본이 되는 것입니다.

가령 대다수의 사람들이 '나쁜 놈'이라고 손가락질하는 사람일지라도, 내가 그에게 큰 은덕을 입은 바가 있다면, 내게는 '은인'이며 내 입장에서는 '좋은 사람'일 수도 있습니다. 이와 반대로 대다수의 사람들이 '참 좋은 사람'이라고 칭찬하는 사람일지라도, 내가 그에게 큰 해악을 입은 바가 있다면, 내게는 '원수'이며 '나쁜 놈'일 수도 있다고 하는 것입니다.

예컨대 9·11테러의 주범인 오사마 빈 라덴은 선인인가, 악인인가? 피해를 입은 미국 측의 입장에서 그는 악마의 화신이지만, 입장을 달리하는 이슬람 측에서는 성전의 영웅입니다. 하얼빈 역에서 이토오 히로부미를 암살한 안중근 의사는 선인인가, 악인인가? 대한민국의 입장에서 그는 분명 나라를 위하여 자기 한 몸을 희생한 의사義士이자 열사이지만, 상대방의 입장에서 그는 테러범이자 암살범이라고 하는 것입니다.

이와 같이 입장이 바뀌면 판단은 얼마든지 바뀔 수 있습니다. 사실 긴 안목에서 보자면, 현재의 원수가 오히려 은인일 수도 있으며, 현재의 은인이 원수가 될 수도 있습니다. 또한 상황을 받아들이기에 따라서 원수야말로 나의 마음공부 시켜주는 은인이 될 수도 있으며, 나에게 잘해주기만 하는 이가 오히려 나의 분발심을 가로막는 걸림돌이 될 수도 있는 것입니다. 그러므로 자신의 입장에서 좋고 나쁜 일에 너무 예민하게 반응할 것이 아니라, 새옹지마塞翁之馬라는 고사성어를 교훈삼아 덤덤히 지낼 필요가 있습니다.

혜능이 이곳에 와서 머무른 것은 모든 관료·수도인·속인들과 더불어 오랜 세월을 두고 많은 인연이 있어서이다. 본래 가르침은 과거 성인이 전하신 바요, 혜능 스스로 안 것이 아니다. 성인의 가르침 듣기를 원하는 이는 각기 모름지기 마음을 깨끗이 하여 법을 듣고 나서 스스로 미혹함을 없애어 옛 사람들의 깨달음과 같기를 바랄지니라.

혜능 대사가 다시 말씀하셨다.

"선지식들이여, 보리반야의 지혜는 세상 사람들이 본래부터 스스로 지니고 있는 것인데, 다만 마음이 미혹하여 능히 스스로 깨닫지 못하느니라. 모름지기 큰 선지식의 지도를 구하여 성품을 보아야 하느니라. 선지식들이여, 깨닫게 되면 바로 지혜를 이루느니라."

강의 "부처님께서는 중생들을 부처로 만들고자 온 것이 아니라, 중생들이 본래 부처임을 깨우치고자 오셨다."고 합니다. 밖에서 주인공을 찾을 것이 아니라, 스스로가 바로 자신의 주인공인 것을 자각하고, 바로 지금 여기에서 자신의 주인이 되어 완전 연소하는 삶을 살면 된다는 말입니다.

二

마하반야바라밀법을 설하시다

1

─ 선정과 지혜는 둘이 아니다 ─

"선지식들이여, 나의 이 법문은 정定과 혜慧로써 근본을 삼나니, 첫째로 미혹하여 혜와 정이 다르다고 말하지 말라. 정과 혜는 몸이 하나여서 둘이 아니니라. 곧 정은 바로 혜의 몸통이요, 혜는 바로 정의 작용이니, 혜로 나아갈 때 정이 혜에 있고, 또한 정에 나아갈 때 혜가 정에 있느니라.

선지식들이여, 이러한 뜻은 곧 바로 정과 혜가 동등함이니라. 도를 배우는 이는 짐짓 정을 먼저 하여 혜를 낸다거나, 혜를 먼저 하여 정을 낸다고 해서 정과 혜가 각기 다르다고 말하지 말라. 이런 소견을 짓는 이는 법에 두 가지 모양이 있는 것이니라. 입으로는 착함을 말하면서 마음이 착하지 않으면 지혜와 선정이 동등함이 아니요, 마음과 말이 함께 착하여 안팎이 한 가지면 선정과 지혜가 곧 동등함이니라.

스스로 깨달아 수행함은 말로 다투는 데 있지 않느니라. 만약 앞뒤를 다투면 이는 곧 미혹한 사람으로서 이기고 지는 것을 끊지 못함이니, 도리어 법집과 아집이 생겨 네 모양四相을 버리지 못함이니라.

일행삼매란 어느 때나 가거나 머물거나 앉거나 눕거나 항상 곧은 마음을 행하는 것이니라. 『정명경』에 말씀하기를, '곧은 마음이 바로 도량이요, 곧은 마음이 바로 정토라'고 하였느니라.

마음에 아첨하고 굽은 생각을 가지고 입으로만 법의 곧음을 말하지 말라. 입으로는 일행삼매를 말하면서 곧은 마음으로 행동하지 않으면 부처님 제자가 아니니라. 단지 곧은 마음으로 행동하여 모든 법에 집착하지 않음을 일행삼매라고 하느니라.

그러나 미혹한 사람은 법의 모양에 집착하고 일행삼매에 집착하여, 곧은 마음은 앉아서 움직이지 않는 것이라고 하며 망심을 제거하여 일으키지 않음이 일행삼매라고 하느니라. 만약 이와 같다면 이러한 법은 무정無情과 같은 것이니 도리어 도道를 장애하는 인연이니라.

─────

<u>강의</u> 보통 참선이라 하면 그저 가부좌 틀고 꼼짝하지 않고 앉아 있는 것을 연상하고, 마음에 망심을 제거해서 망심이 전혀 일어나지 않는 것을 참선수행의 궁극으로 생각하기 쉬운데 그게 아니라는 겁니다. 또 만약에 그러하다면 그것은 무정과 같다는 겁니다. 무정은 감정이 없는 것, 말하자면 나무나 돌덩이 같은 것입니다. 나무나 돌덩이를 가부좌 튼 모습으로 만들어서 선방에다 딱 앉혀 놓아 보십시오. 무슨 분별망상을 일으키겠습니까? 먹여주지도 않고 재워주지도 않고 포행을 하지 않아도 일 년 365일 하루 24시간 아무런 망상도 일으키지 않고 계속 앉아 있습니다. 만약에 앉아서 움직이지 않는 것이 도道요, 망심을 제거해서 아무 생각 없는 것이 도라고 한다면 이 세상에 가장 뛰어난 도인은 누구겠습니까? 바로 목불, 석불입

람들은 전혀 도를 닦을 수가 없습니다. 산중의 선방에서 참선에만 전념하는 수행자들이야 어느 정도 가능하겠지만 사회에서 생활하는 분들에게는 요원한 일입니다. 그렇기 때문에 그것조차도 그런 고정관념, 편견을 갖고 있을 필요는 없다는 내용이 이 문장에 잘 나타나 있습니다.

    수행이라는 게 무정물을 만드는 게 아니라 정말 따뜻한 사람을 만드는 것임을 인식해야 합니다. 『선문염송』의 화두에도 이러한 내용이 나옵니다. 어떤 노파가 한 스님이 수행할 수 있도록 뒷바라지를 하였습니다. 암자를 따로 지어서 20년 동안 시봉을 했습니다. 20년이 지나서 젊고 아리따운 자기 딸에게 심부름을 시킵니다. "얘야, 스님께 이 공양을 올리거라. 그리고 나서 네가 한 번 스님 무릎 위에 앉아서 '스님 이럴 때는 어떻습니까?' 여쭙고 오너라."라고 합니다. 그래서 딸이 시키는 대로 했더니, 스님의 반응이 "나는 이런 것에는 전혀 미동도 안 한다, 전혀 감응이 없다."는 식으로 마치 목석 같은 반응을 보입니다. 그 때 이 노파가 '내가 지금까지 속한이(속인이나 다름없는 사람)를 공양했구나' 탄식하며, 스님을 쫓아내고 암자를 불태웠다는 겁니다. 뜨거운 피가 흐르는 인간은 돌이나 바위와는 다릅니다. 수행을 하면서 따뜻함이, 지혜 속에서 자비가 우러나오는 사람이 되어야 한다는 것을 일깨워주고 있는 대목입니다.

    도道는 모름지기 통하여 흘러야 하나니, 어찌 도리어 정체할 것인가? 마음이 머물러 있지 않으면 바로 통하여 흐르는 것이요, 머물러 있으면 바로 속박이 되는 것이니라. 만약 앉아서 움직이지 않음이 옳다고 한다면, 사리불이 숲 속에 조용히 앉아 있는 것을 유마힐이 꾸짖었음이 합당하지 않느니라.

23의 도는 모름지기 통해야 한다, 이 통할 통자가 굉장히 중요합니다. 얼마 전 비가 많이 내렸습니다. 그 덕분에 계곡에 있던 지저분한 것들이 싹 쓸려 내려가 계곡물이 아주 깨끗해졌습니다. 그렇듯 모든 것들이 통하여 흘러야 한다는 겁니다. 제가 경제를 전공한 것은 아닙니다만, 부동산 등 많은 재산을 가지고 있음에도 불구하고 어느 한쪽에서 돈줄이 딱 막혀버리면 대기업도 순간에 넘어가 버리는 현상이 비일비재하지 않았습니까? 사람도 마찬가지입니다. 건강해 보이던 사람이 뇌혈관 한 군데에서 핏줄이 막히면 그대로 쓰러집니다.

도도 통해야 되고 돈도 통해야 되고 피도 통해야 됩니다. 머무르지 않고 통하여 흐르는 것이 바로 세상의 이치라는 겁니다. 일체 중생은 모두 살아서 움직이고 있습니다. 과학자들이 밝힌 바에 의하면 우주가 계속 확대되고 있다고 합니다. 고정된 모습으로서의 우주가 있는 게 아니고 계속 흐르고, 변화하고 있다는 겁니다. 고정된 실체로서의 '이것이 우주다'라고 하는 게 없습니다. 이것이 『금강경』의 일합상 비유, 우주를 하나의 합쳐진 모습으로 설명할 수 없다고 하는 겁니다. 그래서 마음이 한 군데 머물러 있지 않으면 그것이 통하여 흐르는 것입니다.

뒤에 가면 무주위본無住爲本, 머무르지 않는 것으로써 근본을 삼는다는 구절이 나옵니다. 무심의 경지라고 하는 것은 목석처럼 아무 생각 없이 멍하니 있는 경지가 아니라 마음이 한 군데 머무르지 않는 것을 말합니다. 이것이야말로 참다운 무심입니다. 마음이 머무른다는 건 무엇이겠습니까? 마치 본드를 발라놓으면 딱 달라붙는 것처럼 돈이든 사람이든 애착하게 되면 머무르게 됩니다. 그래서 과거·현재·미래에 머무르지도 말고 또 어떤 특정 대상을 고집해서 고정관념과 선입견에 머무르지도 않을 때 비로소 도의 세계로 진입을 하게 되는 것입니다.

"사리불이 숲 속에 가만히 앉아 있는 것을 유마힐이 꾸짖었음이 합당하지 않다."는 내용은 『유마경』에 나오는 아주 유명한 대목입니다. 『유마경』에서 유마힐 장자가 사리불에게 "좌선은 그렇게 몸뚱이를 앉혀 놓고 하는 게 아니요." 하는 식으로 힐문합니다. 그런데도 사리불이 유마힐에게 제대로 대답을 못했다는 겁니다.

『유마경』이야말로 대승경전의 필독서입니다. 『유마경』, 『승만경』은 재가자 신분으로도 얼마든지 사리불 같은 출가자보다 더 나은 지혜를 낼 수 있다는 확신을 주고 있습니다. 유마힐은 남성불자의 표상이고 승만 부인은 여성불자의 표상으로 대승경전의 특색은 출가자건 재가자건 따지지 않고, 마음의 문만 열리면 된다는 것입니다.

어쨌든 석가모니 부처님께서는 신으로부터 우리를 해방시켜주신 분이고, 달마 대사는 경전으로부터 우리를 해방시켜주신 분이라면, 지금 이 구절에서도 알 수 있듯이 혜능 스님께서는 몸뚱이 좌선으로부터 우리를 해방시켜주신 분입니다. 참선법이야말로 모든 것에서 해방이 되는, 참자유인이 되는 공부입니다.

선지식들이여, 또한 어떤 이는 사람들에게 '앉아서 마음을 살피고 깨끗함을 살피되 움직이지도 말고 일어나지도 말라'고 가르치고 이것으로써 공부를 삼게 하는 것을 볼 수 있느니라. 미혹한 사람은 깨닫지 못하고 문득 집착하여 거꾸로 됨이 수백 가지이니, 이렇게 도를 가르치는 것은 크게 잘못된 것임을 알아야 하느니라.

  선지식들이여, 정과 혜는 무엇과 같은가? 등불과 그 빛과 같으니라. 등불이 있으면 곧 빛이 있고 등불이 없으면 빛이 없으니, 등불은 빛의 몸통이요 빛은 등불의 작용이라. 이름은 비록 둘이나 몸통은 둘이 아니니, 정과 혜의 법도 또한 이와 같으니라.

강의 앉아서 마음을 관찰하고 깨끗함을 관찰하면서 몸뚱이를 움직이지도 말고 일어나지도 말라고 가르치고 이것으로써 공부를 삼게 하는 경우가 있는데, 이것은 잘못된 것입니다. 참선을 하게 되면 맨 처음에 주로 좌선을 가르칩니다. 좌선이 굉장히 중요하기도 합니다. 그럼에도 불구하고 마음을 관하고 청정함을 관하거나 몸을 움직이지 않고 또 일으키지 않는 것을 궁극으로 삼아서는 안 된다고 강조하고 있습니다. 움직이지 말아야 할 것은 몸뚱이가 아니라 마음이기 때문입니다. 뒤에 가면 6조 스님이 말하는 좌선의 의미가 새롭게 나옵니다.

  육조단경의 중요 관심사는 성품입니다. 우리가 배운 6조 스님의 게송처럼 몸이니 마음이니 하는 것은 닦아줘야 할 것이지만 결국은 고정된 실체가 없이 끊임없이 변화하는 것입니다. 그런데 이것을 가지고 씨름을 한다는 것은 마치 허깨비와 씨름하는 꼴이라는 겁니다. 그렇다면 어디에 마음의 초점이 가야 되느냐? 성품에 가 있어야 한다는 거죠. 성품이 주인이 되어서 마음도 일어나고 몸뚱이도 형성된다는 것입니다.

성품과 마음과 몸, 세 가지 중에서 가장 핵심적인 것은 법신불인 성품이고, 거기에서 보신불인 마음과 화신불인 몸뚱이가 출현한다는 겁니다. 본래 초기 선종사를 보면 초조初祖 달마 대사에서 6조 혜능 대사까지 당시의 어록이나 가르침을 보면 좌선을 궁극으로 삼지도 않았고, 또 화두를 궁극으로 삼았다는 얘기도 없습니다. 이 몸과 마음으로 방편을 삼아서 성품을 보고자 하는 것이 바로 육조선의 계통이 된 것이고, 다음에 마음으로 화두를 챙기는 것을 방편으로 삼아서 성품을 보고자 하는 것이 간화선으로 정착이 되었다고 할 수 있습니다.
　6조 스님께서 정定과 혜慧를 등불과 빛에 비유를 하셨습니다. 선정으로 인해서 마음이 고요해지면 거기에서 나오는 지혜의 빛이 사방을 비춘다, 결국은 선정과 지혜가 둘이 아니다, 본체는 하나이고 다만 작용이 갈라질 뿐이다, 등불은 체體고 빛은 용用이라고 말씀하셨습니다. 다시 말하자면 등불은 성품이고 빛은 상相, 모양이라는 것입니다.

2

──무념을 으뜸으로 삼고, 무상을 몸통으로 삼으며,
무주로 근본을 삼는다──

선지식들이여, 법에는 단박과 점차가 없지만, 사람에는 영리하고 우둔함이 있으니, 미혹하면 점차로 계합하고 깨친 이는 단박에 닦느니라. 자기의 본마음을 아는 것이 본래의 성품을 보는 것이니, 깨달으면 원래 차별이 없으나, 깨닫지 못하면 오랜 세월을 윤회하느니라.

선지식들이여, 나의 이 법문은 예로부터 단박과 점차를 모두 세우나니, 무념을 으뜸으로 삼고, 무상을 몸통으로 삼으며, 무주로 근본을 삼느니라.

———

강의 체體 용用 · 성性 · 상相을 알아야 돈오돈수, 돈오점수에 대해서 구분할 수 있습니다. 이 대목에서 돈수, 단박에 닦는다는 말이 나옵니다. 이것은 성품의 입장에서 하는 말입니다. 그런데 성과 상을 나누어 놓고 설명해야지, 평행선상에서 깨달음과 닦음에 대해서 설명하자면 혼동이 일어납니다. 돈오돈수와 돈오점수에 관한 논쟁들이 일어나게 된 계기도 두루뭉술하게 한 평행선상에서, 평면상에서 얘기를 했기 때문입니다. 차원이 다른 얘기를 같은 차원에 놓고 얘기하려니까 맞아떨어지지 않는 겁니다.

성품의 차원과 모양의 차원이 있습니다. 이 성품은 본체 자리이고 모양은 작용의 자리라고 하는 겁니다. 등불이 있으니까 빛이 있고 빛이 있는 곳에 등불이 있는 것입니다. 바로 앞에 나온 정과 혜가 바로 등불과 빛과 같다는 비유를 잘 음미하면 이해를 할 수 있습니다.

여기에서 말하는 돈수, 단박에 닦는다는 것은 성품의 입장에서 돈수라고 얘기하는 것입니다. 성품의 입장에서 보자면 성품은 오염되지 않고 오염될 수 없는 자리입니다. 그렇기 때문에 닦을 게 없는 것입니다. 오염되지 않고, 닦을 게 없다는 것을 알고 닦는 것이 바로 돈수입니다. 그러나 사람에 따라서는 근기가 예리한 사람이 있고 둔한 사람이 있어서 미혹하면 점차 계합하고, 깨달은 사람은 단박에 닦는다고 6조 스님께서 말씀하신 것입니다. 상相의 입장에서 보자면 여전히 닦을 것이 있고, 그래서 점차로 닦아 나간다고 한 것입니다.

이것이 바로 그 유명한 남악회양南嶽懷讓 선사의 답변, 수증즉불무修證卽不無나 오염즉부득污染卽不得과 상통하는 겁니다. "수행과 깨달음이 없지는 않으나 오염은 얻을 수 없다."고 대답했습니다. 성품, 본마음의 입장에서 보자면 오염즉부득, 본마음 자리는 오염될 수 없지요. 그러나 상相의 입장, 모양, 현상의 입장에서 보자면 여전히 몸과 마음은 있기 때문에 이것은 수증즉불무, 닦고 깨칠 필요가 있다고 한 것입니다. 몸도 마음도 오염되기 마련입니다. 그래서 목욕도 하고 청소도 하는 것입니다. 발타라 존자는 목욕하다가 깨달음을 얻었고, 또 주리반특가 존자는 청소하다가 깨달음을 얻었습니다. 두 분 다 몸과 마음을 결부해서 같이 닦는 수행법의 전형을 보여주신 겁니다.

6조 스님께서는 돈점頓漸 개립皆立, 돈과 점을 모두 세운다고 했습니다. 단번에 깨침 또는 점차로 닦음을 모두 세운다는 것은 다 인정한다는 뜻입니다. 성품의 입장에서는 돈오돈수가 가능하겠지만, 성품과 현상을 나누어서 설명하자면 돈과 점을 모두 세워야 한다는 것입니다. 성품은 돈수이지만 현상은 점수이기 때문입니다. 왜냐? 몸과 마음은 점차적으로 닦아나가야 하는 것이지 단박에 닦겠다고 하다가는 자칫하면 부작용이 생깁니다. 운동을 한 번도 안 하다가 주변에서 운동이 좋다고 하니까 어느 날 갑자기 마음먹고 죽어라고 하루 종일 운동합니다. 그럼 부작용이 생겨서 오히려 다치거나 몸이 쑤셔서 한 달 내내 골골하는 사람도 있고, 심지어 심장마비로 죽는 사람도 있습니다. 그처럼 몸은 점차적으로 닦아야 되고, 마음도 역시 마찬가지입니다. 마음도 오랜 세월을 두고 이루어진 습기習氣입니다. 영어로 habit eneregy, 습관적인 에너지입니다. 이 또한 단박에 없어지는 게 아니죠.

그런데 성품은 단박에 보는 것입니다. 그래서 견성이라고 하는데, 저는 이것을 디지털식 깨침이라고 하였고, 몸과 마음은 점차로 닦아나가야 되는지라 아날로그식 수행이라고 표현했습니다. 디지털식 깨침과 아날로그식 닦음, 디지털시계는 갑자기 세 시든 열두 시든 숫자를 맞출 수가 있습니다. 그런데 아날로그시계는 분침을 계속 돌려야 시침이 따라갑니다. 결국 성품은 디지털식으로 단박에 보며, 몸과 마음은 아날로그식으로 꾸준히 닦아나가야 한다는 것입니다.

이렇게 "돈점을 모두 세우나니, 무념을 으뜸으로 삼고, 무상을 몸뚱이로 삼고, 무주를 근본으로 삼는다."고 했습니다. 이것이야말로 육조단경의 종지, 대표적인 사상이라고 할 수 있습니다. 육조단경의 사상을 간단하게 얘기해봐라, 하면 곧바로 무념위종無念爲宗 무상위체無相爲體 무주위본無住爲本이라고 할 수 있어야 합니다.

여기에서 분명히 알아야 할 것이 몸과 마음, 그리고 성품, 이렇게 세 가지 차원에서 계속 얘기를 하고 있습니다. 어느 차원에서 얘기하는지를 제대로 알면 헷갈리지가 않습니다. 닦아야 된다고도 하고, 닦을 게 없다고도 하고 이게 도대체 무슨 소리인가 하고 혼동하지 않습니다. 육조단경도 이것을 모르면 이해하기가 굉장히 힘듭니다.

어떤 것을 무상이라 하는가?
모양이 없다고 하는 것은 모양에서 모양을 여읜 것이니라. 무념이라는 것은 염하되 염하지 않는 것이니라. 무주라는 것은 사람의 본래 성품이 생각마다 머무르지 않는 것이니라.

―――――

<u>값의</u> 모양이라는 것은 고정관념을 뜻할 수도 있고, 눈앞에 보이는 물질세계를 포괄적으로 뜻할 수도 있습니다. 이 세계는 물질이든 마음이든 끊임없이 변화하고 있기 때문에 고정된 형상이 없다는 것입니다. 아무리 예쁜 미인도 10년 20년 30년 지나고 나면 쪼글쪼글 할머니가 됩니다. 평생 미인이 아닌 거죠. 바로 보면서도 무상위체를 정확하게 알아야 한다는 겁니

다. 무념위종이라는 것은 생각하되 생각하지 않는 것입니다. 그 생각으로 인해서 또 다른 생각을 내지 않는 것입니다. 이게 무슨 소리냐? 흐르는 강물처럼 머물지 않고, 그대로 그냥 생각 생각에 지나가는 겁니다. 한 생각에 집착해서 머물지 않으니 잡념이 없는 겁니다.

몸이 아프면 몸이 아프다고 하면 되는데, 아프니까 괴롭다는 생각으로 번집니다. 그런데 몸이 아픈 것과 마음이 괴로운 것은 별개의 문제라는 겁니다. 몸은 아파도 마음은 괴롭지 않을 수 있습니다. 몸이 아플 때, '아프구나.' 하고 있는 그대로 수용하는 것과 '아프니까 다니지도 못하고 제대로 먹지도 못하고 괴롭다.'는 것이 다른 겁니다. 어떤 분이 6·25사변 때 '전쟁이 나서 괴롭다, 괴롭다.' 하고 다니다가 어느 스님을 찾아뵙고, "제가 요새 마음이 괴롭습니다." "왜 그런가?" "전쟁 때문에 괴롭습니다." "그런가? 전쟁하고 당신 괴로운 것하고 무슨 상관인데?" 그 말에 번뜩해서 출가했다는 겁니다.

여기에서 무상이라는 것은 모든 상相에서 상을 떠나는 것입니다. 어떤 형상, 모습을 볼 때에 '아, 저것이 영원히 저런 모습이구나.'라고 보지 않는 것입니다. 왜냐하면 모든 형상이라는 것은 변화하기 때문입니다. 마찬가지로 사람에 대해서도 편견을 가지면 안 됩니다. 저 사람이 과거에 나쁜 사람이었으니까 지금도 앞으로도 나쁜 사람일 것이라고 생각하면 안 된다는 것입니다. 또 아름다운 모습을 보고 그 아름다움이 평생 갈 걸로 생각해서도 안 된다는 것이지요. 화무십일홍花無十日紅이라, 꽃은 열흘 동안 붉지 못하다는 말이 있지 않습니까? 그와 같이 아무리 아름다운 미인도 시간이 가면 쪼글쪼글한 노인네가 됩니다. 물론 요새 성형수술이나 보톡스 주사를 놓아서 주름살을 펴고 당기고 하지만 그것도 역시 얼마 못 갑니다.

그러나 지나간 생각과 지금 생각과 다음 생각이 생각마다 서로 이어져 끊어짐이 없나니, 만약 한 생각 끊어지면 법신法身이 곧 육신을 떠나느니라.

생각 생각마다 모든 법 위에 머무르지 말 것이니, 한 생각이라도 머무르면 생각마다에 머무르게 되므로 얽매임이 되느니라. 일체 법 위에 생각마다 머무르지 아니하면 곧 얽매임이 없는 것이니, 그러므로 무주로써 근본을 삼느니라.

<u>강의</u> 무념은 생각이 완전히 끊어진 일념, 단절 상태로 생각하면 안 된다는 것을 강조하고 있습니다. 지나간 생각과 지금 생각과 다음 생각이 서로 이어져서 끊어짐이 없나니, 만약 한 생각이 끊어져 버리면 법신이 곧 육신을 떠난다고 했습니다. 법신은 우리의 본마음을 얘기하고, 몸뚱이를 떠난다는 것은 죽는다는 말입니다. 죽은 시체는 생각을 더 이상 하지 않습니다. 법신이 떠나기 때문에 시신이 되는 것입니다.

언뜻 생각하기에 무념을 으뜸으로 삼으라고 하니까 아무 생각이 없는 것을 목표로 삼기 쉽지만, 앞서도 말씀드렸듯이 아무 생각이 없는 것은 시체이고 나무이며 돌덩어리입니다. 인간이 아닌 겁니다. 그러면 어떻게 생각을 다루어야 되느냐? 무주위본無住爲本, 생각이 있되 머무르지 않는다는 것으로 근본을 삼는다는 겁니다. 이 말씀이 아주 핵심적인 표현입니다. 예를 들어서 아교풀, 접착제가 발라져 있는 바닥에 발을 디디면 발이 머무

르게 됩니다. 머무른다는 것은 애착을 한다는 것이고, 애착이 생기면 머무르게 됩니다. 돈이든 사람이든 장소든 머무르지 않음으로써 근본을 삼는다는 것은 모든 생각이 흘러가는 대로 지켜본다는 것입니다. 객관자, 주시자가 되어 '아, 이런 생각이 일어났구나. 아, 이런 생각이 변하는구나, 아, 이런 생각이 소멸되었구나.' 이렇게 흐르는 강물을 바라보듯이 자신의 생각 생각 일어나는 것을 다만 바라봅니다. 휩쓸려서 떠다니는 것이 아니라 그것을 객관자로서 통찰하고 주시할 수 있는 것이야말로 무주위본입니다.

만일 한 생각이 머무르게 되면 생각 생각마다 머무르게 되어 얽매이게 됩니다. 일체의 모든 생각에 머무르지 아니하면 곧 자유인이 되는 겁니다. 우리가 왜 자유인이 못 되느냐? 뭔가에 머물러서 속박받기 때문에 자유인이 못 되는 겁니다. 영화에도 그런 장면이 자주 나옵니다. 어떤 사람을 자기 사람으로 만들고 싶다고 했을 때에 '저 사람이 뭐를 좋아하는지, 어디에 잘 머무르는지'를 먼저 파악합니다. 권력을 좋아하는 사람 같으면 권력을 미끼로 끌어당기고, 돈을 좋아하는 사람 같으면 돈을 한 보따리 싸서 갖다 주면 시키는 대로 하게 되는 겁니다. 그렇듯 애착이 있고 머무름이 있을 때는 자유가 속박 당하고 애착, 머무름에서 벗어나면 구속에서도 해탈하는 것입니다.

이 세상에서 정말 내 마음대로 할 수 없는 사람은 어떤 사람이겠습니까? 아무런 애착이 없는 사람은 마음대로 못하는 것입니다. 알렉산더가 그 유명한 철인 디오니소스에게 "당신이 진짜 바라는 바는 뭐냐? 황제인 내가 뭐든지 다해주겠다."고 했더니, "다른 건 다 필요 없고 자네가 지금 햇빛을 가리고 있으니까 옆으로 비켜주시게. 내가 바라는 건 그것 하나뿐이네."라고 대답한 일화가 아주 유명합니다. 이런 사람은 내 뜻대로 다룰 수가 없는 것입니다. 이런 사람이야말로 참자유인입니다.

과거에도 머물지 않고 미래에도 머물지 않고 현재에도 머물지 않는 삶, 바로 지금 여기에 충실한 삶을 살면 됩니다. 고민할 일이 있으면 닥쳐서 고민하면 됩니다. 지나간 일이나 앞으로 올 일 또한 고민해봐야 소용없습니다. 바로 지금 여기에서 완전 연소하는 삶이야말로 머무르지 않는 삶이라고 말씀드릴 수 있습니다.

선지식들이여, 밖으로 일체의 모양을 여의는 것이 무상이니라. 다만 모양을 여의기만 하면 성품의 몸통은 청정한 것이니, 그러므로 무상으로써 몸통을 삼느니라. 일체 경계에 물들지 않는 것을 무념이라고 하나니, 스스로 생각하되 경계를 떠나서, 법에 대하여 생각 일으키지 않는 것이니라. 모든 사물을 생각하지 않음으로, 생각을 모조리 제거하려 들지 말라. 한 생각 끊어지면 곧 다른 곳에 태어남을 받느니라.

———

<u>값의</u> 무상은 앞에서도 말씀드린 것처럼 어떤 모양을 볼 때 고정된 형상이 없음을 알고, 고정된 형상이 없음에 투철한 것을 말합니다. 필자가 중학교 다닐 때 아주 멋진 미술 선생님이 계셨습니다. 이분이 학생들에게 "나는 여인의 아름다운 얼굴을 볼 때 해골을 그린다."고 하셨습니다. 그림을 그릴 때 피부를 보고 윤곽을 잡는 게 아니라 해골로써 잡는답니다. 지금 생각해보니 그분은 백골관에 능통한 분이셨던 것 같아요. 피부를 보고 코가 오똑하고 입술이 앵두같이 빨갛고 하면서 미인이라고 하는데, 해골을 보

면 미인이랄 게 없는 거죠. 저 사람 해골이 어떻게 생겼을까? 둥글넙적할까, 뻬죽할까? 눈동자가 파였을 때, 입술이 떨어지고 이빨만 그리는 식으로 그림 그리는 걸 가르치면서 백골관과 유사한 내용을 말씀하셨던 일이 떠오릅니다.

지금도 남방불교국가에서는 백골관을 합니다. 사람이 죽은 시체를 보면서, 썩어가는 모습을 보면서 '아, 모든 것은 이렇게 변화하는 것이구나, 우리의 몸뚱이도 영원한 것이 아니고 하루가 다르게 나날이 바뀌어가는 것이구나.' 하며 마음공부를 하는 것입니다. 그리고 '몸뚱이뿐 아니라 우리의 마음가짐도 역시 바뀌는구나. 고정관념을 가져서는 안 되겠다.' 하는 것입니다.

과거에 좋은 것이 현재에 나빠질 수도 있고 과거에 나빴던 것이 현재에 좋아질 수도 있습니다. 모든 생각은 얼마든지 바뀔 수 있습니다. 요새 뉴스를 보니, 세계적으로 좌측통행을 하는 나라가 우리나라밖에 없답니다. 실제로 길의 흐름상 우측통행을 하는 것이 편리하다고 합니다. 그래서 어떤 단체에서 우측통행하기 운동을 벌이고 있다는 뉴스를 보았어요. 우리는 어렸을 때부터 사람은 좌측통행, 차는 우측통행하라고 배웠습니다. 그런데 학교에서 그렇게 배운 것일 뿐이지 그 자체가 진리는 아니었다는 겁니다. 저도 마음공부 하면서 '아, 내가 지금까지 배운 것은 하나의 고정관념, 선입견 내지는 사회적인 습관이구나.' 하는 것을 뼈저리게 느꼈습니다. 습관과 진리는 같은 게 아닙니다. 그것이 바로 상相, 모양을 여의는 겁니다. 육신에 대한 모양이나 고정관념 등이 없는 것, 무상으로써 가르침의 본체로 삼아야 합니다.

"일체 경계에 물들지 않는 것을 무념이라 하고, 무념으로써 종을 삼는다."는 것은 어떤 생각의 경계를 떠난다는 것을 뜻합니다. 경계에는 역경계와 순경계가 있습니다. 역경계는 마음에 거슬리거나 오지 않았으면 하는 것이고, 순경계는 마음이 끌리는 것입니다. 이런 역경계와 순경계에서 모두 떠나야 된다는 겁니다. 역경계와 순경계가 왔을 때 휩쓸리지 않고 의연하게 갈 수 있어야 합니다.

요새 절 밑에 연꽃이 아주 소담하게 피었습니다. 백련은 백련대로 홍련은 홍련대로 나름대로의 멋이 있습니다. 그런데 넓적한 연잎 위의 물방울이 잎사귀로 퍼지지 않고 자기네끼리 뭉쳐 있어요. 톡 하고 치면 물방울이 이리 굴렀다 저리 굴렀다 하면서 동그란 보석처럼 흔들리는 게 재미있어서 연잎을 툭툭 친 적도 있습니다. 물방울이 이리 갔다 저리 갔다 하는 것을 보면서 '우리 마음도 저렇게 역경계와 순경계에 물들지 않고 그저 자기의 청정한 마음 그대로 유지할 수 있는 마음가짐이 필요하겠구나.' 하는 생각이 들었습니다. 그런 것이야말로 무념이고 무상이라 할 수 있습니다.

"모든 사물을 생각하지 않음으로써, 생각을 모조리 제거하려 들지 말라."는 굉장히 중요한 표현입니다. 아무 생각 없는 게 무념이 아니라 잡념이 없는 게 무념입니다. 이 구절의 원문을 살펴보면, 막백물불사莫百物不思 염진제각念盡除却입니다. 여기에서 백은 '일백' 백이 아니라 여러 가지 모든 것을 함축한 의미로 '모두'라는 뜻입니다.

도道를 배우는 이는 마음을 써서 법의 뜻을 쉬도록 하라. 자기의 잘못은 오히려 그렇다 하더라도 다시 다른 사람에게 권하겠는가. 미혹하여 스스로 보지 못하고 또한 경전의 법을 비방하나니, 그러므로 무념을 세워 으뜸으로 삼느니라. 인연에 미혹한 사람은 경계 위에 생각을 내고 생각 위에 다시 삿된 견해를 일으키므로, 모든 번뇌와 망령된 생각이 이로부터 생기느니라.

그러므로 이 가르침의 문은 무념無念을 세워 으뜸을 삼느니라. 세상 사람들이 소견을 여의고 생각을 일으키지 않아서 만약 생각함이 없으면 무념도 또한 세우지 않느니라.

강의 무념을 세워서 으뜸을 삼는다, 앞에서도 말씀드렸듯이 무념이란 잡념을 세우지 않는다는 것입니다. 만일 무념의 경지에 도달하면 사실은 무념이라는 생각도 없어지는 경지가 됩니다. 내가 지금 무념 속에 있다고 하면 그 순간 틀린 말이 됩니다. 내가 무념 속에 있다는 생각조차 사실은 하나의 잡념, 상념에 들어가기 때문입니다. 우리가 해탈한다는 것은 사실 어떤 것으로부터 자유로워진다는 것이고, 자유로워진다는 것은 거기에 대해서 아무 생각, 잡념을 일으키지 않는 겁니다.

예컨대, 특별히 아픈 곳이 없이 건강할 때는 몸에 대해서 아무 생각을 하지 않습니다. 그런데 위장병에 걸리게 되면 통증이 오니까 자꾸 위장에 대해서 생각을 하게 됩니다. 내가 위장병에 걸렸으니까 먹는 것을 조절해야 되겠다든가 약을 먹어야 하겠다든가 생각합니다. 이렇게 생각한다는 것 자체가 거기에 속박되어 있는 것입니다. 그래서 해탈한다는 것은 사실은 모든 것으로부터 벗어나 참자유인이 되는 것입니다. 그런데 한 번에 모든 것으로부터 벗어날 수가 없으니까 부분적으로라도 벗어나야 된다는 것이 바로 점해탈, 부분해탈이고 바라제목차라고 하는 것입니다. 계율을 제정해서 그것만이라도 지켜서 그 부분에서만큼은 벗어나는 것입니다.

세상 사람들은 나름대로 콤플렉스를 갖고 있습니다. 고졸자는 대학을 못 간 것에 대한 콤플렉스가 있고, 또 대졸자나 대학원 다닌 사람은 또 박사 학위를 가진 사람에 대해서 콤플렉스를 가질 수 있겠지요. 그런데 박사학위를 가진 사람도 콤플렉스가 있습니다. 저도 박사학위를 따고 나니까 사회 학벌에 대한 콤플렉스는 완전히 사라졌는데, 선방에 대한 콤플렉스가 또 남더군요. 그래서 선방에 가기 위해 출가를 했습니다. 그런데 선방에 앞서 강원을 어느 정도 다녀야 중물이 든다고 합니다. 스님다운 언행이 몸에 배어든다는 뜻이죠. 그리고 그 당시에 쌍계사 강원의 강주스님이 상당히 해박한 지식과 글을 잘 새기는 분이셨습니다. 그분을 보니 강원 콤플렉스도 생기더군요. 강원에 들어가서 공부를 하고 나서 선방에 다니니까 거기에 대한 콤플렉스가 사라지더라고요.

콤플렉스를 가지고 있다는 것은 거기에 얽매여 있는 겁니다. 그래서 건강에 대한 콤플렉스에서 벗어나려면 건강해져야 되고, 학위에 대한 콤플렉스에서 벗어나려면 학위를 따야 됩니다. 하지만 콤플렉스는 끝이 없습니다. 근본적으로 마음을 바꾸어야만, 참다운 무념에 이르러야만 벗어날 수 있는 것이죠. 쉽게 말하자면 모든 콤플렉스에서 벗어나는 것이야말로 진정한 무념의 상태라고 봅니다.

무념無念의 무無, 없다 함은 두 가지 모양의 번뇌를 떠난 것이라고 했습니다. 다시 말해서 분별심을 떠났다는 뜻입니다. 선과 악, 나와 남, 사랑과 미움 등 둘로 나뉘는 마음이 쉬었다는 겁니다. 그리고 무념의 염念은 무엇을 생각할 것인가? 진여의 본성을 생각해야 합니다. 진여는 본마음 참나, 성품자리를 얘기합니다. 진여는 염念의 체體요, 염은 진여의 용用입니다. 말하자면, 진여는 바탕, 몸뚱이고 거기에서 작용을 일으켜서 한 생각을 하게 된다는 말입니다.

없다 함은 무엇이 없다는 것이고 생각함이란 무엇을 생각하는 것인가?

없다 함은 두 모양二相의 모든 번뇌를 떠난 것이요, 생각함이란 진여眞如의 본성을 생각하는 것이니라. 진여는 생각의 몸통이요, 생각은 진여의 작용이니라.

앞의 무념위종, 무념으로써 종지를 삼는 것에 대해서 계속 설명하고 있습니다. 무라는 것은 두 가지 모양의 모든 번뇌를 떠난 것입니다. 두 가지 모양이란 항상 분별심을 말합니다. 나다 남이다, 옳다 그르다, 선이다 악이다, 맞다 틀리다 이렇게 생각하는 것이 다 두 가지 모습의 번뇌라는 말입니다. 일단 나와 남이 생김으로써 모든 것들이 벌어지게 된 겁니다. 이 세상 이 우주가 본마음 참나 자리에서는 그대로 다 그냥 본마음 참나뿐인데 거기에서 홀연히 나라는 생각을 일으켜서 나와 남이 갈라져버린 거죠. 거기에서부터 모든 것이 시작된 겁니다. 두 가지 모습으로 분별한다, 나눈다는 것이 모든 번뇌의 근본이기 때문에 무라는 것은 모든 것을 두 가지로 나누는 마음이 없어지는 것입니다.

염이란 생각할 념念 자인데, 지금 금今자에 마음 심心 자로 이루어져 있습니다. 염불한다, 마하반야바라밀을 염한다 할 때의 염의 의미는 지금 내 마음에 챙긴다는 소리입니다. 마하반야바라밀을 염한다는 것은 입으로 마하반야바라밀을 하면서 마음으로 그 소리를 챙겨야 되는 겁니다. 마음을 챙기는 것은 여러 가지 방법이 있겠지만 그 중에 가장 핵심적인 방법이 듣는 것입니다. 우리가 안·이·비·설·신·의 여섯 가지 감각 기관을 가지고 살아가고 있는데 그 중에 가장 뛰어난, 수승한 기관이 바로 이근耳根입니다. 『능엄경』에서도 이근원통耳根圓通이야말로 가장 수승하다고 했습니다. 입으로는 마하반야바라밀을 외우면서 마음으로, 귀 뿌리로 듣는 것, 바로 지금 이 자리에서 자기가 하는 소리를 자기가 듣는 것이 수행의 포인트입니다. 그것이야말로 진여의 본성, 본마음의 본래 자리를 염하는 것입니다. 진여는 염의 체요, 염은 진여의 용이라고 했습니다. 본마음은 우리 생각의 본체가 되고, 한 생각씩 내는 염은 진여의 쓰임, 용用입니다. 그래서 무념이란 아무 생각 없이 목석처럼 되는 것이 아니라 염하되 물들지 않고 염하는 것, 바로 잡념이 없는 것입니다.

 그러므로 자기의 성품自性이 생각을 일으켜 비록 보고 듣고 느끼고 아는 것이나, 모든 경계에 물들지 않아서 항상 자재하느니라. 『유마경』에 말씀하시기를 '밖으로 능히 모든 법의 모양을 잘 분별하나 안으로는 첫째가는 이치로서 움직이지 않는다.' 하셨느니라."

 깄의 자성自性 상에서 좋은 생각이든 나쁜 생각이든 한 생각 일으켜서 비록 보고 듣고 느끼고 아는 것이지만 모든 경계에 오염되지 아니하여서 항상 자재하다고 하였습니다. 연잎에 물을 올려놓으면 구슬처럼 뱅글뱅글

돌아다닙니다. 또 연꽃은 진흙에 뿌리를 박고 있지만 수면 위로 꽃을 피우고 향기를 만방에 퍼뜨립니다. 그렇듯 물들지 않는 경계를 말합니다.

경계에 걸리는 것이 아니라 경계를 굴리는 것이 바로 자재한 겁니다. 경계에 걸리는 것은 경계를 주인으로 섬기고 자기가 종이 되는 것입니다. 반면 경계를 굴리는 것은 자기가 주인이 되고 경계가 종이 되는 것입니다. 예를 들어서 돈을 생각해보면, 돈에 질질 끌려가는 사람이 있고 돈을 끌고 다니는 사람이 있습니다. 돈은 사람을 위해서 필요한 것이지 사람이 돈을 위해서 필요한 게 아닌데 그럼에도 불구하고 경계에 얽매이는 사람들은 오히려 반대가 되어버립니다.

『금강경』에서도 말하듯이, 부처님 경전 말씀이 아무리 좋다 해도 내가 고통의 이 언덕에서 열반의 저 언덕으로 건너갈 때 필요한 것이지, 건너고 나면 역시 그것조차도 놓아버려야 됩니다. 뗏목이 고맙다고 해서 강을 건너고 나서도 "이 뗏목 덕분에 내가 강을 건너서 너무 고마운 뗏목이야. 내가 이 뗏목을 놓으면 안 돼." 하면서 그 무거운 뗏목을 짊어지고 끌고 지고 육지를 가는 사람들이 많습니다. 이렇게 어리석은 우를 범하는 경우가 많습니다. 부처님께서는 부처님 자신, 여래에게도 얽매이지 말라고 하십니다. "진리를 설하는 여래, 또는 진리 자체에도 얽매이지 마라.『법화경』에 굴림을 당하는 사람이 되어서는 안 되고『법화경』을 굴려야 된다."는 말씀이『법화경』에 나옵니다.

여기에서는『유마경』의 비유를 들었습니다.『유마경』에서 "밖으로 능히 모든 법의 모양을 잘 분별하나 안으로는 첫째가는 이치로서 움직이지 않는다."는 것이야말로 참다운 무념이라고 말씀하셨습니다. 누누이 말씀드리지만, 목석처럼 있는 게 무념이 아니라는 겁니다. 밖으로 모든 경계를 잘 알고 잘 분별하지만 부동不動, 마음이 흔들리지 않는 것이 무념입니다. 그러니까 보지도 않고 듣지도 않는 상태에서 마음이 흔들리지 않는 것은 아직 무념의 상태가 아닙니다. 그래서 수행 초기에는 깊은 산사나 전문 수행도량 등 세간에 물들지 않는 곳에서 되도록이면 보지 않고 듣지 않고 수행을 합니다. 하지만 수행의 참다운 완성은 바로 이 세간 속에서 보고 듣고 다 분별하면서도 평상심을 여여부동하게 유지할 수 있어야 하기 때문에 불교에서 회향을 강조하는 것입니다.

마조 스님께서 평상심시도平常心是道라는 기가 막힌 가르침을 주셨습니다. 그 전에는 선禪이나 도道를 굉장히 어려운 것으로 알았습니다. 특수한 사람들이 특수한 장소에서 특수한 기간에 공부하는 것이고, 도인처럼 특이한 사람들만 성취할 수 있고 추구할 수 있는 것으로 알아 왔는데, 이것을 언제 어디서나 누구나 할 수 있는 것, 열린 참선으로 만들어 놓으신 분이 바로 6조 혜능 스님이십니다.

6조 혜능 스님은 성품, 자성이라는 용어로 중생을 제도하셨는데, 이 말보다 훨씬 더 쉬운 평상심이라는 말로 옮겨놓으신 분이 바로 마조 도일 스님입니다. 우리가 평상시에 가지고 있는 마음이 곧 진리라는 이 말씀은 정말 멋진 표현입니다. 사실 평상시에는 분별을 안 합니다. 엄청나게 많은 잡념을 가지고 있는 것 같지만 사실은 우리의 본마음은 항상 저 고요한 바다처럼 여여부동하다는 겁니다. 비록 일시적으로 바람이 불어서 파도가 칠뿐이지 파도가 친다고 해서 바다가 없어지는 것이 아니고 또 바다 자체가 사라지는 것도 아니고 다만 겉에 살짝살짝 본마음만 드러날 뿐입니다. 그래서 우리가 평상심을 그대로 유지하고 있으면 무분별심이기 때문에 저 승사자도 못 본다는 겁니다.

3

——생각 일으키지 않음이 좌坐요, 어지럽지 않음이 선禪이다——

"선지식들이여, 이 법문 중의 좌선은 원래 마음에 집착하지 않고 또한 깨끗함에도 집착하지 않느니라. 또한 움직임도(움직이지 않음도) 말하지 않나니, 만약 마음을 살핀다고 말한다면 마음은 원래 허망한 것이니라. 허망함이 허깨비와 같은 까닭에 살필 것이 없느니라. 만약 청정함을 살핀다고 말한다면 사람의 성품은 본래 청정하니라. 허망한 생각으로 진여眞如가 덮인 것이므로, 허망한 생각만 여의면 본성은 청정함이니라.

———

참의 선정, 좌선의 진정한 의미가 무엇인지에 대해 설명하고 있습니다. 앞에서도 말씀드렸듯이 말 그대로 몸뚱이를 앉혀놓고 가부좌 틀고 있는 것이 좌선이 아니고, 마음에도 집착하지 아니 하며 또한 깨끗함에도 집착하지 않고, 또한 움직이고 움직이지 않음조차도 말하지 않는 것이라고 하였습니다. 왜냐하면 만약 마음을 본다고 말한다면, 마음은 원래 허망하기가 허깨비와 같아서 볼 바가 없기 때문입니다. 수행에는 여러 가지 방법이 있겠지만 크게 세 가지로 나눌 수 있습니다. 첫 번째는 몸을 닦는 수행, 두 번째는 마음을 닦는 수행, 세 번째는 성품을 보는 수행이 있습니다. 육조단경의 가르침은 철저하게 성품을 보는 수행에 귀결이 됩니다.

어떤 사람이 밤길을 가다가 힘들어서 큰 나무 밑에서 잠시 쉬었다가 일어나서 가려고 하는데 뒤에서 뭐가 잡아당기는 거예요. 그렇지 않아도 그 근처에는 도깨비가 나타난다는 말을 듣고 두려워하고 있었는데 뒤에서 누가 옷자락을 잡아당기니까 드디어 도깨비가 나타났나 보다 하고 밤새도록 실랑이를 한 겁니다. 캄캄한 밤중인데 자기는 앞으로 가려 하고 도깨비는 뒤에서 잡아당기고 하다 보니 새벽이 되었습니다. 그런데 밝은 데서 보니까 사실은 도깨비가 아니라 나뭇가지에 옷이 걸린 것입니다. 이것이 바로 허깨비라는 거죠.

그렇듯 본래 실체가 없습니다. 몸이니 마음이니 하는 것은 고정된 실체가 없이 저 흐르는 강물처럼 계속 흘러서 끊임없이 바뀌고 변화하는 것입니다. 그렇게 어떤 고정된 실체가 없는데 그것을 가지고 승부를 겨룬다면 과연 승부를 겨룰 수 있느냐? 물론 잠시 잠깐씩은 몸을 닦고 마음을 닦는 것들이 금방 효험이 나타나는 것 같기도 하죠. 왜냐하면 나무로 따지자면 가지치기, 잎사귀 치기에 해당되는 것이죠. 가지와 잎사귀를 치면 그 즉시에는 시원해 보입니다. 그러나 시간이 조금만 지나면 어느덧 다시 가지와 잎사귀가 자라나게 됩니다. 뿌리를 뽑아내야 번뇌의 가지와 번뇌의 잎사귀가 더 이상 자라나지 않는다는 겁니다. 뿌리를 보고 뿌리를 뽑아내는 공부가 바로 참선 공부입니다.

사람의 성품은 본래 공한 것이고 깨끗한 것입니다. 거기에서 다시 한 생각 일으켜서 깨끗하다 더럽다는 분별심을 가지고 다시 또 깨끗함을 본다고 하니까 망상이 생기는 것이고, 그것은 본 생각에서 한 발짝 벗어난 겁니다. 이러한 망념을 여의기만 하면 그대로 본성은 청정한 것이지 다시 닦고 말고 할 게 없습니다. 깨끗하다 더럽다 나누기 이전의 그 마음이 진정으로 깨끗한 마음입니다. 요새 의학적으로 설명하는 까탈스런 성격, 어디에 가서 남들이 쓰던 건 절대 못 쓰고 공중화장실 절대 못 가는 증세를 가진 사람도 사실 진정으로 깨끗한 것이 아닙니다. 진정으로 깨끗한 것은 우리 본성의 청정함을 보는 것입니다.

벌써 한 생각 일으켜서 더럽다 깨끗하다, 좋다 나쁘다 이렇게 분별에서 나오는 깨끗함, 좋음 등은 본성에서 이미 한 걸음 파도를 일으킨 자리입니다. 육조단경에서는 망념을 여의기만 하면 그 자리가 그대로 청정한 것이지 청정한 게 따로 있는 게 아니다, 몸이니 마음이니 하는 것은 고정된 실체가 없어서 닦는다는 것은 일시적 효험이 있을 뿐이지 궁극적으로는 본성자리, 본마음 참나를 알아야 된다는 것에 초점을 맞추고 있습니다.

자기의 성품이 본래 청정함은 보지 아니하고, 마음을 일으켜 청정함을 살핀다고 하면 도리어 깨끗하다고 분별하는 망상淨忘이 생기느니라.

망상은 처소가 없다. 그러므로 살핀다고 하는 것이 도리어 허망된 것임을 알라. 청정함은 형상이 없거늘, 도리어 청정한 상을 세워서 이것이 공부라고 말하느니라. 이러한 소견을 짓는 이는 자기의 본래 성품을 가로막아 도리어 청정함에 묶이게 되느니라.

갚의 자기의 성품, 자성, 본성, 본마음, 참나는 본래 청정한 자리이고 오염되지 않는 자리입니다. 망념만 사라지면 그대로 그 자리가 본래 청정자리인 것입니다. 만리무운萬里無雲 만리천萬里天, 만 리나 되는 긴 하늘에 구름 한 점 없으면 그대로 청천 하늘입니다. 청천하늘을 새롭게 만들어 낼 필요가 없습니다. 파도가 쉬면 그대로 바다입니다. 파도를 쉬고 다시 바다를 찾을 필요가 없는 것이지요. 자기의 성품이 본래 청정한 것을 보지 않고 다시 청정함을 살핀다는 것 자체가 망상이라는 겁니다. 분별 망상은 사실 처소가 없습니다. "참선, 좌선을 하면서 화두를 어디에 두어야 됩니까?"라는 질문을 많이 받는데 이것은 "마음을 어디에 두어야 됩니까?"라는 질문과 같습니다. 화두는 마음으로 챙기는 것이기 때문입니다. 그런데 이 마음이 원래 처소가 없다는 것입니다. 이것은 굉장히 중요한 얘깁니다.

『능엄경』에 보면, 아난 존자가 마등가녀의 주문에 홀려서 계를 파하게 될 지경에 이릅니다. 이를 천안통으로 보시고, 부처님께서 문수보살을 보내서 구해옵니다. 『능엄경』은 아난 존자의 일화로 시작합니다. 그리고 이어서 마음에 관하여 부처님과 아난 존자가 질문하고 답합니다.

"마음이 어디에 있다고 생각하느냐?" "마음은 몸뚱이 속에 있지요." "아니다. 마음이 몸뚱이 속에 있다면 네가 마치 방 안에 앉아 있으면서 방 안에 있는 물건을 다 보고 나서 창문을 통해서 방 밖을 보는 것과 마찬가지로 네 몸 속에 있는 내장, 지라·허파 등을 다 보고 나서 밖을 봐야 하는 것 아니냐? 마음이 네 몸뚱이 속에 있는 것이 아니다." "그럼 몸 밖에 있습니다." "몸 밖에 있다면 몸과 마음이 분리되어서 서로가 서로를 인지하지 못할 텐데 네가 지금 그러냐?" "아닙니다. 그럼 어디 있지? 중간에 있나?" 이렇게 해서 계속 마음의 소재를 찾는 것이 바로 유명한 『능엄경』의 칠처징심七處徵心입니다.

그럼 결론은 뭐냐? 마음은 일정한 처소가 없다는 것입니다. 왜 처소가 없느냐? 고정된 실체가 없기 때문입니다. 이리저리 바람 부는 대로 떠다니지만 막상 구름을 잡으려고 손을 뻗치면 잡히지 않는 것처럼 우리의 삶과 죽음, 몸과 마음도 고정된 실체가 없고 처소가 없습니다. 끊임없이 변화하고 있는데 그 어느 순간에 나를 붙잡아서 이것이야말로 진정한 나라고 할 수 있겠습니까? '이것이 나다'라고 하면 그 순간이 아닌 때의 나는 내가 아닌 것이 되어 버립니다. 실체가 있을 때, 여기 있다, 저기 있다, 위에 있다, 아래에 있다고 할 수 있지 허깨비처럼 고정된 실체가 없을 때는 처소가 없는 것입니다. 한마디로 마음은 닦을 것이 아니고, 보아야 하는 것이라는 얘기입니다.

만약 움직이지 않는 이가 일체 사람들의 허물을 보지 않는다면, 이는 성품이 움직이지 않는 것이니라. 그러나 미혹한 사람은 자기의 몸은 움직이지 아니하나, 입만 열면 곧 남의 옳고 그름을 말하나니, 도道와는 어긋나 등지는 것이니라. 그래서 마음을 살피고 청정함을 살핀다고 하는 것은 도리어 도道를 장애하는 인연이니라.

강의 몸뚱이가 움직이지 않고 앉아 있는 것이 아니고, 남의 허물을 보지 않

는 것이야말로 진정하게 도를 닦는 것이라는 말입니다. 참선을 하네, 수행을 하네 하면서도 남의 허물을 잘 보는 사람이 있습니다. 누구네 집에 어찌고저쩌고, 누구 아빠가 어찌고저쩌고, 어느 스님이 어찌고저쩌고 이렇게 남의 허물을 보면서 소일하는 사람, 그것에 맞장구치면서 좋아하는 사람은 진정으로 도를 닦는 사람이 아닙니다. 본래 자기 허물이 많은 사람이 남의 허물이 잘 보이는 겁니다. 본래 남의 살림살이에 관심이 많은 사람일수록 자기 살림살이가 충실한 사람이 없습니다. 자기 살림살이가 빈약하고 허술하니까 자꾸 남의 살림살이에 관심이 가는 거예요. 내 공부하기 바쁜 사람은 남이 콧구멍을 후비든 귀를 후비든 관심이 없습니다. 지금 내 발등에 불이 떨어졌는데 남의 허물에 신경이 쓰이겠습니까? 내 마음 닦을 시간도 없는데 언제 남의 마음 닦아주겠습니까?

물론 수행을 같이 할 때는 남의 수행에 방해가 되는 행동과 언행을 해서는 안 됩니다. 그런 것 또한 입승이나 찰중 같은 소임자가 바로 잡는 겁니다. 선방에서도 항상 소임자를 뽑아놓는 이유가 '소임자 당신들이 이번 철에 시비를 전담해서 하시오.'라는 뜻입니다. 소임자가 아닌 사람은 일체 시비를 걸 필요가 없습니다. 누구에게 시비를 거는 것은 자기 공부보다는 마음이 밖에 가 있는 거예요. 자기 마음은 닦지 않고 남의 마음 닦아주지 못해서 안달하는 거죠. 그렇게 하면 옆 사람의 마음이 닦일까요? 자기가 자기 마음 안 닦으면서 옆 사람의 마음 닦아주려고 하면 뭐라고 하겠습니까? 코웃음을 칩니다. 자기는 안 닦으면서 우리보고 이래라 저래라 한다는 생각이 들겠죠.

자기의 몸은 움직이지 아니하나 입만 열면 곧 남의 옳고 그름, 시비를 말하는 것은 도와는 어긋난다는 소리입니다. 깨끗하다 더럽다, 선이다 악이다 이것을 다 초월해야 비로소 도 닦는 마음이 되는 겁니다. 진정으로 무엇이 깨끗한 것입니까? 아무리 깨끗하고 아름다워 보이는 미인의 몸뚱이도 그 안을 들여다보면 똥 오줌과 피 고름이 그득합니다. 또 아무리 더러워 보이는 토사물도 실로는 더러운 게 아닙니다. 필자가 출가하기 전에 한때 동숭동 대학로 근처에 자주 다녔던 적이 있습니다. 아침에 길을 가다 보면 간밤에 행인들이 술 마시고 토해놓은 토사물이 여기저기 있습니다. 비둘기 떼가 그 토사물에 모여서 아침 식사를 신나게 합니다. 우리가 보기에는 더럽고 역겹지만 비둘기한테는 엄청나게 맛있는 피자, 빈대떡이라는 거죠. 그것을 보면서 역시 더럽고 깨끗하다는 것은 자기의 관점, 자기의 판단 기준일 뿐이라는 것을 절감하였습니다.

이제 그대들에게 이르노니, 이 법문 가운데 어떤 것을 좌선이라 하는가? 이 법문 가운데엔 일체 걸림이 없어서, 밖으로 일체 경계 상에 생각 일으키지 않는 것이 좌坐이며, 안으로 본래 성품을 보아 어지럽지 않음이 선禪이니라.

어떤 것을 선정이라 하는가? 밖으로 모양相을 떠남이 선禪이요, 안으로 어지럽지 않음이 정定이다. 밖으로 모양이 있더라도 안으로 성품이 어지럽지 않으면 본래 스스로 청정하고 스스로 정定이다.

_{강의} 6조 스님은 잡념이 일어나지 않는 것이 진정한 좌坐이고, 마음이 안으로 산란하지 않는 것이 진정한 선禪이라고 좌선의 의미를 새롭게 설정

해주셨습니다. 항상 우리의 본마음은 앉아 있습니다. 본성 자리에 잡념만 일으키지 않으면 그대로 좌이고 다시 안으로 본성을 보아서 산란하지 않으면 그대로 선인 것입니다. 좌선의 의미를 새롭게 일깨워준 6조 혜능 스님이야말로 인류를 몸뚱이 좌선으로부터 해방시켜 주시고, 참선의 문을 활짝 대중에게 열어젖히신 분이십니다.

만약에 꼭 몸뚱이를 가지고 가부좌를 틀고 앉아 있어야만 좌선이라 하면, 이 세상에 좌선하기 어려운 사람이 많습니다. 시장에서 장사하는 상인들, 직장 생활하는 사람들, 다리가 불편한 장애인들 등등은 다 좌선을 못하는 겁니다. 특수한 사람이 특수한 장소에서 특수한 시간에만 할 수 있는 참선을 앞에서 '닫힌 참선'이라 이름 붙였듯이 '열린 참선'은 언제 어디서나 누구나 할 수 있는 참선입니다.

다만 경계에 부딪힘으로 말미암아 어지럽게 되나니, 모양相을 여의고 어지럽지 않은 것이 곧 정定이니라. 밖으로 모양相을 떠나는 것이 곧 선禪이요, 안으로 어지럽지 않은 것이 곧 정定이니, 밖으로 선禪하고 안으로 정定함을 선정禪定이라 하느니라.

─

又意 우리가 선정을 닦는다는 표현을 많이 쓰는데, 선정에 대해서도 "밖으로 상相을 여의는 것이 선이고, 안으로 산란하지 않는 것이 정定"이라고 새롭게 규정해주셨습니다. 안팎의 경계에 대해서 흔들리지 않는 것, 여여

부동한 것, 평상심을 유지하는 것이 선정이지 평상심을 떠나서 밖으로 선정의 가치를 추구할 필요가 없다는 것입니다. 밖으로 상을 여읜다는 것은 어떠한 모습을 보더라도 안으로 마음이 산란해지지 않는다는 뜻입니다. 예쁘다고 혹하지도 않고 밉다고 미운 마음이 일어나지도 않는 것이 바로 선정이지, 선정의 경계가 따로 있는 것도 아니라는 것입니다.

이 말씀은 곧 우리는 본래 완전한 존재라는 것입니다. 참선이라는 것이 완전함을 유지시켜 나가면 되는 것이지 불완전한 것을 완전하게 만드는 것이 아니라는 말입니다. 참선은 불완전한 나를 완전한 나로 완성시켜 가는 게 아니고, 이미 완전한 나를 확인하고 지켜나가는 것입니다. 불완전한 나를 완전한 나로 향해서 가는 것과 이미 완전한 나를 확인하고 지켜가는 것은 다릅니다.

이 대목에서는 경계에 부딪혀서 어지럽게 되나니 모양을 여의고 어지럽지 않은 것이 곧 정이라고 하였습니다. 경계에는 역경계와 순경계가 있습니다. 순경계는 나한테 좀 와줬으면 하는 경계이고, 나한테 좀 오지 말았으면 하는 것이 역경계입니다. 역경계든 순경계든 어떤 경계에 부딪힘으로 말미암아 마음이 어지럽게 되면 선정을 벗어난 경지입니다. 달리 말하면, 어떠한 경계에 부딪혀서도 자기의 평상심을 여여부동하게 유지할 수 있는 것이야말로 정이라는 것입니다.

외도도 선정을 많이 닦고 불교에서도 선정을 닦습니다. 고요한 데에서 조용히 혼자 가부좌를 틀고 앉아서 호흡을 관하는 것을 선정이라고 생각하는데, 그런 고정관념을 여지없이 부숴놓은 겁니다. 6조 스님은 그것이 선정이 아니라 오히려 세간 속에서 사람들과 역경계·순경계에 부딪히면서도 내 마음이 여여부동한, 예쁜 상·미운 상에 매이지 않고 안으로 산란하지 않는 것이야말로 진정한 선정이라 했습니다. 그러니까 생활 속에서 선을 실천할 수 있는 근거를 마련해준 겁니다.

『유마경』에 말씀하시기를 '즉시에 활연히 깨달아 본마음을 도로 찾는다' 하였고, 보살계에 말씀하기를 '본래 근원인 자성自性이 청정하다'고 하였느니라.
　선지식들이여, 자기 성품이 스스로 청정함을 볼지니, 스스로 닦아 스스로 이룸이 자기 성품인 법신法身이며, 스스로 행함이 부처님의 행위이며, 스스로 짓고 스스로 이룸이 부처님의 도道이니라."

강의 『유마경』에 보면, 즉시에 활연히 깨달아서 본래 마음을 도로 찾는다고 했습니다. 활연이란 툭 트인 상태, 구름이 사라진 상태, 파도가 쉰 상태를 말합니다. 돌이켜 본마음을 찾는다고 하였는데, 우리는 본마음 참나 자리에서 한 생각 일으키고 두 생각 일으켜서 살고 있는 것입니다. 하지만 본래의 자리는 내가 떠난 적도 없고, 또 만들어지는 것도 아닌, 이미 갖추어진 자리라는 겁니다. 그래서 그 자리로 그대로 돌아간다, 귀환한다는 표현을 씁니다. 분별심을 내지 않고 마음이 안으로 산란하지 않으면 그 자리가 그대로 본마음 자리라는 말입니다.
　또 "보살계에 말씀하시기를, '본래의 근원인 자성이 청정하다.'"고 하였습니다. 우리의 본마음 자리는 그대로 청정한 자리라는 말인데, 청정하다고 하면 더러움의 반대되는 개념인 깨끗함을 생각하기가 쉽습니다.

여기에서는 그것보다는 오히려 텅 비어서 공하다는 의미로 보는 게 더 옳습니다. 우리나라에서도 해마다 봄이나 가을에 보살계를 받습니다. 필자가 몸담고 있는 쌍계사에서도 해마다 음력으로 3월 초에 보살계 수계법회 행사가 있습니다. 10중 48경계, 열 가지 중한 계율과 48가지 가벼운 계율 덕목을 지켜나가겠다고 다짐하는 것이 보살계 행사입니다.

출가자들이 처음에 출가해서 행자 생활을 합니다. 행자 생활을 마치고 행자 교육을 마치고 나면 사미계를 받습니다. 사미계를 받으면 사미가 되죠. 그리고 일정 기간 동안 강원이나 선방 같은 기본교육기관을 통해서 교육을 받은 다음에는 비구계를 받습니다. 비구계를 받으면 비구가 됩니다. 10중 48경계의 보살계를 받으면 보살이 됩니다. 보살계 외에는 무슨 계율이 있을까요? 불계가 있습니다. 부처 불자 불계를 받으면 부처님이 되는 거죠.

『범망경』에 보면, 부처님께서 이런 말씀을 하십니다. "내가 진정으로 그대들에게 내리고 싶은 것은 불계이니라. 불계를 내려서 바로 그 자리에서 부처가 되도록 해주고 싶지만, 너희들이 아직 깜냥에 미치지 못해서 믿지 않을까 염려해서 보살계를 준다."는 내용이 있습니다. 진정으로 부처님께서 주고 싶은 것은 불계라는 겁니다. 왜냐? 불계를 받으면 그 자리에서 바로 부처가 되는 것이기 때문입니다. 모두들 청정한 본원자성을 갖추고 있기 때문에, 바로 이 자리에서 불계를 받으면 부처가 될 수 있다는 겁니다. 없는 것을 만들어 내서 성취하려면 시간이 걸리지만, 있는 것을 확인해서 지켜나가고 써 나갈 뿐이기 때문에 가능해지는 것이죠. "자기의 성품이 스스로 청정함을 볼지니 스스로 닦아 스스로 이루니 자성의 법신이며, 자신의 행위가 부처님의 행위이며 스스로 짓고 스스로 이루는 것이 부처님의 도."라고 하였습니다. 자기야말로 자신의 주인이라는 것이지요.

4

—— 삼신불은 몸과 마음 그리고 성품을 말한다 ——

"선지식들이여, 모두 모름지기 자기의 몸으로 무상계無相戒를 받되, 다 함께 따라서 말하라. 그대들로 하여금 자기의 삼신불三身佛을 보게 하리라.

'나의 색신의 청정법신불에 귀의하오며, 나의 색신의 천백억화신불에 귀의하오며, 나의 색신의 당래원만보신불에 귀의합니다.' (이상 세 번 제창함)

강의 6조 대사께 무상 삼귀의, 상을 여읜 삼귀의계를 지금 받고 있습니다. 이 계를 받는다는 것은 굉장히 중요합니다. 왜냐하면 계를 받음으로써 우리에게 계체戒體, 계의 몸뚱이가 생기기 때문입니다. 예를 들어서 계를 받기 전에는 살생을 하더라도 그냥 거리낌 없이 하게 됩니다. 그러나 살생을 금하는 불살생계를 받게 되면 똑 같이 살생을 하더라도 '내가 불살생계를

받았는데 살생을 하면 안 되지' 하는 생각을 하게 된다는 겁니다. 그것이 바로 계체가 생겼다고 하는 겁니다. '다 지킬 자신이 생길 때까지 안 받겠다.'는 생각은 소승적인 생각입니다. 다 지킬 정도가 되면 받을 필요가 없어지는 겁니다. 받아놓고 지키려고 노력하는 게 중요합니다. 무상계를 받되 먼저 자기의 삼신불을 보라고 하였습니다.

부처님은 무수히 많으시지만 크게 세 가지, 삼신불三身佛로 나눌 수 있습니다. 청정법신 비로자나불, 원만보신 노사나불, 천백 억 화신 석가모니불로 나누는데, 그 삼신불조차도 사실은 밖에서 찾지 말라고 하는 겁니다. 내 몸뚱이를 떠나서 삼신불이 따로 있는 것이 아니라 나의 색신, 몸뚱이에 청정법신불, 원만보신불, 천백억화신불이 다 갖춰져 있다는 것입니다. 쉽게 표현하자면 우리의 본마음 참나 자리가 청정법신불이고, 옳다 그르다 하며 분별심을 내고 한 생각 일으키는 자리가 바로 보신불 자리이고, 우리의 몸뚱이 자체, 물질로 된 육신은 바로 화신불이라는 겁니다. 불교는 밖에서 주인을 찾는 게 아니고 자기 스스로에게서 찾습니다. 그래서 자귀의自歸依, 자기 자신에게 돌아가 의지한다는 표현을 씁니다. 어디로 돌아가느냐? 본마음 자리로 돌아간다. 본마음 자리가 어디에 있느냐? 내 몸뚱이에 다 갖추어져 있다는 겁니다.

법신불은 나의 본마음 자리요, 보신불은 나의 분별심, 생각 자리요, 화신불은 나의 몸뚱이입니다. 순수 에너지에서 한 파동을 일으켜서 파동 에너지로, 파동이 뭉쳐서 뭉친 에너지로서 작용하고 있는 것입니다. 철저히 자성의 삼신불에 귀의하는 것이 바로 무상계를 받는 첫 번째 삼귀의가 되겠습니다. 부처님께 귀의하면서 먼저 삼신불에게 귀의하는데, 그 삼신불이야말로 바로 자기 자신에게 갖춰져 있다는 겁니다. 보살계를 받으면 보살이 되듯이, 무상계를 받으면 무상이 됩니다. 여기에서 상이란 어떤 고정된 형상, 고정관념, 분별심을 뜻합니다. 다시 말해서 지금까지 진리가 밖에, 저 하늘나라에 있는 줄 알고 있었는데 이제 보니까 내 몸뚱이 속에 다 갖춰져 있다, 나는 본래 완벽한 존재임을 아는 것입니다.

색신은 집과 같으므로 귀의한다고 말할 수 없느니라. 앞의 세 몸은 자기의 법성法性 속에 있고 사람마다 다 가진 것이나 미혹하여 보지 못하고 밖으로 삼신 부처를 찾고 자기 색신 속의 세 성품의 부처는 보지 못하느니라. 선지식들은 들을지니, 그대들로 하여금 각기 자기의 색신에서 자기의 법성法性이 삼신불을 지니고 있음을 보게 하리라.

———

과거 신본주의 시대가 있었습니다. 신이 주인이고 인간은 종인 시대이지요. 요즘은 재물〔資〕이 근본〔本〕이 되는 자본주의資本主義 시대입니다. 돈이 주인이고 인간이 종인 시대이지요. 이런 시절에는 인간을 위해 돈과 신이 존재하는 것이 아니라 돈과 신을 위해 인간이 존재하는 것처럼 보입니다. 그래서인지 사람들은 자꾸 자기 밖에서 주인을 찾고 진리를 찾습니다. 하지만 이는 미혹함에 빠진 행동일 뿐입니다. 나의 밖에서 주인을 찾는 것, 그것이 바로 미신입니다.

나의 주인은 나의 밖에 있는 것이 아니라 내 안에 있습니다. 따라서 나의 주인은 오직 나 스스로일 뿐입니다. 진리 또한 나의 밖에 있는 것이 아니라 내 안에 있습니다. 그래서 『육조단경』에서는 나의 색신, 곧 나의 몸뚱이에 이미 삼신불이 갖추어져 있다고 하는 것입니다. 앞서 보았던 "나의 색신의 청정 법신불에 귀의하오며, 나의 색신의 천백억 화신불에 귀의하오며, 나의 색신의 당래원만 보신불에 귀의합니다."라는 구절도 이런 이치를 말하는 것이지요. '선지식들이여', '선지식은 들을지니', '선지식들로 하여금'과 같은 표현에서 보듯 6조 스님이 중생들을 '선지식'이라고 칭하는 것 또한 이런 까닭입니다. 말하자면 재물[資]이 근본[本]이 되는 자본주의資本主義가 아니라, 자신[自]이 근본[本]이 되는 자본주의自本主義라고 할 수 있을 것입니다. 자기 몸뚱이 안에 이 세상의 온갖 진리가 이미 갖추어져 있음을 깨닫고 그것을 올바르게 키워 나가는 것, 그것이 바로 올바른 신앙입니다. 이에 반해 미신迷信은 밖에서 주인을 찾고, 밖에서 내 신앙의 근본을 찾는 것입니다.

이 세 몸의 부처는 성품으로부터 생기나니, 어떤 것을 청정법신불이라고 하는가?

선지식들이여, 세상 사람들의 성품은 본래로 청정하며 만 가지 법이 다 자기의 성품에 갖추어져 있느니라. 일체 악한 일을 생각하면 바로 악을 행하게 되고, 일체 착한 일을 생각하면 바로 선행을 닦게 되느니라. 이와 같이 모든 법이 다 자성에 있으며, 자성은 항상 청정함을 알아야 하느니라.

앞의 "삼신의 부처는 자성으로부터 생긴다."고 하였습니다. 삼신불 중의

첫 번째가 청정법신불입니다. 청정법신불은 본래 청정하여 만 가지 법을 다 갖추고 있는 본마음 참나 자리를 말합니다. 우리가 밖의 어떤 사물을 보고 옳다 그르다, 맞다 틀리다 하고, 불보살님의 가피를 느끼고, 신神을 체험할 수 있는 것 등은 내 성품 자리에 이미 그런 모든 존재의 속성이 갖춰져 있기 때문입니다. 불의 성품을 갖추고 있기 때문에 뜨거움을 체험할 수 있고, 물의 성품을 갖추고 있기 때문에 축축함을 체험할 수 있으며, 신성을 지니고 있기 때문에 신을 체험할 수 있고, 불성을 지니고 있기 때문에 부처님을 체험할 수 있습니다. 이와 마찬가지로 선이니 악이니 하는 것도 내 마음 속 성품에 갖추어져 있습니다. 따라서 악한 일을 생각하면 악을 행하게 되고, 선한 일을 생각하면 선을 행하게 됩니다.

청정법신불, 곧 본래 자리는 선한 일이나 악한 일을 생각하기 이전 자리를 말합니다. 즉 선악이 일어나기 이전 자리이지요. 어떻게 본래 면목에 악이 갖춰져 있을 수 있는지 의문을 갖는 분도 계실 수 있습니다. 하지만 사실 선과 악이라고 하는 것 자체가 다 자기의 관점에서 이야기하는 것입니다. 즉, 고정불변의 선과 고정불변의 악이란 없는 것이지요. 왜냐하면 자성은 항상 청정하기 때문입니다. 여기에서 이 청정하다는 말은 그냥 단순하게 더럽다 깨끗하다 할 때의 깨끗함이 아니고 공하다는 겁니다.

여러분한테 한 번 질문을 드리겠습니다. 우리 인간의 본성은 본래 선하다고 하는 성선설性善說과 인간의 본성은 본래 악하다고 하는 성악설性惡說이 있습니다. 그럼 불교는 성선설에 가까울까요, 아니면 성악설에 가까울까요? 불교는 성선설도 아니고 성악설도 아닌 성공설性空說입니다. 성선설이 흰 구름 낀 하늘이고 성악설이 먹구름 낀 하늘이라고 한다면, 성공설은 흰 구름과 먹구름이 끼기 이전의 본래 끝없이 푸른 하늘을 말한다고 할 수 있습니다.

해와 달은 항상 밝다. 다만 구름이 덮이면 위는 밝고 아래는 어두워서 일월성신을 보지 못하다가, 홀연히 지혜의 바람이 불어 구름과 안개를 다 걷어버리면 삼라만상이 일시에 모두 나타나느니라. 세상 사람들의 성품이 청정함도 마치 맑은 하늘과 같으며, 혜惠는 해와 같고 지智는 달과 같다. 지혜는 항상 밝지마는 밖으로 경계에 집착하여 망념의 뜬구름이 덮여 자성自性이 밝지 못할 뿐이니라.

갚의 본래 성품자리는 선한 것도 아니고 악한 것도 아닌 청정하고 공한 것이라고 했지요. 자성은 공하기 때문에 고정되어 있지 않습니다. 한 생각 악한 일을 생각하면 악을 행하게 되고 착한 일을 생각하면 착한 일을 행하게 되는 것입니다.

우리가 비행기를 타고 가다 보면 구름 위를 날아가지요? 구름 위를 날고 있을 때 보면 태양은 빛나고 하늘은 맑습니다. 그런데 구름 밑으로 내려가 보면 흐릴 수도 있고 비가 올 수도 있지요. 하지만 구름에 가려 태양과 하늘이 보이지 않는다 하더라도 그 구름 위의 태양은 항상 빛나고 하늘은 항상 맑게 개어있는 것입니다. 자성 자리의 청정함이 마치 그와 같은 것이지요. 좋은 생각이든 나쁜 생각이든 우리가 한 생각 일으켰다는 것은 구름으로 하늘을 가린 것과 마찬가지입니다.

참회를 하라고 하면 특별히 악한 일을 저지르고 살지 않았기 때문에 참회할 게 없다고 하시는 분들이 있습니다. "앉아 있으면 아무 생각이 안

납니까?"라고 물으면 뭐 생각이야 여러 가지 나지만 참회거리는 아닌 것 같다고 대답들 하시곤 합니다. 그런데 그 떠오르는 것들이 모두 참회거리라고 생각하시면 됩니다. 이렇게 말씀드리면 당연히 반문하시겠지요.

"남을 해코지 했다든가 성을 냈다든가 과분한 욕심을 부렸다든가 하는 것이 생각나면 당연히 참회거리라고 할 수 있겠지만, 과거에 선행을 한 것이 생각났을 때에도 그것을 참회거리라고 할 수 있나?"

물론입니다. 그것도 참회거리입니다. 왜 그럴까요? 우리가 선행을 할 때 『금강경』에서 말씀하시는 것처럼 나라든가 남이라든가 준다든가 받는다는 그런 생각 없이 하면 그건 참회거리가 아닙니다. 하지만 우리는 선행을 하면서 '나'를 의식하는 경우가 대부분입니다. '내'가 너를 도와준다, '나'는 좀 많고 너는 좀 없으니까 도와준다, '내'가 이렇게 도와주면 네가 언젠가는 '나'한테 갚겠지, 이렇게 도와주니 '나'를 좋아하겠지 하는 식이지요. 이렇게 '나'를 의식하고, 또 '나'에 대한 어떤 대가를 바라고 하는 선행은 참회거리가 되는 것입니다. 흰 구름이나 먹구름이나 하늘을 가리는 것은 매한가지라고 말씀드렸습니다. 그러니 지금 내가 참회를 한다고 가만히 앉았을 때 떠오르는 모든 생각은 좋은 생각이든 나쁜 생각이든 다 참회거리라고 생각하면 틀림없는 것입니다.

필자가 즐겨 읊는 게송이 있습니다. '보화비진요망연報化非眞了妄緣 법신청정광무변法身淸淨廣無邊 천강유수천강월千江有水千江月 만리무운만리천萬里無雲萬里天.' 아침 종송할 때 나오는 게송이기도 하고 또는 법당 주련으로도 많이 쓰이는 그런 게송입니다.

'보화비진요망연'은 보신불報身佛과 화신불化身佛은 참이 아니라 마침내 허망한 연일뿐이라는 뜻입니다. 보신이니 화신이니 하는 것은 공한 참나 법신法身 자리에서 한 생각 일으켜서 나온 것이기 때문입니다. 이 보신, 화신도 결국은 흰 구름이라는 것이지요. '법신청정광무변'은 법신이 야말로 저 홀연히 구름이 일어난 하늘처럼 청정해서 넓기가 끝이 없다는 뜻입니다. '천강유수천강월'은 일 천이나 되는 강에 물이 있으니까 일 천이나 되는 강에 달이 비친다는 뜻입니다. 하늘에 달은 하나지만 천 개의 강에 천 개의 달이 비치는 것이지요. 중생들의 다양한 근기와 바람에 맞추어 여러 보신불과 화신불이 있음을 이야기하는 것입니다. 이 비유를 따서 조선시대에는 「월인천강지곡」이 만들어지기도 했지요. '만리무운만리천'은 만 리나 되는 하늘에 구름 한 점 없으면 그대로 만 리가 다 맑은 하늘이라는 뜻입니다. 마음이 쉬어서 분별심과 애착이 사라지면 그대로가 맑은 하늘이 된다는 것이지요. 그대로가 마음 본성자리라는 것이지요.

그러므로 선지식이 참 법문을 열어주어 미망을 불어 물리쳐버리면 안팎이 밝게 사무쳐 자기의 성품自性 가운데 만법이 다 나타나게 되나니, 일체 법에 자재한 성품을 청정법신淸淨法身이라 이름 하느니라. <u>스스로 돌아가 의지함自歸依</u>이란 착하지 못한 행동을 없애는 것이며, 이것을 귀의歸依함이라 하느니라.

---

^{앞의} 부처님은 크게 청정법신, 원만보신, 천백억화신의 삼신으로 이루어져 있다고 앞에서 살펴보았습니다. 그런데 그 가운데 청정법신이란 과연 무엇이냐? 청정법신은 모든 법에 자재한 성품입니다. 우리 몸뚱이 안에

부처로서의 성품, 본마음, 본성 자리가 바로 청정법신이라고 했지요. 누구나 좋은 생각을 하게 되면 좋은 행을 하게 되고, 나쁜 생각을 하게 되면 나쁜 행을 하게 되는 것도 이 청정법신을 갖고 있기 때문입니다.

이렇게 보면 법신은 어떤 존재라기보다는 존재를 존재이게 하는 어떤 가능성, 성품, 순수에너지로 볼 수도 있겠지요. 앞에서도 말한 것처럼 자성은 본래 맑고 공허한데 거기에 홀연히 구름이 나타나 가리고 있을 뿐입니다. 흰 구름이든 먹구름이든 그 구름들이 지혜의 바람에 의해 싹 물러나면 그 자리가 그대로 밝고 청정한 자리가 되는 것이지요. 이 본 마음, 참나 자리에서 일체 모든 것이 창조되고 우주도 창조됩니다.

귀의歸依한다는 말은 모든 존재가 다 나온 이 성품 자리로 돌아가 의지한다는 뜻입니다. 이렇게 말하면, 성품 자리라는 것이 나의 밖에 있는 뭔가 대단한 것 같지만 어디까지나 내 안에 있는 본마음 자리, 본성 자리를 말하는 것일 뿐입니다. 그래서 귀의에서의 '의지'라는 것은 우리가 일반적으로 생각하는 의지, 곧 밖에 있는 어떤 존재에 의지하는 것과는 전혀 다른 것입니다. 불교에서 밖으로 구하는 기도가 아닌 안으로 발원하는 기도를 하는 것도 이런 까닭이지요. 내 본마음 청정 자리에 모든 것, 모든 가능성이 다 갖춰져 있는데 그런 것들을 다 제쳐두고 밖에서 뭔가를 찾는다면 어리석은 일일 뿐입니다.

예를 들어서 '저를 건강하게 해 주세요.' 하고 두 세 시간씩 밖으로 기도하는 사람과, 하루에 두 세 시간씩 꾸준히 운동하겠다는 다짐을 하고 그대로 실천하는 사람이 있다고 합시다. 시간이 지났을 때 과연 어떤 사람이 더 건강해질까요? '저를 편안하게 해 주세요.' 하고 밖으로 기도하는 사람과 자기 마음을 잘 관찰해서 마음에 본래 고정된 실체가 없음을 터득한 사람 가운데 실제로 마음이 편안해 지는 것은 과연 어느 사람일까요?

거짓말을 안 하고 싶다면 밖으로 '부처님, 거짓말을 하지 않게 해 주세요.'라고 할 것이 아니라 '저는 앞으로 거짓말을 하지 않겠습니다.'라고 해야 합니다. 이것이 바로 스스로 돌아가 의지하는 자귀의自歸依입니다. 설령 어떤 정신적인 존재의 도움을 받더라도 스스로 주인으로서 도움을 받아야지 종으로서 도움을 받으면 안 됩니다. 자기가 본래 주인공이라는 것, 자기가 본래 부처라는 것, 나는 내가 창조한다는 것을 항상 명심하시기 바랍니다.

무엇을 천백 억 화신불이라고 하는가?

헤아리지 않으면 자성自性은 바로 비어 있어 고요하지만, 생각하고 헤아리면 곧 바로 스스로 변화하게 된다. 악한 것을 생각하면 변화하여 지옥이 되고, 착한 법을 생각하면 변화하여 천당이 된다. 독과 해침은 변화하여 축생이 되고, 자비는 변화하여 보살이 된다. 지혜는 변화하여 윗 세계가 되고 어리석음은 변화하여 아랫 나라가 되어 자성自性의 변화가 매우 많거늘, 미혹한 사람은 스스로 알아보지 못하느니라.

한 생각이 착하면 바로 지혜가 생기나니, 이것을 이름 하여 자성화신불自性化身佛이라 하느니라.

앞의 '천백 억 화신불化身佛', '화신化身'은 우리 생각에 따라 변화해서 만들어진다는 겁니다. 법신불法身佛 자리에서 한 생각 일으켜서 보신불報身

佛이 되고, 보신불이 똘똘 뭉쳐 변화해서 화신불이 된다고 하는 것입니다. 결국 이 화신불은 자기의 마음이 현실로 나타난 존재입니다. 마음속으로 악한 것을 생각하면 변화해서 지옥이 되고, 착한 법을 생각하면 변화해서 천당이 됩니다. 독한 생각을 품거나 남을 해치려는 생각을 품으면 변화해서 축생이 되고, 자비로운 마음을 품으면 변화해서 보살이 되지요. 지혜로운 사람은 변화해서 천상세계에 태어나고, 어리석은 사람은 변화해서 아랫나라에 태어납니다.

　이에서 알 수 있듯, 내생에 어디로 갈 것인지는, "너는 이리 가라, 너는 저리 가라." 하고 무슨 심판자가 교통정리한 결과가 아닙니다. 금생에 내가 어떤 마음을 많이 연습했느냐에 따라서 그 마음의 코드가 맞는 쪽으로 가게 되는 것일 뿐이지요. 눈에 보이지는 않지만 이 세상을 가득 채우고 있는 각종 방송의 전파들 가운데 내가 어느 전파의 주파수에 맞추느냐에 따라서 그 주파수의 방송이 뜨는 것과 똑 같습니다. 어떤 마음을 먹고 사느냐, 이것이야말로 똑같은 세상을 살면서도 실은 각각 다른 세상을 살아가는 이유입니다.

　남에게 독심을 품거나 욕심이 지나치면 구렁이나 독사 같은 걸로 태어난다고 그래요. 이와 관련된 옛날 이야기를 하나 해 드리겠습니다. 옛날에 고리대금업을 하는 사람이 있었어요. 하루는 그 사람이 낮잠을 자고 있는데 돈을 빌렸던 남자가 갚으러 왔답니다. 그런데 와보니까 그 사람이 낮잠을 자고 있어서 깨우자니 그렇고 해서 잠시 마루에 앉아서 기다렸습니다. 그러고 있는데 밑으로 쭉 나있는 세 번째 계단에 뱀이 한 마리 또아리를 틀고 앉아 있더래요. 이 남자는 '뱀이 왜 저러고 있을까?' 하면서 뱀의 머리에 맞춰서 돌멩이를 던졌답니다. 그런데 돌이 뱀의 머리에 정통으로 맞는 순간 낮잠을 자던 사람이 "아이고! 아이고!" 하면서 머리에 통증을 느끼며 깨어났다는군요. 그래서 어떻게 된 건지 보니까 그 세 번째 계단 밑에다 고리대금업자가 돈을 숨겨 놓았더랍니다. 돈을 탐하는 사람의 마음이 뱀으로 변해서 돈 갚으러 온 사람의 눈에 띈 것이지요.

무엇을 원만보신불이라고 하는가?

한 등불이 능히 천 년의 어둠을 없애고, 한 지혜가 능히 만 년의 어리석음을 없애나니, 과거를 생각하지 말고 항상 미래를 생각할지니, 항상 미래의 생각이 착한 것을 이름하여 보신불報身佛이라 하느니라. 한 생각의 악한 과보는 천 년의 착함을 그치게 하고, 한 생각의 착한 과보는 천 년의 악을 물리쳐 없애나니, 비롯함이 없는 때로부터 미래의 생각이 착함을 보신報身이라고 이름 하느니라.

앞의 보신불報身佛은 '과보果報' 할 때의 '보報' 자를 쓰는 것처럼 직역을 하자면 '과보로 이루어진 몸뚱이', 또는 '과보의 보를 받는 몸뚱이'가 되겠습니다.

앞에서 살펴보았던 법신불 자리는 형언할래야 형언할 수 없는, 볼래야 볼 수 없는, 들을래야 들을 수 없는 근본자리입니다. 좋기로 말하면 더 없이 좋은 자리이지요. 하지만 맑은 물에 고기가 없다고 하죠. "이 세상에 만약 법신불만 계신다면 대웅전 앞에 풀이 한 자씩 자랄 것이다."라는 재미있는 비유도 그래서 있는 것입니다.

법신불 자리는 정말 도통한 사람이 아니면 알 수 없기 때문에 이것만 가지고는 부처님의 가르침을 보통사람들에게 전파할 수 없습니다. 그렇기 때문에 중생 제도의 원력을 세우시고 법신불 자리에서 한 생각 나투신 존재인 보신불이 나타난 것입니다. 예를 들어 아미타 부처님 같은 분은 법장 비구로 계시면서 48대원을 세웠습니다. '극락정토를 장엄해서 많은 중생들을 극락으로 데려가리라, 내 이름을 일곱 번만 부른다면 그 사람을 임종 시에 극락정토로 데려가리라.' 하는 원이었지요. 아미타 부처님을 보신불이라고 하는 것은 바로 이런 의미에서입니다. 중생 제도의 원을 세우신 분이기 때문이지요. 보신불에는 아미타 부처님 외에도 관세음보살님이나 지장보살님이 계시는데, 이러한 보신불 자리야말로 여러분들이 기도하는 대상입니다.

"한 등불이 능히 천년의 어둠을 없애고, 한 지혜가 능히 만 년의 어리석음을 없앤다."는 말이 나옵니다. 참으로 우리에게 희망을 주는 이야기입니다. 천년을 이어져 온 중생계의 어둠이라 하더라도 한 분 보신불이 등불을 밝혀주면 그 어둠이 사라지고, 또 만 년을 이어져 온 어리석음이라 하더라도 지금 이 『육조단경』에 나오는 것과 같은 한 글귀의 지혜를 접하면 그 어리석음이 사라집니다. 아무리 과거에 잘못을 저질렀다 하더라도 바로 지금 여기에서 한 생각 돌이켜서 중생 제도의 원을 세워 보십시오. 나의 주파수가 역시 중생 제도를 위해 이 세상에 나투신 보신불의 주파수에 맞춰지게 될 것입니다. 그리고 나면 보신불을 볼 수 있고, 만날 수 있고, 또 그 가피를 느낄 수 있게 됩니다.

법신을 좇아 생각함이 바로 화신이요, 생각마다 착한 것이 바로 보신이며, 스스로 깨쳐 스스로 닦음을 바로 귀의歸依라 이름 한다. 가죽과 살은 색신이며 집이므로 귀의할 곳이 아니며, 다만 세 몸을 깨달으면 바로 큰 뜻을 아느니라."

앞에서 법신불·보신불·화신불의 삼신불三身佛에 대해서 공부를 했습니다. 부처님에게 이러한 세 가지 몸이 있다는 확신이야말로 불교에 대한 확신으로 이어집니다. 그런데 주위를 보면 부처님을 이렇게 삼신불로 파악하지 않고, 삼신불 가운데 어느 한 쪽에 더 치우쳐서 파악하고 계시는 분들이 많습니다.

불교학자들은 대개 화신불만 인정하는 경우가 많습니다. 이 땅의 중생제도를 위해서 직접 몸을 나투신 화신불인 인간 석가만을 진짜 부처로 인정하고, 그 외의 법신불과 보신불은 인정하지 못하는 것이지요. 이분들은 주로 책을 읽으면서 교리적으로만 불교를 접할 뿐 어떤 정신세계 혹은 마음 세계는 직접 체험하지 못하였기 때문에, 화신불에 치우쳐서 부처님을 이해하게 됩니다.

한편 기도를 많이 하시고, 또 그 가피를 체험하신 분들은 주로 보신불을 위주로 부처님을 이해하게 됩니다. 스님들은 물론 재가불자들도 기도를 통해서 여러 가지 영험을 체험할 수 있습니다. 이는 "기도를 열심히 했더니 비몽사몽간에 나타난 관세음보살님이 어떤 열매를 주시더라, 그래서 아이가 입시에 수석 합격했다."라는 식의 이야기에서 알 수 있습니다. 이런 쪽으로 경도되신 분들은 대개 보신불이야말로 진짜 부처라고 생각하게 됩니다.

마지막으로 참선하는 분들은 주로 법신불에 치우치게 됩니다. "몸뚱이로 나를 보고자 하거나 음성으로 나를 구하고자 하면 이 사람은 삿된 도를 행하는 것이다. 여래를 볼 수 없으리라(若以色見我 以音聲求我 是人行邪道 不能見如來)."는 『금강경』의 구절대로, 불성이라는 것은 물질로써 또는 어떤 마음의 경계로써 볼 수 없다는 생각 때문이지요. 그래서 이런 분들은 본마음 자리에서 불성을 구하게 됩니다.

하지만 삼신불 중 어느 한 쪽에 치우치는 것은 바람직하지 못합니다. 법신불·보신불·화신불은 각각 체體·상相·용用으로서 서로 밀접한 관계를 맺고 있기 때문이지요. 본래의 몸뚱이인 법신불은 근본 바탕인 체體가 됩니다. 바로 우리 본마음 참나 자리를 형상화한 청정법신 비로자나불이 이에 해당합니다.

거기에서 중생구제의 한 생각을 일으켜 마음자리의 모양을 갖추게 된 보신불은 상相이 됩니다. 지옥 중생까지 포함하여 모든 고통 받는 중생들을 제도하겠다는 생각을 일으킨 지장보살님, 현세 중생들의 고통을 없애주고 즐거움을 주겠다는 생각을 일으킨 관세음보살님, 어떠한 중생이라도 임종에 임해서 자신의 이름을 일곱 번만이라도 부르면 그를 극락정토로 인도하겠다는 생각을 일으킨 아미타 부처님이 바로 이에 해당합니다.

몸을 나투어 실질적으로 중생을 제도하고 또 많은 사람들로 하여금 자신의 주인공 자리를 찾아서 열심히 살되 애착하지 않을 수 있는 그런 가르침을 펴는 화신불은 용用이 됩니다. 마음의 눈을 떴거나 어느 정도 기도 삼매를 체험한 사람들만이 알 수 있는 보신불과는 달리, 몸으로 나투셔서 중생들이 육신의 눈으로도 볼 수 있는 석가모니 부처님이 바로 이에 해당합니다.

그물에 빗대서 설명해 보면 삼베와 같은 그물의 원재료는 체體이고, 그것을 엮어서 그물 모양으로 만든 것은 상相이고, 그것으로 인간과 천상의 물고기 곧 인천어人天魚를 낚아서 고통의 이 언덕에서 평화의 저 언덕으로 옮겨주는 것이 용用이라고 할 수 있습니다.

이와 같이 법신불·보신불·화신불의 삼신불은 모두 부처님의 덕성을 표현하는 것입니다. 따라서 우리는 이 세 부처님을 모두 알아야 하고 또 인정해야 합니다. 주의할 것은 이 삼신불도 밖에 있는 것이 아니라 내 몸뚱이 속에 다 갖추어져 있다는 것입니다. 가죽과 살은 귀의할 곳이 아니지만 그 가죽과 살 안에 이 모든 것이 다 갖추어져 있다는 확신이야말로 중요한 것입니다.

5
─네 가지 큰 서원을 세워라─

"이제 이미 스스로 삼신불에 귀의하였으니, 선지식들과 더불어 네 가지 넓고 큰 서원을 발하리라. 선지식들이여, 다 함께 따라서 말하라.
 '끝없는 중생을 다 제도하기를 서원합니다.
 끝없는 번뇌 다 끊기를 서원합니다.
 끝없는 법문 다 배우기를 서원합니다.
 위없는 불도 다 이루기를 서원합니다.'

<u>강의</u> "이미 삼신불에 돌아가서 의지하였으니 선지식과 더불어 네 가지 넓고 큰 서원을 발하리라." 6조 스님은 우리를 항상 선지식이라고 부르십니다. 선지식의 눈에는 선지식만 보이기 때문에 우리를 보고 '중생들아' 라고 부르지 않는 겁니다. 항상 본마음 성품자리에 입각해서 법문을 설하고

계시기 때문입니다. 성품 자리에서 보자면 우리는 모두 이미 선지식입니다. 이건 절대 긍정의 자리입니다. 참선은 인간에 대한 무한한 자유, 절대 긍정의 입장입니다.

그렇다고 해서 수행을 무시하느냐, 그것도 아닙니다. 하지만 절대 긍정 자리에 입각한 수행이라는 겁니다. 황금덩어리는 땅 속에 파묻혀 있어도 황금입니다. 본래 금이라는 것에서부터 출발한 수행이라는 말입니다. 먼저 삼신불에 귀의했고 삼신불에 귀의함으로써 '아, 주인이 밖에 있는 것이 아니구나, 내 마음의 주인을 찾아야 되겠구나.' 하는 것을 깨달은 겁니다. 지금까지 신 또는 돈, 명예 등 밖에서 자꾸 주인을 찾고, 정작 주인인 자기 자신은 종노릇을 하다시피 살아왔는데, 삼신불조차 다 내게 갖춰져 있다고 하니까 더 이상 밖에서 찾을 것이 없습니다. 나야말로 나의 주인이다, 내 인생은 내가 만들어간다는 겁니다. 밖에 주인이 있고 내가 종이라면 나는 주인이 시키는 대로 해야 됩니다. 종은 자유가 없어요. 매사에 다 구속을 받아야 됩니다.

그런데 내가 주인이라는 것을 안 이상 밖에다가 자꾸 "이렇게 해주세요. 저렇게 해주세요." 그렇게 할 필요가 없습니다. 그래서 "무량한 중생을 다 제도하기를 서원합니다." 이렇게 원을 세우는 것이 이제부터 내 인생을 내가 갈무리해 나가겠다는 표현입니다. 그러니까 서원이야말로 구하는 게 아니라 발원입니다. 이런 말을 하면, 또 어떤 분은 "무량한 중생을 다 제도하게 해주세요. 무량한 번뇌를 다 끊게 해주세요. 무량한 법문을 다 배우게 해주세요. 위없는 불도를 다 이루게 해주세요."라고 합니다. 삼신불을 자기가 다 갖추고 있다는데도 자꾸 밖에다가 해달라고 합니다. 이렇게 하지 말고 맹세컨대 무량한 중생을 다 제도하겠다고 발원해야 합니다.

'이제는 더 이상 내 몸뚱이를 떠나서 내 마음을 떠나서 주인이란 없다. 밖에서 주인을 찾는 것이야말로 허망한 노릇이다. 나 스스로를 종노릇 노예근성에 안주시키는 것이다.' 이것을 확연히 알아야 합니다. 불교의 가장 위대한 가르침의 하나가 바로 이 점에 있습니다. '주인님, 주님' 하고 밖에서 찾지 말고 자기야말로 자신의 주인임을 명확하게 인지해야 참다운 불자노릇을 하게 되는 겁니다. 그럼 주인노릇을 어떻게 하느냐? '중생무변서원도 번뇌무변서원단 법문무변서원학 무상불도서원성' 우리가 요즈음 하고 있는 사홍서원하고 약간 어휘는 다르지만 결국 뜻은 똑같습니다. 이 사홍서원이야말로 주인노릇에 바탕한 나의 서원입니다. 이와 같이 서원을 세울 때 비로소 참다운 불자, 올바른 보살의 길이 시작되는 것입니다.

선지식들이여, 끝없는 중생을 맹세코 다 제도한다 함은 혜능이 선지식들을 제도하는 것이 아니니라. 마음속 중생을 각기 자기 몸에 있는 자기의 성품으로 제도하는 것이니라. 어떤 것을 자기 성품으로 스스로 제도한다고 하는가?

자기 육신 속의 삿된 견해와 번뇌와 어리석음과 미망에 본래 깨달음의 성품을 스스로 가지고 있으므로 바른 견해로써 제도하는 것이니라. 이미 바른 견해인 반야般若의 지혜를 깨쳐서 어리석음과 미망을 없애버리면 중생들 저마다 스스로를 제도하는 것이니라. 삿됨이 오면 바름으로 제도하고, 미혹함이 오면 깨침으로 제도하고, 어리석음이 오면 지혜로 제도하고,

악惡함이 오면 착함善으로 제도하며, 번뇌가 오면 보리로 제도하나니, 이렇게 제도함을 진실한 제도라고 하느니라.

강의 먼저 "무량한 중생을 다 제도한다." 하는 이 말은 과연 어떤 뜻이냐? 지금 6조 스님께서 앞에 있는 사람들을 제도한다는 뜻이 아니라, 각기 마음 속 중생을 자기의 성품으로 제도한다는 것입니다. 이 말은 아주 중요한 의미를 담고 있습니다. 누군가를 제도해주는 것이 아니라 각자 저마다 스스로를 제도하게끔 이끌어주는 것이 진정한 선지식입니다.

비유하자면, 생선 한 마리를 주는 것이 아니라 생선 잡는 방법을 가르쳐 주는 것입니다. 그러면 평생 먹고 살 수 있지 않습니까? 그냥 그 자리에서 생선 한 마리를 주는 것과 생선 잡는 방법을 가르쳐주는 것은 엄청난 차이가 있습니다.

부처님도 나를 건져줄 수는 없습니다. 본인이 다 주인공인데, 주인공이 나오기를 싫어하고, 주인공이 안 가겠다고 하는데 그것을 억지로 가게끔 할 수는 없습니다. 다만 후원을 해주고 조언을 해주고 가르쳐줄 수는 있습니다. 말에게 물을 먹이기 위해서 강가로 끌어갈 수는 있어도 대신 먹어줄 수는 없습니다. 억지로 먹일 수도 없는 노릇입니다. 또한 말이 자기 스스로 물을 먹고 갈증이 해소되어야 하는 것입니다. "내가 너희들을 다 제도해줄 테니까, 구원해줄 테니까 너희들은 다 나의 종이 되라."고 하면 참다운 선지식이 아닙니다. "너희들은 다 자기 자신의 주인이다. 스스로 삼신불을 다 갖추고 있다. 스스로 자기의 성품으로 자기의 마음속 중생을 제도하라."고 가르쳐주는 분이야말로 참다운 스승입니다.

그렇다면 자기 성품으로 스스로 제도한다는 것이 과연 어떤 것인가?

이 제濟자나 도度자는 건네준다는 뜻을 가지고 있습니다. 그러니까 자기 자신을 구제해서 건네줄 사람은 자기 자신이라는 거죠. 어리석음과 미망만 그대로 쉬게 하면 중생들이 저마다 스스로를 제도하는 것입니다. 왜냐하면 자기 자신 속에 삼신불을 다 갖추고 있고, 자기의 성품이 다 갖추어져 있기 때문입니다. 다만 삿된 생각이 떠오르면 바름으로 이것을 쉬게 하고, 미혹함이 오면 깨달음으로 쉬어주고, 어리석음이 오면 지혜로 쉬어주고, 악함이 오면 착함으로 쉬어주고, 번뇌가 오면 보리로 쉬어줍니다. 그럼 이미 쉬는 사람은 어떻게 하느냐? 제도할 것이 더 이상 없지요.

여기서 마음속 중생이라 하였는데, 탐·진·치가 대표적인 마음속 중생입니다. 탐욕심이 많은 사람은 베풀어주는 연습을 많이 해야 됩니다. 베푸는 연습을 하다보면, 베풀기도 바쁜데 남의 것 뺏을 생각은 하지 않겠죠. 성질을 잘 내는 사람은 자비관을 연습해서 모든 사람을 관세음보살님으로 보고 더욱 자비로운 마음을 연습해야 합니다. 관세음보살님한테, 부처님한테 화를 내서 되겠어요? 모든 사람을 다 자비로운 마음으로 보면 그게 바로 자비관이죠. 어리석은 사람은 자기의 호흡을 잘 관찰하는 수식관을 해서 이 세상의 모든 것들이 다 연기의 법칙에 의해서 일어났다 사라졌다 함을 알아야 합니다. 숨 한 번 들이쉬고 숨 한 번 내쉬고 이를 잘 관찰합니다. '모든 것이 한 호흡지간에 일어났다 사라졌다 하는 것이다.' 이런 찰나생멸의 도리를 이해하는 것이야 말로 올바른 지혜라고 할 수 있지요. 그래서 중생제도를 하는 것은 누군가를 제도해주는 것이 아니라 각기 자기 마음 속 중생을 자기의 성품으로 제도하게끔 이끌어주는 것입니다.

끝없는 번뇌를 맹세코 다 끊는다 함은 자기의 마음에 있는 허망함을 제거하는 것이니라. 끝없는 법문을 맹세코 다 배운다 함은 위없는 바른 법을 배우는 것이다. 위없는 불도를 맹세코 이룬다 함은 항상 마음을 낮추는 행동으로 일체를 공경하여 미혹한 집착을 멀리 여의면 반야가 생겨나고 미망이 사라짐을 알게 되는 것이니, 바로 스스로 깨달아 불도를 이루어 서원의 힘을 행하는 것이니라."

강의 제가 '무량한 중생을 제도하겠습니다.' 하는 서원을 세웠다고 했을 때에 여러분을 제가 다 물에서 일일이 건져주는 방법도 물론 있겠죠. 그러나 그것은 굉장히 시일도 오래 걸리고 그 사이에 다 빠져 죽을 수도 있습니다. 그런데 여러분들한테 수영하는 방법만 가르쳐 주면 각자 나올 수 있다고 하는 것입니다. 그러니까 6조 혜능 스님이 우리를 일일이 물 속에서 건져서 이쪽 언덕에서 저쪽 언덕으로 건네주는 게 아니고 우리한테 수영하는 방법, 뗏목 타는 방법, 배를 타는 방법을 가르쳐 주면 각자 자기가 건너갈 수 있습니다. 그게 무량한 중생을 다 제도한다는 것입니다.

수영할 때 떠 있는 방법부터 배우는데, 물 위에 뜨려면 어떻게 해야 됩니까? 몸에서 힘을 빼야 합니다. 그런데 막상 사람이 물속에 들어가면 긴장하니까 몸에 힘을 주게 되고, 긴장하니까 오히려 가라앉게 되는 것입니다. 사실은 긴장을 풀고 몸의 힘을 놓고 마음의 긴장을 풀고 했을 때 오히려 물 위에서 뜨게 되는 이치와 비슷한 게 참선공부입니다. 저마다 수영

할 줄 아는 본능을 타고 났기 때문에 가르쳐 주면 각자 다 건너갈 수 있다는 것이 바로 중생무변서원도입니다.

'끝없는 번뇌를 서원컨대 끊겠습니다.' 하는 것도 마찬가지입니다. 마음속에 있는 갖가지 허망한 번뇌들이 하루에도 열두 번씩 일어났다 사라졌다 합니다. 날씨가 흐려지면 괜히 우울해졌다가 화창해지면 괜히 밝아졌다가 이렇게 오락가락하는 마음가짐들을 다 제해준다는 것이 바로 무량한 번뇌를 맹세코 끊는 것입니다.

'끝없는 법문을 다 배우겠습니다.' 하는 것은 법문 가운데서 더 이상 위없는 정법을 배우겠다는 것입니다. 공부를 하더라도 부처님의 올바른 법을 바르게 배워서 바르게 펼쳐지겠다는 서원을 가질 필요가 있습니다. 괜히 엉뚱하게 그릇된 법을 배우면, 나무로 따지면 한 쪽 가지로 흘러 나가는 겁니다. 그렇게 되면 저 꼭대기까지 올라갈 수 없습니다. 항상 본 가지를 타고 가야 정상을 올라가지, 곁가지를 타게 되면 옆구리로 빠져나가게 됩니다. 그래서 항상 정법을 배워야 합니다.

'위없는 불도를 맹세코 이루겠습니다.' 하는 것은 항상 마음을 낮추어서 일체를 공경심으로 대한다는 겁니다. 자기를 높이게 되면 불도를 이룰 수가 없습니다. 자기가 잘났다고 생각하는데, 자기 잘난 사람을 누가 가르쳐줍니까? '나는 잘난 놈이다. 나는 더 이상 배울 것이 없다' 하는 사람은 아무도 가르쳐줄 수 없습니다. 필자가 나온 배재학당의 교훈이 "크고자 하거든 남을 섬기라."는 것입니다. 마태복음에 나오는 말인데 지금 생각해도 참 멋진 교훈이에요. 종교를 초월해서 하심과 겸손함이야말로 성장하는 데 있어서 지름길이라 하는 겁니다. "벼는 익을수록 고개를 숙인다."는 속담도 참다운 진리의 말씀입니다.

6

―― 상相이 없는 것이 진정한 참회다 ――

"지금 이미 사홍서원四弘誓願을 세웠으니, 선지식들에게 무상참회無相懺悔를 주어서 삼세의 죄장을 없애게 하리라."

대사께서 말씀하셨다.

"선지식들이여, '과거의 생각과 미래의 생각과 현재의 생각이 생각마다 우치와 미혹에 물들지 않고, 지난날의 악행을 일시에 영원히 끊어서 자기 성품에서 없애버리면 이것이 바로 참회니라.

갚의 사홍서원, 네 가지 넓은 맹서의 원을 세우면 원력이 생깁니다. 인생의 목표가 뚜렷해야 삶의 활기가 충만해진다는 것이죠. 불자님들이 자칫하면 무기력 또는 허무주의에 빠지기 쉬운 면이 있어요. 왜냐하면 일단 불교에 입문하면 공사상에 관해서 자꾸 배우게 되니까 몸과 마음은 전부 무상

하고 공한 것이라는 식의 공부를 하게 되니까 자칫하면 공에 떨어집니다. 그저 되는 대로 산다, 물 흘러가듯이 연 따라서 산다는 생각에 떨어지기가 쉬운데, 그것은 원으로 말하자면, 반 바퀴 도는 것입니다.

마지막 반 바퀴를 더 돌아서 원위치로 오면 열심히 사는 도리가 있습니다. 바로 원력을 세우는 것입니다. 사홍서원, 원력을 세우면 불보살님의 가피가 내려지게 됩니다. 왜냐하면 부처님이 하고자 하시는 일을 내가 같이 하기로 마음먹으니까 자연스럽게 불보살님이 '내가 할 일을 하려고 하네, 도와줘야 되겠다.'는 마음을 갖게 되는 것이지요. 그래서 불보살님의 가피를 얻는 첩경은 바로 원력을 세우는 겁니다.

원력을 세운 불자와 원력을 세우지 않은 불자와는 겉모습부터 차이가 납니다. 원력을 세운 불자는 인생의 목표가 뚜렷하기 때문에 삶에 활기가 있습니다. 열심히 삽니다. 열심히 살면서도 머무르지 않는 삶을 삽니다. 욕심이 많은 사람도 열심히는 사는데, 원력과 욕심의 차이는 무엇이냐? 욕심은 나 하나만, 내 가족만 위해서 사는 것이고, 원력은 나와 남을 아울러서 우리 모두를 위하는 윈윈 전략으로 열심히 사는 것입니다. 그래서 누구나 원력을 세워야 되고, 그 원의 첫 번째는 사홍서원입니다. 항상 법회를 할 때마다 사홍서원을 하는 것은 그만큼 중요하기 때문입니다.

원을 세우고 나서 선지식들에게 무상 참회를 주어서 죄장을 없애준다고 했습니다. 원을 세우고 나서도 스스로가 "에이 내가 뭘 하겠어? 나 같은 사람이, 인간이 다 그렇지."라는 말을 잘 씁니다. 이런 비굴한 마음, 떳떳하지 못한 마음, 인간은 다 죄인이라는 마음을 없애주는 것이 바로 무상참회입니다. 지난날의 어리석은 행동을 일시에 영원히 끊는 것이 바로 참회입니다. 예를 들어서 살생·투도·사음 등 나쁜 마음가짐과 행동을 했다면 역시 반성을 하고 부처님한테 고하는 겁니다. "부처님 과거에 살생을 저질렀습니다. 앞으로는 방생하겠습니다. 주지 않는 남의 것을 가진 적이 있습니다. 앞으로는 베푸는 삶을 살겠습니다. 삿된 음행을 했습니다. 앞으로는 청정한 행을 닦겠습니다."라고 참회하고 마음을 고쳐먹는 것입니다. 내 마음속에 나쁜 생각들을 이렇게 다 부처님한테 맡겨버리면 됩니다. 이것이야말로 진정한 참회입니다.

과거의 생각과 미래의 생각과 현재의 생각이 생각마다 어리석음에 물들지 않고 지난날의 교만과 속이는 마음을 없애도록 할지니, 영원히 끊음을 이름하여 자성自性의 참회라고 하느니라. 과거의 생각과 미래의 생각과 현재의 생각이, 생각마다 질투에 물들지 않아서 지난날의 질투하는 마음도 없애도록 할지니, 자기의 성품에서 없애버리면 이것이 곧 참회니라.'"

―――

장의 내가 잘났다고 생각하는 교만심이 가득한 사람은 더 이상 진전이 없다고 앞에서 말씀드렸습니다. 누가 어떤 좋은 말을 하더라도 그것을 일단 발 아래 깔고 듣기 때문에 어느 누구도 교만한 사람을 가르칠 수가 없기 때문입니다. 이런 사람들은 한 마디로 말해서 진화를 멈춘 분들입니다. 이 세상은 끊임없이 변화하기 때문에 제 자리에 있다는 것은 결국은 퇴보하는 것입니다. 발전도 퇴보도 아닌 현 위치를 고수한다는 것은 없습니다. 제행무상의 도리에 따라 내 주변, 내 몸, 내 마음, 우주, 이 지구가 끊임없이 지금 변화하고 있기 때문에 발전 아니면 퇴보지 제 자리는 없는 것입니다. 제 자리는 곧 퇴보입니다.

그래서 공부를 하는 데 있어서 가장 중요한 것은 교만한 마음을 없애는 것입니다. 교만함이 지나쳐서 미친 듯 하다 해서 경전에서는 교광심驕狂心이라는 표현을 씁니다. 내가 잘났다고 나만 옳다고 하는 사람들과는 도저히 대화를 나눌 여지가 없습니다. 우리 주변에도 자기주장만 앞세우고 자기 얘기만 일방적으로 퍼붓고는 가버리는 사람들이 있습니다. 그것이야말로 바로 교광심입니다.

이것은 어느 분야에서든 다 통하는 겁니다. 자기의 전공 분야에서도 통하는 것이고 학술적인 공부를 하는 데에도 통하는 것이고, 신앙에 있어서도 통하는 것이죠. 그래서 항상 자만심과 자존심을 구별할 줄 알아야 합니다. 자만심이란 나만 잘났다고 생각하는 마음이고, 스스로를 존귀하게 생각하고 스스로가 존귀한 만큼 남도 존중해주는 것이 자존심입니다. 불자로서의 자존심, 인간으로서의 자존심은 가져야겠지만 나만 옳다, 내 종교만 옳다, 내 신앙만 맞다, 내 고집만 맞다고 하는 자만심은 버려야 합니다. 자만심을 가지고 있으면 더 이상 진화할 수 없기 때문입니다.

그 다음에 종전의 질투심을 제거해 버리라, 이것도 참회라고 했습니다. 이 질투심이라는 것도 사람을 해치는 마음입니다. 경전에서는 남이 잘하고 공덕 쌓는 것을 보고 같이 즐거워하는 것만으로도 큰 공덕이 된다고 누누이 강조하고 있습니다. 남이 잘 되거나 보시 공덕, 또는 전법의 공덕을 쌓는 것을 보면, '내가 못하는 것을 저분이 대신 해주고 있구나. 참 고맙다.' 이런 마음가짐으로 찬탄을 하면 자기에게도 공덕이 되어서 자기도 조만간에 그런 경지에 이르게 됩니다. 그런데 시기하고 질투하고 깎아 내리고 뒤에서 잡아당기면 그것이야말로 자기 스스로를 묶어 매는 정말로 참회해야 할 마음가짐인 것입니다.

"선지식들이여, 무엇을 이름 하여 참회라고 하는가?

참懺이라고 하는 것은 종신토록 잘못을 짓지 않는 것이요, 회悔라고 하는 것은 과거의 잘못을 아는 것이다. 악업을 항상 마음에서 버리지 않으면서 부처님 앞에서 입으로만 말하여도 이익이 없나니, 나의 법문 가운데는 영원히 끊어서 짓지 않음을 참회라고 하느니라."

강의 무상참회, 상이 없는 참회라는 것은 사실은 참회할 것도 참회할 자도 없음을 통달한 참회입니다. 그래서 무아법에 통달한 이가 진정한 보살이라고 했습니다. 결국 참선 공부를 하기 위해서 미리 필요한 절차를 이렇게 6조 스님께서 하나씩 하나씩 챙기고 있는 것입니다. 우리는 참선 하면 무조건 '화두 하나 받아서 그냥 그것만 챙기면 되나보다' 생각합니다. 하지만 참선의 교과서라 칭송받는 육조단경에 참선에 대한 것보다 사홍서원을 세우고 참회를 하고 삼귀의를 하는 내용 등이 왜 먼저 나오는지에 대해 생각해봐야 합니다.

참선 공부라는 것은 물론 돈오 법문입니다. 단박에 자기 마음을 보면 되는 것입니다. 하지만 그게 말처럼 쉬운 것만은 아닙니다. 그렇다고 해서 어렵다는 생각을 가질 것은 없습니다. 다만 참회, 서원, 발원이 필요한 것입니다. 왜냐하면 본래 부처라고 아무리 가르쳐줘도 '중생이 뭐 그렇지' 하는 남모르게 가지고 있는 노예근성, 자꾸만 밖에서 주인을 찾으려고 하는 종노릇하던 습관들이 엄청나게 남아 있습니다. 생각을 해보십시오. 내가 가슴에 손을 얹고 생각해보건대, '아니지. 내가 무슨 부처야.' 하는 이런 마음가짐, 또는 밖으로 어떤 정신적 물질적 존재를 주인으로 섬기고 자꾸 거기에 의지하려 합니다. 자기 자신을 의지하려 하지 않고 밖의 어떤 권세나 명예나 신이나 돈을 자꾸 주인으로 섬기고 거기에서 자기 마음의 안락을 찾으려고 노력합니다. 그런 것들을 통틀어서 '내가 중생이지.' 하는 중생지견이라고 합니다. 그런 견해를 하나씩 하나씩 씻어주고 없애주는 절차가 바로 사홍서원·참회·삼귀의인데, 그 단계를 차례차례 거치고 있는 것입니다.

"화두도 안 잡히고 잡념만 계속 떠오릅니다."라고 하는 분들은 당연히 참회·발원·기도를 먼저 해야 됩니다. 자기의 복잡다단한 마음가짐, 종노릇하던 습관, 노예근성 등 중생지견을 어느 정도 세척해내야 비로소 올바른 돈오법문, 참선에 들어설 수 있는 준비가 되었다고 볼 수 있습니다.

그럼 진정한 참회란 무엇이냐? 참懺이라는 것은 앞으로 잘못을 짓지 않겠다고 다짐하는 것입니다. 회悔는 과거에 지은 잘못을 뉘우치는 겁니다. 참회는 글자 그대로 과거의 잘못을 뉘우치고 앞으로는 그러지 않겠다고 다짐하는 것입니다.

우리가 날마다 짓는 업에도 악업과 선업이 있는데, 대표적으로 열 가지를 듭니다. 천수경에서 항상 하는 살생중죄금일참회, 투도중죄금일참회, 사음중죄금일참회를 비롯해서 망어·기어·양설·악구·탐애·진에·치암 등입니다. 몸으로 짓는 세 가지(살생·투도·사음), 입으로 짓는 네 가지(망어·기어·양설·악구), 마음으로 짓는 세 가지(탐·진·치) 이렇게 악업을 짓고 있습니다.

선업을 짓는 것도 역시 마찬가지입니다. 이 악업을 떠나서 선업이 따로 있는 게 아닙니다. 살생하는 마음을 참회해서 앞으로는 방생하겠다, 도둑질하는 마음을 참회해서 앞으로는 베풀겠다, 사음하는 마음을 참회해서 앞으로는 청정한 행을 닦겠다, 망어·기어·양설·악구도 솔직담백한 말, 화합하게 하는 말, 순수한 말을 하겠다고 다짐하고, 탐·진·치도 역시 앞으로는 보시를 행하고 자비를 베풀고 지혜롭게 살겠다고 마음가짐을 먹는 것이야말로 진정한 참회라고 하는 것입니다.

"지금 이미 참회를 하였으니, 선지식들에게 무상 삼귀의계無相三歸依戒를 주리라."

대사께서 말씀하셨다.

"선지식들이여, '깨달음의 양족존께 귀의하오며, 바른 법의 이욕존께 귀의하오며, 청정한 중중존께 귀의합니다. 지금 이후로는 부처님을 스승으로 삼고 다시는 삿되고 미혹한 외도에게 귀의하지 않겠사오니, 바라옵건대 자성自性의 삼보께서는 자비로써 증명하소서.' 할지니라."

앞의 삼귀의 계를 주는데 여기서도 역시 무상 삼귀의계를 준다고 하였습니다. 어떤 바깥의 대상, 신적인 존재나 밖에 있는 부처님을 향해서 하는 것이 아니고 궁극적으로는 자기의 자성 자리에 참회를 하고 자성 자리에 귀의를 하기 때문에 무상이라 하는 것입니다. 첫 번째가 깨달음의 양족존에 귀의합니다. 양족존이라는 것은 두 양兩자 구족할 족足자입니다. 어떤 분들은 이것을 다리 족자로 번역해서 두 다리를 가진 사람들 중에서 가장 위

대한 이라고 설명하는 분들도 간혹 계시던데, 그게 아니라 구족한다, 만족한다, 충족한다, 갖춘다는 의미의 족자입니다. 두 가지를 갖추신 존귀한 분께 귀의하는데, 두 가지는 당연히 지혜와 자비입니다. 지혜가 없는 자비는 무모하고, 또 자비가 없는 지혜는 건조합니다. 우리 부처님께서는 지혜와 자비를 모두 갖추신 양족존입니다. 다시 말하면 깨달음의 세계라는 것은 지혜와 자비가 함께 구족된 세계라는 의미입니다.

다음에 바른 법의 이욕존께 귀의한다는 것은, 이離는 여읠 이자입니다. 욕심을 여읜 존귀한 이에게 귀의합니다. 올바르기 때문에 자연히 과분한 욕심을 부리지 않습니다. 부처님의 법이야말로 욕심에서 떠나는 해탈하는 법을 가르쳐주고 있지요.

다음에 청정한 중중존, 대중 가운데 존귀한 이는 청정함을 으뜸으로 합니다. 자성 본 청정자리가 되겠습니다. 지금 이후로는 부처님을 스승으로 삼고 다시는 삿되고 미혹한 외도에게 귀의하지 않겠다는 것이 바로 삼귀의입니다.

"선지식들이여, 혜능이 선지식들에게 권하여 자성의 삼보에 귀의하게 하나니, 부처란 깨달음이요, 법이란 바름이며, 승이란 깨끗함이니라.

자기의 마음이 깨달음에 귀의하여 삿되고 미혹이 나지 않고 적은 욕심으로 넉넉한 줄을 알아 재물을 떠나고 색을 떠나는 것을 양족존이라고 하느니라. 자기의 마음이 바름으로 돌아가 생각마다 삿되지 않으므로 바로 애착이 없나니, 애착이 없는 것을 이욕존이라고 하느니라.

갚의 육조단경에서 가장 중요시 여기는 것은 바로 자성, 스스로의 성품, 스스로의 불성, 본마음 참나입니다. 결국은 삼보조차도 우리가 누구나 지니고 있는 본마음 참나에 갖춰져 있다는 것입니다. 자성은 정말 무한한 가능성可能性을 지니고 있다는 겁니다. 이때도 성품 성性자를 씁니다. 우리는 부처도 될 수 있고 부처님의 가르침도 이미 다 지니고 있고 또 부처님의 제자도 누구든지 될 수 있습니다. 신도 될 수 있고 축생도 될 수 있는 무한한 가능성을 가지고 있다는 것이 바로 이 자성 삼보의 의미입니다.

그래서 "자기의 마음이 깨달음에 귀의하여 삿되고 미혹이 나지 않고 적은 욕심으로 넉넉한 줄 알아 재색을 떠나는 것이 양족존."이라고 하였습니다. 소욕지족이 되니까 지혜와 자비가 나오는 것이고, 재물과 색을 여의기 때문에 두 가지를 구족하게 되는 것입니다.

스님들은 행자 때 「초발심자경문」을 배우는데, 거기에 "재색의 재앙은 독사보다 심하다."는 말이 나옵니다. 소욕지족에서 한 걸음 더 나아가서 마음을 여의는 것을 굉장히 강조합니다. 특히 행자시절에는 절 수행 등을 통해서 하심을 많이 시킵니다. 필자도 쌍계사에서 행자 생활을 했는데, 아침저녁으로 오백 배씩 하루에 천 배씩 했습니다. 또 행자 교육원에 들어가서도 하루에 천 배씩 하고 마지막에는 삼천 배를 했어요. 하루에 천 배씩 하고 오후불식하니까 정확하게 일주일에 2kg 이상씩 빠지더군요. 누구든지 살을 빼고 싶은 분이 있으면 어렵지 않습니다. 하루에 아침에 오백 배, 저녁에 오백 배씩 절하고, 점심 먹고 난 다음에는 물 이외에 일체 음식을 먹지 않으면 일주일에 한 2kg씩 빠지고 부작용도 전혀 없습니다. 왜냐하면 천 배씩 운동을 해가면서 하기 때문에 몸과 마음이 아주 가벼워집니다. 게다가 마음속의 업장도 참회가 되고, 말 그대로 군살 한 점 없는 아주 아름다운 몸매도 갖게 됩니다. 몸과 마음을 가볍고 밝게 만들 수 있는 비결, 오후불식과 하루에 천 배, 그 다음에 마음의 하심 연습입니다. 그렇게 되면 소욕지족을 알게 됩니다.

"자기 마음이 바름으로 돌아가 생각마다 삿되지 않으므로 바로 애착이 없나니 애착이 없는 것을 이욕존이라고 한다."고 했습니다. 무착無着이면 무주無住가 달성됩니다. 애착이 있으면 머무름이 있고 머무르게 되면 거기에서 부작용이 나타납니다. 물이라는 것도 흘러야 썩지 않지, 아무리 맑은 물도 머무르면 썩어버리는 거예요. 마찬가지로 사람간의 관계도 소통이 되어야 하는 겁니다.

얼마 전 택시 기사 분을 만났는데, 자기 종교를 굉장히 신봉하는 분이었습니다. 심지어는 나보고도 자기 종교를 믿어야 한다기에 몇 마디 질문을 했더니, 계속 자기 얘기만 하더군요. 한 마디로 귀는 닫아놓고 입만 열었더라고요. 그래서 "당신 같은 사람들 때문에 세상이 시끄럽고 전쟁이 나는 겁니다. 귀가 두 개고 입이 하나인 이유는 두 번 듣고 한 번 말하라는 소리인데, 아예 남의 말은 들을 생각도 않고 처음부터 끝까지 자기 얘기만 해대는 게 옳은 일이오?"라고 했습니다만, 그 말도 듣지 않더라고요. 참선 공부하는 사람은 귀는 열어놓고 입은 닫아놓는 준비가 필요합니다.

자기의 마음이 깨끗함으로 돌아가 일체의 번뇌와 망념이 비록 자성에 있어도 자성이 그에 물들지 않는 것을 중중존이라고 하느니라.

범부는 이것을 알지 못하고 날마다 삼귀의계를 받는다 하나, 만약 부처님께 귀의한다고 하여도 부처가 어느 곳에 있겠는가? 만약 부처를 보지 못한다면 귀의할 바가 없느니라. 이미 귀의할 바가 없으면 그 말이란 도리어 허망할 뿐이니라.

<u>갔의</u> 중중존, 대중 가운데 가장 존귀한 이에게 돌아가 의지한다는 것은 궁극적으로 무슨 뜻이냐? 자기 마음이 청정함에 귀의하여 일체의 번뇌와 망념이 비록 자성 가운데 있다 하더라도 자성은 거기에 물들지 않는다는 것을 확실하게 아는 것이 중중존입니다.

하늘을 쳐다보면, 먹구름이 일어나서 비가 오기도 하고, 또는 가을에 흰 구름이 뭉글뭉글 일어나서 하얗게 흘러가기도 합니다. 먹구름이 와서 흘러가든 흰 구름이 와서 흘러가든 하늘은 그대로 항상 오염되지 않고 티나 흠이 나지 않는다는 겁니다. 우리의 자성 자리, 본마음 참나 자리는 물들지 않는 것입니다. 비록 수많은 번뇌 망상에 시달리고 있는 것 같아도 우리의 본마음 참나는 한 번도 오염된 적이 없는 불오염의 경지입니다. 이것을 확신하는 게 중중존에게 귀의한다는 겁니다. 내 본마음 자리가 청정하다는 것을 100% 믿는 겁니다. 마치 여러분들이 빳빳한 새 돈 만 원짜리를 한참 가지고 다니다 보면 쭈글쭈글해지고 더러워집니다. 그런데 헌 돈 만 원짜리나 신권 만 원짜리나 만 원짜리이긴 매한가지라는 뜻입니다.

자기 본마음 자리로 돌아가 의지하기 때문에 불교에서는 귀의한다는 표현을 쓰는 겁니다. 만일 어떤 밖에 있는 신적인 존재에 의지하면 그냥 의지한다고 해야 합니다. 우리가 왜 돌아가 의지한다고 하느냐는 것을 잘 알아야 됩니다. 범부들은 이것을 알지 못하고 날마다 삼귀의계를 받으면서 부처님께 귀의한다고 하여도 부처가 어느 곳에 있는지 보지 못하였다면 귀의할 곳이 없는 것입니다. 그럼 부처님이 어디에 있느냐? 사실 우리의 본마음 자리에서 삼신불도 나왔다는 것입니다. 본마음 자리에서 한 생각 일으켜서 마음이 나오고, 그 마음이 똘똘 연습해서 몸뚱이가 나타나고 하는 것입니다.

보통 사람들은 어디 있는지는 꼭 집어서 말하지 못하겠지만 아무튼 이 육신 속에 마음이 있고, 또 그 마음속에 본마음이 있는 걸로 생각합니다. 사실 그것은 편협한 생각이고, 그와 반대로 본마음 속에 마음이 있고 마음속에 몸이 있다고 생각하는 것이 자성 자리에 가까워진다는 겁니다. 그러니까 몸보다 더 큰 것이 마음이고 마음보다 더 큰 것이 본마음인데, 이걸 거꾸로 생각하니까 자꾸 협소해지는 겁니다. 자기 몸 안에 마음이 있다고 생각하니까 자기 마음을 이 몸뚱이보다 크게 못 쓰고, 몸뚱이에 애착하게 되는 겁니다.

그래서 삼귀의계를 받는 것이 굉장히 중요한 것입니다. 보살계를 받으면 보살이 되고 비구계를 받으면 비구가 되고 사미계를 받으면 사미가 됩니다. 삼귀의계를 받아야 드디어 내가 진정한 불자가 되는 겁니다. 이 삼귀의야말로 불교의 가장 기본인데 그 진정한 의미가 무엇인지 알아야 합니다. 6조스님께서는 항상 자성을 중시합니다. 삼귀의도 역시 자성의 삼보에 돌아가 의지하는 겁니다. 내 본마음 참나 자리야말로 본래부터 청정했고 지금도 청정하고 앞으로도 청정해서 이것은 더럽히려야 더럽힐 수 없는 불오염의 자리, 청정 본연의 자리, 불성 상청정의 자리임을 확신하는 것이 바로 귀의승 중중존의 참다운 의미입니다.

"선지식들이여, 각기 스스로 관찰하여 그릇되게 마음을 쓰지 말지니, 경의 말씀 가운데 '오직 스스로의 부처님께 귀의한다' 하였고 다른 부처에게 귀의한다고 말하지 않았으니, 자기의 성품에 귀의하지 아니하면 돌아갈 바가 없느니라."

결론적으로 스스로의 부처님에게 귀의하는 것이지 타불他佛, 다른 부처에게 귀의하는 것이 아니라는 말씀입니다. 보통 의지한다 함은 신적인 존재가 되었든 물질적인 존재가 되었든 또는 명예 같은 정신적인 존재가 되었든 밖에 있는 대상에 의지하는 것을 생각합니다. 대부분의 종교들 역시 어떤 신적인 존재를 상정해 놓고 거기에 의지함으로써 마음의 평화를 구하는 경우가 많습니다. 그러나 과연 그것이 궁극적인 평화인가 생각해 볼 문제입니다.

정신적 존재든 물질적 존재든 밖에 있는 것은 내 마음대로 할 수 없습니다. 어떤 사람은 돈에 의지해서 일시적인 안심, 평화를 얻을 수 있을지 몰라도 그런 것들이 궁극적인 것은 못 됩니다. 결국은 밖에서 찾아서는 해결이 안 난다는 것입니다. 그럼 어디에서 찾아야 되느냐? 자기의 자성 자리에서 찾아야 합니다. 불·법·승 삼보조차도 사실은 자성 자리에 바탕을 두고 있다는 것입니다. 자성이라는 것은 앞에서도 말씀드렸듯이 스스로의 가능성을 이야기하는 겁니다. 불성, 자성을 또 하나의 존재로 생각하는 오류를 범하기 쉬운데, 불성은 부처가 될 수 있다는 무한한 가능성이지 어떤 존재는 아닙니다. 자성 불성을 가지고 있다는 것은 신도 될 수 있고, 축생도 될 수 있고, 신의 스승도 될 수 있고, 신의 종도 될 수 있고, 무엇이든 다 될 수 있다는 겁니다. 그럼 무엇이 될 것인가? 내가 어떤 것을 선택하고 어느 것에 집중하느냐, 바로 이 선택과 집중에 달려있다는 것입니다.

무엇이 되고 싶습니까? 무엇을 선택하고 싶습니까? 종이 되고 싶습니까? 그러면 종노릇을 선택해서 거기에 집중하면 됩니다. 주인이 되고 싶습니까? 그렇다면 주인의 가능성을 선택해서 집중하면 됩니다. '수처작주隨處作主에 입처개진立處皆眞'이라는 선종의 유명한 표현이 있습니다. 가는 곳마다 주인 노릇을 하면 있는 곳마다 다 진리라는 얘깁니다. 우리가 스스로의 주인 노릇을 하고 있는지 한 번 생각해 볼 일입니다.

내가 재물의 주인 노릇을 하고 있나? 아니면 재물의 종 노릇을 하고 있나? 내가 경전의 주인 노릇을 하고 있나? 내가 경전의 종 노릇을 하고 있나? 모든 분야에 있어서 자기 스스로가 얼마든지 주인이 될 수 있는 가능성이 있습니다. 그러나 그 가능성은 내가 그것을 선택해서 집중했을 때 현실화된다는 것입니다.

그래서 참다운 선지식들은 중생들을 낱낱이 건져주는 것이 아니라, 중생들 모두가 다 자기의 주인 노릇을 할 수 있도록 깨닫게 해주고, 그것을 선택해서 집중할 수 있도록 해줍니다. 이것이야말로 올바른 중생제도입니다. 육조단경에서 누누이 하는 이야기도 바로 그런 말씀입니다.

여러분 앞에는 무한한 가능성의 세계가 열려져 있습니다. 무엇을 선택하고 싶습니까? 인생의 주인이 되고 싶습니까? 종이 되고 싶습니까? 여러분이 선택하십시오.

7

마하반야바라밀법을 수행하라

"지금 이미 삼보에 스스로 귀의하여 모두들 지극한 마음이니, 그대들에게 마하반야바라밀법을 설하리라.

선지식들이여, 비록 마하반야바라밀법을 생각은 하나 알지 못하므로 혜능이 설명하여 주리니, 각기 잘 들을지니라.

마하반야바라밀이란 서쪽 나라의 범어이니, 당나라 말로는 '큰 지혜로 저 언덕에 이른다.'는 뜻이니라. 이 법은 모름지기 실행할 것이요, 입으로만 외우는 데 있지 않다. 입으로 외우고 실행하지 않으면 허깨비와 같으나, 닦고 행하는 이는 법신과 부처와 같으니라.

어떤 것을 마하라고 하는가?

마하란 크다는 뜻이다. 마음의 깜냥이 광대하여 허공과 같으나, 다만 빈 마음으로 앉아 있지 말라. 바로 무기공無記空에 떨어지느니라. 허공은 능히 일월성신과 대지산하와 모든 초목과 악인 선인과 악법 선법과 천당과 지옥을 그 안에 다 포함하고 있으니, 세상 사람의 성품이 공한 것도 또한 이와 같으니라."

강의 '마하반야바라밀'이야말로 불교의 근본을 추출한 것입니다. 마하반야바라밀이 무슨 뜻이냐? '큰 지혜로 저 언덕에 건너가세, 함께 가세'라는 뜻입니다.

마하반야바라밀 법문의 핵심은 마하반야바라밀을 입으로 염하고 마음으로 실행하는 것입니다. '마하'라는 것은 말 그대로 크다는 겁니다. 어느 정도 크냐 하면 우주보다 더 큽니다. 우주 속에 성품이 있는 것이 아니고 성품에서 우주가 나왔으니까 이것은 진정으로 큰 것이지요. 마하는 우리가 눈으로 보고 크다 작다 분별하는 상대적인 크고 작음을 떠난 절대적으로 큰 것입니다. 반야는 '지혜'입니다. 반야로 모든 것을 비추어 볼 때 고정된 실체로서의 나는 없고 찰나 생멸하는 내가 있을 뿐입니다. 그래서 내가 어떤 행을 하느냐 하는 것이 중요하고, '나의 행위가 나'라는 결론에 도달할 수 있습니다. 바라밀, 저 언덕으로 건너간다는 것은 꼭 죽어서 극락세계로 가는 것만 뜻하는 것이 아닙니다. 마치 저 연꽃이 진흙에 뿌리를 박고 있으면서도 수면 위로는 아름다운 꽃을 피우는 것처럼 우리도 이 세간에 발을 담고 있지만 세간을 뛰어넘는 출세간의 법을 얼마든지 성취할 수 있다는 점을 가르쳐주는 겁니다.

마하반야바라밀을 실행하는 가장 좋은 방법은 '법륜을 굴리겠습니다.' 하는 발원을 세워서 마하 크게, 반야 지혜를 써서, 바라밀, 고통스러운 사람의 마음을 평화롭게 만들어주는 것입니다. 그것이 '법륜을 굴리겠습니다'라는 한 마디 말에 다 포섭되는 겁니다.

법륜을 굴리는 것은 경전에 통달해야 되는 것도 아니고 돈이 많아야 하는 것도 아닙니다. 각자 자기 분야에서 열심히 하면 됩니다. 예를 들어서 PD는 드라마나 영화를 만드는 데 참다운 주인공, 자유인을 만드는 부처님의 가르침이 깃들어 있는 드라마나 영화를 제작해서 많은 사람에게 전파하고 영향을 주면 그것이야말로 법륜을 굴리는 것입니다.

특히 이 시대는 문화의 시대죠. 앞으로 문화가 힘이 되고 문화가 돈이 되는 시대입니다. 음악이라든가 영화나 드라마를 잘 활용해서 많은 사람들을 자유롭게 해탈시켜 주는 것보다 더 좋은 법륜 굴리기가 어디 있겠습니까? 각자 자기 분야에서 법륜을 굴리면 되는 겁니다.

"성품이 만법을 머금은 것이 큰 것이니, 만법 모두가 다 자성인 것이다. 모든 사람과 사람 아닌 것과 악과 선과 악법과 선법을 보되, 모두 다 버리지도 않고 그에 물들지도 아니하여 마치 허공과 같으므로 크다고 하나니, 이것이 곧 마하행이니라.

미혹한 사람은 입으로 염하고 지혜 있는 이는 마음으로 행하느니라. 또한 미혹한 사람은 마음을 비워 아예 생각하지 않는 것을 크다고 하나, 이도 또한 옳지 않으니라.

마음의 깜냥이 광대하지만 실행하지 않으면 바로 작은 것이니, 입으로만 빈 말을 하면서 이 행을 닦지 않으면 나의 제자가 아니니라."

"어떤 것을 반야라고 하는가?

반야는 지혜이니, 어느 때나 생각마다 어리석지 않고 항상 지혜를 행하는 것을 바로 반야행이라 하느니라.

한 생각이 어리석으면 곧 반야가 끊기고 한 생각이 지혜로우면 바로 반야가 생겨나거늘, 마음속은 항상 어리석으면서 '나는 닦는다.'고 스스로 말하는구나. 반야는 형상이 없나니, 지혜의 성품이 바로 그것이니라.

어떤 것을 바라밀이라고 하는가?

이는 서쪽 나라(인도)의 범음梵音으로서 '저 언덕에 이른다.'는 말이다. 뜻을 알면 생멸生滅을 여의나니, 경계에 집착하면 생멸이 일어나서 물에 파랑이 있음과 같으니, 이는 곧 이 언덕이요, 경계를 떠나면 생멸이 없어서 물이 끊이지 않고 흐름과 같으니, 바로 저 언덕彼岸에 이른다고 하며, 그러므로 바라밀이라고 이름 하느니라."

"미혹한 사람은 입으로 염하고 지혜로운 이는 마음으로 행한다. 염할 때 망상이 있으면 그 망상이 있는 것은 곧 진실로 있는 것이 아니며, 염할 때마다 행한다면 이것을 참으로 있다고 하느니라.

이러한 법을 깨달은 이는 반야의 법을 깨달은 것이며 반야의 행을 닦는 것이니라. 닦지 않으면 곧 범부요, 한 생각 수행하면 법신과 부처와 같으니라.

강의 진정한 지혜는 무심無心에서 나옵니다. 최고의 지관地官도 자신의 묘자리는 잘 찾지 못한다고 합니다. 욕심이 앞서기 때문입니다. 욕심이 쉬어야 정확한 판단력이 생깁니다. 운동선수들도 '잘 해야지' 하는 강박관념이 있으면 오히려 실력 발휘가 잘 되지 않는다고 하지요. 무심해져야 최고의 실력이 나오게 됩니다.

그러므로 엄청난 연습을 하는 것은, 잘 하려고 한다기보다 오히려 무심해지기 위해서 한다고 보는 것이 옳습니다. 무슨 일이든 익숙해져야 무심해지기 때문입니다. 예컨대, 축구공을 처음 차보는 사람은 누구나 드리블과 슈팅이 서툴죠. 그러나 계속해서 연습하는 동안 본인도 모르게 능숙해져 마침내 무심코 드리블하고 슈팅을 쏠 수 있게 됩니다. 이처럼 무언가를 꾸준히 연습하는 것은 궁극적으로 분별심을 쉬는 연습이 되는 것입니다.

앉으나 서나, 오나가나, 자나 깨나 '마하반야바라밀'을 염송하고, 그 소리를 듣는 연습을 하다보면, 마침내 무심해집니다. 염하는 이와 듣는 이가 하나가 되어, 염한다는 생각 없이 염하고, 듣는다는 생각 없이 듣게 됩니다. 이른바 몸도 사라지고 마음도 사라져서 몸과 마음이 모두 공空한 경지에 들게 되는 것입니다.

선지식들이여, 번뇌가 바로 보리이니, 앞생각을 붙들어 미혹하면 곧 범부요 뒷생각에 깨달으면 바로 부처이니라. 선지식들이여, 마하반야바라밀은 가장 존귀하고 최상이며 제일이라. 머무름도 없고 가고 옴도 없으며, 삼세의 모든 부처님이 다 이 가운데로부터 나와 큰 지혜로써 저 언덕彼岸에 이르러 몸과 마음의 번뇌와 노고를 쳐부수니, 가장 존귀하고 최상이며 제일이니라.

최상임을 찬탄하여 최상승법을 수행하면 결정코 성불하여, 가는 것도 없고 머무름도 없으며 오는 것 또한 없다. 이는 정과 혜가 동등하여 일체법에 물들지 않음이니, 삼세의 모든 부처님이 이 가운데서 삼독을 변하게 하여 계·정·혜로 삼느니라."

갗의 『청정도론』에서는 인간을 여섯 가지 유형으로 나누고 있습니다. 먼저 탐욕이 많은 탐행자貪行者·성질을 잘 내는 진행자瞋行者·뜨문뜨문한 치행자癡行者로 구분하고, 이와 대비하여 각각 신심이 강한 신행자信行者·번뜩임이 뛰어난 각행자覺行者·꾸준함이 돋보이는 심행자尋行者를 배대시키고 있습니다.

탐貪·진瞋·치癡 세 가지 모두가 근본번뇌로서, 중생 대부분에게 공통된 속성입니다. 욕계慾界에 태어나서 살아가고 있는 존재인 이상, 탐욕은 근본적인 생명의 구성 원리이며, 이를 충족시키지 못하여 유발되는 성냄과, 중생으로서의 어리석음은 대부분 갖추고 있다고 하여도 과언이 아니지요. 그렇지만, 그 가운데서도 특히 한 인간에게 두드러지게 나타나는 현상을 특징 지워 탐행자·진행자·치행자 등으로 구분할 수 있습니다.

한편, 이와 각각 대비시켜 신행자·각행자·심행자를 설정하고 있습니다. 즉 탐행자와 상대시켜 신행자를, 진행자와 대비하여 각행자를, 치행자와 대비하여 심행자를 설정하고 있는 것입니다. 이것은 결국 탐욕과 믿음, 성냄과 판단, 뜨문뜨문함과 꾸준함이 동근이상同根異相임을 말해주고 있습니다.

다시 말해서, 탐행자의 특징인 욕심을 완전히 부정하여 억제하는 노력보다는, 오히려 그 욕심을 인정하되 노력의 방향을 바꾸어 도심道心으로 인도하자는 것입니다. 즉 탐행자가 성욕과 식욕 등의 기본적 욕심을 붓다를 보고자 하는 욕심, 불법을 얻고자 하는 욕심, 계戒 등을 지키고자 하는 욕심 등으로 전향시켜 신행자가 될 수 있다는 것입니다. 이와 마찬가지로, 유정有情을 회피하고 남의 과실을 보아 넘기지 못하는 진행자도, 그

성냄의 대상을 전환하여 일체의 유위법을 회피하고 자신의 과실을 참지 못하는 각행자로 돌릴 수가 있습니다. 또한 일체의 선한 법이 아직 생기지 않아 혼란하고 통찰이 없어서 동요하는 치행자는, 오히려 하나하나 장애를 없애나가면서 통찰을 확립해나가는 심행자가 될 수 있습니다.

참선의 세 가지 요긴한 비결인 대신심·대분심·대의심도 이와 마찬가지입니다. 탐욕은 대신심으로, 성냄은 대분심으로, 어리석음은 대의심으로 전환시켜 삼요三要를 삼는 것입니다. 자신의 단점을 오히려 장점으로 전환시켜 써나가는 것이지요. 삼독이라는 이기적 에너지를 삼요라는 대승적 에너지로 전환시킬 때, 무한한 가능성이 펼쳐집니다. 번뇌를 보리로, 중생을 부처로 전환시키는 비결이 바로 여기 있는 것입니다.

"선지식들이여, 나의 이 법문은 팔만사천의 지혜를 따르느니라. 무엇 때문인가? 세상에 팔만사천의 진로가 있기 때문이다. 만약 진로가 없으면 반야가 항상 있어서 자성을 떠나지 않느니라. 이 법을 깨달은 이는 곧 무념이며, 기억과 집착이 없어서 거짓되고 허망함을 일으키지 않나니, 스스로 곧 진여의 성품이니라.

지혜로써 보고 비추어 일체 법을 취하지도 아니하고 버리지도 않나니, 곧 성품을 보아 불도佛道를 이루느니라."

"선지식들이여, 만약 깊은 법의 세계에 들어가고 반야삼매에 들어가고자 하는 자는 바로 반야바라밀의 행을 닦을 것이니, 다만 『금강반야바라밀경』 한 권만 지니면 바로 성품을 보아 반야삼매에 들어가느니라.

마땅히 알라. 이 사람의 공덕은 한량없어서 경에서 분명히 찬탄하였으니, 능히 다 갖추어 설명하지 못하느니라. 이것은 최상승법으로서 큰 지혜와 높은 근기의 사람을 위하여 설법한 것이니, 만약 근기와 지혜가 작은 사람이 이 법을 들으면 마음에 믿음이 나지 않나니, 무엇 때문인가?

비유하면 마치 큰 용이 큰 비를 내리는 것과 같아서, 염부제에 비가 내리면 풀잎이 떠내려가고 큰 비가 큰 바다에 내리면 불지도 않고 줄지도 않는 것과 같으니라.

대승의 사람은 『금강경』 설하는 것을 들으면 마음이 열려 깨달아 아나니, 그것은 본래 성품이 스스로 반야의 지혜를 지니고 있어서 스스로의 지혜로써 보고 비추어서 문자를 빌리지 않느니라. 비유하건대, 그 빗물이 하늘에서 생기는 것이 아님과 같으니, 원래 용왕이 강과 바다 가운데서 이 물을 몸으로 이끌어 일체 중생과 일체 초목과 일체 유정·무정을 다 윤택하게 하고, 그 모든 물의 여러 흐름이 다시 큰 바다에 들어가서 바다는 모든 물을 받아들여 한 몸으로 합쳐진다. 중생의 본래 성품인 반야의 지혜도 또한 이와 같으니라."

<u>강의</u> 다만 『금강경』 한 권만 지니면 성품을 보아 반야삼매에 들어간다고 설하고 있습니다. 『금강경』이야말로 최상의 선지식이라는 말이지요. 6조 스님도 『금강경』 읽는 소리를 듣고 견성하셨으며, 다른 이에게도 『금강경』을 수지독송할 것을 적극 권장하고 있는 것입니다.

8

─── 단박의 가르침을 듣고 성품을 보라 ───

"근기가 작은 사람은 단박의 가르침을 들으면, 마치 뿌리가 작은 대지의 초목이 큰 비를 맞고 모두 다 저절로 거꾸러져 자라지 못함과 같다. 작은 근기의 사람도 또한 이와 같다. 반야의 지혜가 있는 점은 큰 지혜를 가진 사람과 차별이 없거늘, 무슨 까닭으로 법을 듣고도 바로 깨닫지를 못하는가? 삿된 소견의 장애가 무겁고 번뇌의 뿌리가 깊기 때문이니라. 마치 큰 구름이 해를 가려 바람이 불지 않으면 해가 능히 나타나지 못하는 것과 같다. 반야의 지혜도 또한 크고 작음이 없으나, 일체 중생이 스스로 미혹한 마음이 있어서 밖으로 닦아 부처를 찾으므로 자기의 성품을 깨닫지 못하느니라.

그러나 이와 같이 근기가 작은 사람이라도 단박의 가르침을 듣고, 밖으로 닦는 것을 믿지 아니하고 오직 자기의 마음에서 자기의 본성으로 하여금 항상 바른 견해를 일으키면, 번뇌·진로의 중생이 모두 다 당장에 깨닫게 되느니라. 마치 큰 바다가 모든 물의 흐름을 받아들여서 작은 물과 큰

물이 합쳐 한 몸이 되는 것과 같으니라.
　　바로 성품을 보면 안팎에 머물지 아니하며 오고 감에 자유로워 집착하는 마음을 능히 없애고 통달하여 거리낌이 없나니, 마음으로 이런 행을 닦으면 바로『반야바라밀경』과 더불어 본래 차별이 없느니라."

---

　　^{값의} 자성을 본다는 것은 바로 본마음 참나를 본다는 것입니다. 이에 대해 『금강경오가해』에서는 "동서남북에 오직 나뿐이다."라고 설하고 있습니다. 그러니까 우리가 이런 관점에서 보자면 결국은 이 모두가 다 '내 안의 나'라는 겁니다. 남도 나고, 나도 나고, 저 수목도 나고, 하늘도 나고, 왜냐? 남북동서에 오직 나뿐이기 때문이지요. 그래서 안과 밖에 머물지 않고 오고 감에 자유롭고 애착하는 마음이 쉬고, 그래서 걸림이 없어집니다. 남북동서에 오직 나뿐이라면 사실 애착할 것이 뭐가 있고 걸릴 것이 뭐가 있겠어요? 전부 '내 안의 나'라고 하는 겁니다. 남도 '내 안의 나'이고 나도 '내 안의 나'입니다.

　　"일체 경서 및 문자와 소승과 대승과 십이 부의 경전이 다 사람으로 말미암아 있게 되었나니, 지혜의 성품으로 말미암아 능히 세운 것이니라.
　　만약 나我가 없다면 지혜로운 사람과 일체 만법이 본래 없을 것이니, 그러므로 알라. 만법이 본래 사람으로 말미암아 일어난 것이요, 일체 경서가 사람으로 인하여 있는 것이니라.

강의 불교는 인본주의적인 가르침입니다. 경전에 보면, 사람으로 말미암아서 경전도 있게 되고, 중생이 있기 때문에 부처님도 있는 것이라고 합니다. 중생들의 고통을 제거하고 즐거움을 주기 위해서 부처님이 있는 것이지, 부처님을 위해서 우리가 있는 게 아니라는 겁니다. 내가 있기 때문에 만법이 있는 것입니다. 불교는 그야말로 철저한 자본주의自本主義입니다. 스스로 자自자, 근본 본本자, 자기야말로 자신의 주인입니다. 자기를 잘 다룰 때 얻기 힘든 주인을 얻은 것입니다. 돈이나 신, 경전, 불보살님 등 모든 것들이 나의 연緣으로 작용할 뿐이고, 근본적인 원인, 인因은 나의 마음가짐입니다. 불교의 인연설은 주관과 객관을 모두 인정하되 그것을 적재적소에 잘 쓰라는 것입니다.

사람이 신이나 돈이나 경전이나 부처님을 위해서 존재하는 게 아니고, 이 모든 것이 사람을 위해서 존재하는 것입니다. 사람의 몸으로도 잘 닦으면 신의 스승까지도 될 수 있다고 하는 것입니다. 중세 유럽은 신이 근본이고 인간은 단지 신의 종에 불과한 신본주의神本主義 시대라고 할 수 있습니다. 또 산업이 발달하면서 자본주의資本主義 시대, 재물이 근본이고 인간이 재물의 종노릇을 하는 시대입니다. 이제 점점 발달해서 인본주의人本主義 시대가 마침내 열렸습니다. 그런데 사람이 근본이라고 해서 자연이나 생물을 무분별하게 없애서는 안 됩니다. 인본주의에서 한 걸음 더 나아가서 생본주의生本主義, 생명이 근본인 시대가 열리고 있습니다. 그러다 보면 결국은 본마음 참나가 근본인 시대가 열린다는 겁니다. 과학이 발달할수록 불교의 시대, 사람이 근본인 시대, 마음이 근본인 시대가 열리고 있는 것이지요.

모든 삼세의 부처님과 12부의 경전들이 사람의 성품 가운데 본래 갖추어져 있다는 내용이 나왔습니다. 이 모든 것들이 성품에서 나왔다는 소리입니다. 『원각경』에 보면 무변허공無邊虛空이 각소현발覺所顯發이라는 표현이 있습니다. 무변無邊, 가없는, 끝이 없다는 뜻입니다. 무변허공이 각覺에서 드러난 것이라는 뜻입니다. 허공조차 깨달음에서 나왔다는 것입니다. 우주 속에 깨달음이 있는 것이 아니고, 깨달음 속에 우주가 있다는 말입니다. 그래서 그것을 원각圓覺이라고도 하고 본각本覺이라고도 하고 대각大覺이라고도 하고 묘각妙覺이라고도 합니다. 그것을 육조단경에서는 자성, 불성, 성품이라고 표현하는 겁니다. 요새 말로 조금 풀어서 말씀드리자면 본마음 참나라고 하는 것이지요.

우주 속에 본마음 참나가 있는 것이 아니고 본마음 참나 속에 우주가 들어있다, 본마음 참나에서 우주가 나왔다, 심지어는 삼세의 모든 부처님과 모든 경전이 다 본마음 참나 속에 본래 갖춰져 있다는 것입니다. 우리가 본래 대각 자리에서 나왔지만 아직 자성을 깨닫지 못하였다면 모름지기 선지식의 지도를 받아서 자성을 봐야 한다는 말입니다. 고향을 떠난 지가 오래 되다 보니까 내 고향이 원래 어딘지를 잊어버렸습니다. 본마음 참나 자리가 고향인데, 고향을 잊어버리고 헤매는 나그네 신세입니다.

사람 가운데는 어리석은 이도 있고 지혜로운 이도 있기 때문에 어리석으면 작은 사람이 되고 지혜로우면 큰 사람이 되느니라.

참의 불교에서는 사람을 어리석은 이와 지혜로운 이로 분류합니다. 어렸을 때, 또는 어린아이들한테 "착하게 살아라. 착하게 살아야 된다."는 말을 많이 합니다. 그런데 어떻게 사는 것이 정말 착하게 사는 것입니까? 매일 양보하고 맨날 참고 사는 것이 착하게 사는 것인지요? 아이들한테 착하게 살라고 하면서도, 막상 아이가 밖에서 다른 아이에게 맞고 들어오면 기분이 나쁩니다. 맞고 다니지 말라고 태권도를 가르쳤더니, 다른 아이들을 때리고 다니니까 또 안 좋습니다.

사실 착하다는 것은 굉장히 애매모호한 기준입니다. "오사마 빈 라덴이 착한 사람입니까, 악한 사람입니까?" 하고 물어본다면 미국 측 입장에서는 악의 표준이라고 얘기하겠죠. 어느 방송에서 보니 악마의 화신이라고 하더군요. 그러나 같은 편에서는 대단한 영웅입니다. 사람은 누구나 자기 입장에서 자기에게 이익이 되면 착하다 하고 자기에게 손해가 되면 악하다고 합니다. 우리가 어렸을 때만 해도 반공 도덕 시간이 있어서 북한을 아주 안 좋게 봤습니다. 그러나 지금은 소통하고 서로가 인정해주는 시대가 열렸습니다. 하지만 다시 또 언제 적대관계로 돌아설지 알 수 없습니다. 그래서 이 모든 것은 다 객관적 기준이 없는 것이고, 지혜와 어리석음의 문제일 뿐이라고 말씀드릴 수 있습니다.

미혹한 사람은 지혜로운 이에게 묻고 지혜로운 사람은 어리석은 사람에게 법을 설하여 어리석은 이로 하여금 깨우쳐서 알고 마음이 열리게 하나니, 미혹한 사람이 만약 깨달아서 마음이 열리면 큰 지혜 가진 사람과 차별이 없느니라. 그러므로 알라. 깨닫지 못하면 부처가 곧 중생이요, 한 생각 깨달으면 중생이 바로 부처니라. 일체 만법이 다 자기의 몸과 마음에 있음을 알아야 하느니라. 어찌하여 자기의 마음을 쫓아서 진여의 본성을 단박에 나타내지를 못하는가?

『보살계경』에 말씀하기를 '나의 본래 근원인 자성이 청정하다'고 하였나니, 마음을 알아 성품을 보면 스스로 불도佛道를 성취하는 것이니, 당장 활연히 깨달아서 본마음을 도로 찾아야 하느니라."

―――

갚의 "죄는 미워해도 사람은 미워하지 말라."는 말이 있습니다. 이 말도 역시 이러한 입각처에서 봐야 가능하지, 만약에 저 놈이 아주 나쁜 놈이라서 저런 죄를 지었다고 하면 죄인이 안 미워질 수가 없습니다. 그러나 저 놈이 어리석은 놈이라서 저런 죄를 지었다고 하면 거기에 자비심이 깃들 여지가 있는 것입니다. 그 사람이 악한 사람이라서 악업을 행하는 게 아니고, 어리석어서, 궁극적으로 자기 자신에게 얼마나 마이너스가 되는지 잘 몰라서 악한 행위를 한다는 겁니다. 이렇게 봐야 저 어리석은 놈, 미련한 놈을 어떻게 지혜를 알려줘서 악업의 구렁텅이에 빠지지 않게 할 수 있을까, 하는 자비심이 깃드는 것입니다. '저 놈은 악마의 화신이야, 악당이야' 라고 하면 자비가 깃들 여지가 없습니다. 그러면 선한 사람은 왜 선하냐? 지혜롭기 때문에 궁극적으로는 선한 겁니다. 베풀면서 마음이 넉넉하고 푸근하고 선하게 사는 것이 궁극적으로 자기 자신에게 플러스가 된다는 것을 알고 있는 사람이 진짜 선인입니다.

그래서 육조단경에서는 "미혹한 사람은 지혜 있는 이에게 묻고, 또 지혜 있는 사람은 어리석은 사람을 향해서 법을 설하여서 마음이 열리게 한다."고 말씀하신 것입니다. 어떤 사람이 미혹한 사람이냐? 밖에서 찾는 사람이 미혹한 사람입니다. 나의 행복, 나의 성공, 나의 불행의 원인을 다 밖에서 찾는 사람이 미혹한 사람입니다.

몇 년 전에 거지 성자로 유명한 독일의 페터 노이야르가 국사암에 와서 하룻밤 자고 갔습니다. 그 때 많은 이야기를 나누었는데 이 사람은 삼무주의三無主義, 집 없이 돈 없이 여자 없이 사는 분입니다. 일정한 주택도 없고 가진 돈도 없고 그러다 보니 당연히 결혼도 안 하고 그저 나무 밑이나 캠퍼스 도서관 같은 데에서 기거합니다. 또 먹는 것은 유통기한이 지난 빵이나 과일을 얻어먹으면서 살고 있습니다. 그와 함께 1박 2일 동안 대화도 나누고 밥도 먹으면서 보니까, 이 사람만큼 눈이 맑고 평화롭고 행복이 충만한 사람이 없더라고요. 도대체 아무 것도 없이 사는 사람이 저렇게 행복할 수가 있을까? 그 사람이 그 표본을 보여주었습니다.

우리는 큰 집이 있고, 돈이 많이 있고, 또 아주 아리따운 여인과 있어야 행복하다고 행복의 조건을 밖에서 찾지만, 사실은 그런 것이 필수조건은 아니라는 겁니다. 연緣은 될 수 있을지언정 인因은 아니라는 겁니다. 인因은 나의 마음가짐, 가치관의 충만함에 있는 것이고, 집이니 돈이니 이성이니 하는 것은 하나의 연緣에 해당된다는 것입니다. 이렇게 인과 연의 이치에 대해서 통달해야 더 이상 밖에서 주인을 찾지 않게 됩니다.

9

―― 스스로 깨닫지 못하는 이는
큰 선지식을 찾아서 성품을 보라 ――

"선지식들이여, 나는 홍인 화상의 처소에서 한 번 듣고 언하에 크게 깨달아 진여의 본래 성품을 단박에 보았느니라. 그러므로 이 가르침의 법을 후대에 유통시켜 도를 배우는 이로 하여금 보리를 단박에 깨달아서 각기 스스로 마음을 관찰하여 자기의 본성을 단박 깨닫게 하는 것이니라.

―――

강의 선禪에서는 언하 대오의 소식을 굉장히 중요하게 생각합니다. 홍인 화상과 대화하고, 또는『금강경』독송하는 것을 듣다가, 또는 선지식과의 만남을 통해서 언하 대오한다는 것입니다. 참선이라는 것은 혼자서 틀고 앉아 있는 것도 필요하지만, 진정으로 중요한 것은 선지식과의 만남입니다. 선지식과의 만남을 통해서 언하 대오가 가능해지기 때문입니다.

한편 진여의 성품을 단박에 보았고, 자기의 본성을 돈오케 한다는 등 '단박에 깨닫는다'는 뜻의 '돈오'라는 말이 거듭해서 나옵니다. 우리의 몸과 마음은 시시각각으로 변화합니다. 고정된 실체가 없습니다. 그래서 그 몸이나 마음을 가지고 승부를 겨루려고 하는 것은 마치 허깨비와 승부를 겨루는 것과 마찬가지라서 그 끝을 알 수가 없습니다. 결국 중요한 것은 본성을 보아야 한다는 겁니다. 그것이 바로 견성이고 돈오입니다. 그래서 견성은 단박에 하는 것입니다. 성품을 보는 그 자체는 몸을 닦고 마음을 닦는 것과는 다른 차원의 일입니다.

그래서 6조 스님이 5조 홍인 대사에게서 전법을 받을 때 게송이 유명한 것입니다. "몸과 마음을 열심히 부지런히 닦아서 때가 끼지 말게 하라."는 신수 대사의 게송에 6조 스님이 "몸이니 마음이니 하는 것은 실체가 없는 거야, 어디에 때가 끼겠어."라는 게송으로 댓귀를 달았습니다.

6조 스님의 말씀처럼 성품은 닦는 것이 아니고 보는 것이기 때문에 돈오가 가능한 것입니다. 만약 닦아야 하는 것이라면 단박에 이루어질 수가 없습니다. 꾸준히 오랫동안 닦아야 되는 겁니다. 몸은 당연히 닦아야 됩니다. 꾸준히 하루에 두세 시간씩 운동해주거나 적당히 먹고 적당히 움직여주고, 때때로 목욕도 시켜주어야 건강이 유지됩니다. 마음도 몸과 마찬가지로 꾸준히 수행해서 닦아줘야 자기의 마음을 자기가 어느 정도 다스릴 줄 아는 경지에 들어서게 됩니다. 그렇듯 몸과 마음은 닦아줘야 하는 것이지만 이 성품, 본마음 참나는 닦으려야 닦을 수 없는 자리입니다. 성품은 공한 것이기 때문에 닦는다는 말 자체가 성립이 안 됩니다. 공한 것을 어떻게 닦겠어요. 몸은 물질적 존재이고 마음은 정신적 존재입니다. 성품은 물질적 존재도 아니고 정신적 존재도 아닙니다. 자성, 본마음, 참나 이것은 몸과 마음의 존재를 존재케 하는 가능성, 순수 에너지라고 하는 것입니다. 불성은 부처가 될 수 있는 무한한 가능성입니다. 부처도 될 수 있는데 무엇인들 못 되겠습니까? 이것은 엄청난 희망의 소식입니다.

6조 혜능 스님께서는 이 성품을 열어 놓음으로써 언제 어디서나 누구나 단박에 자기의 성품만 보면 그대로 깨칠 수 있는 문을 열어 놓으신 것입니다. 그것이 다름 아닌 언하 대오, 말끝에 크게 깨치는 소식입니다. 6조 스님은 이런 예를 몸소 보여주시고 계십니다.

만약 능히 스스로 깨닫지 못하는 이는 모름지기 큰 선지식을 찾아서 지도를 받아 성품을 볼 것이니라.
어떤 것을 큰 선지식이라 하는가?

갚의 고정된 실체로서의 나가 없기 때문에 바로 지금 여기에서 나의 행위가 나가 된다고 하는 도리를 스스로 깨닫지 못한다면 큰 선지식을 찾아서 지도를 받아서 성품을 보아야 한다고 하였습니다. 육조단경에서는 물론 마하반야바라밀을 입으로 염하고 마음으로 행할 것을 강조합니다. 나아가 육조단경에서 가장 권하는 방법은 선지식을 잘 만나야 된다는 겁니다. 대선지식의 지도를 받아서 깨달음을 얻으라고 하였습니다.

참선 수행에서 가장 중요한 것은 뭐냐? 선지식을 잘 만나는 겁니다. 그래야 바른 길을 알아서 제대로 공부를 하게 되는 겁니다. 예를 들어서 부산으로 가야 되는데 신의주 쪽으로 열심히 가고 있으면 차라리 안 가느니만 못한 경우가 되는 것이죠. 그렇기 때문에 최상승법을 알아서 바른 길을 올바르게 가리켜주는 큰 선지식을 만나는 것이 중요합니다.

참선에서는 특별히 소의경전을 정해 놓지 않습니다. 선지식, 스승에게서 마음 법을 배우기 때문입니다. 2조 혜가 대사도 초조 달마 대사께 불안한 마음을 해결해달라고 하소연하자, 너의 불안한 마음을 내놓아 보라는 달마 대사의 가르침대로 마음을 찾아보았으나 찾지 못했지요. "너의 불안함을 내가 해소해주었다."라고 하는 것이 바로 선지식에게서 배우는 겁니다.

"저의 죄를 참회케 해주소서." "너의 죄를 내놓아 봐라." "아무리 찾아도 찾을 수 없습니다." "그렇다면 이미 참회가 되었다."

"저를 좀 해탈시켜 주십시오." "해탈? 누가 너를 언제 묶었느냐?" "아무도 묶은 적이 없습니다." "그런데 어째서 해탈을 구하느냐?"

이게 바로 참다운 선지식의 면모입니다. 직지인심直指人心, 곧바로 사람의 마음을 가리켜서 견성성불, 성품을 보아서 부처를 이루게 만드는 이분들이 바로 큰 선지식입니다. 우리가 수영을 하나 배워도 코치의 지도를 받는 사람은 빨리 배우고 혼자 배우는 사람은 늦게 배웁니다. 어학을 하나 하더라도 좋은 선생님 만나서 배우면 일취월장하게 됩니다. 혼자서 배우면 막막하죠. 등산도 그렇습니다. 필자가 히말라야 안나푸르나 트래킹을 간 적이 있는데 올라갈 적에는 가이드와 같이 갔다가 내려올 때에는 다른 코스로 혼자서 내려 왔습니다. 한참 내려오다 보니까 길이 끊겼어요. 정말 얼마나 막막한지. 그 때 가이드의 소중함이 절실하게 느껴지더군요. 이렇게 세간의 대수롭지 않은 일에서도 가이드가 참으로 소중한데 자기의 본 마음 참나 자리를 밝히는 공부를 하는 데 있어서 선지식이 얼마나 중요하겠습니까? 두 말할 나위가 없는 것이죠.

최상승법을 알아 바른 길을 곧바로 보이는 것이 바로 큰 선지식이며 또한 바로 큰 인연이니라.

이른바, 교화하고 지도하여 부처를 보게 하는 것이니, 모든 착한 법이 다 큰 선지식으로 말미암아 능히 일어나느니라.

갚의 최상승법이라는 것은 바로 대승 가운데 대승, 최고의 대승이라는 의미입니다. 대승은 소승에 비유한 말인데, 소승법과 대승법의 결정적인 차이는 무엇이겠습니까? 소승법은 나의 깨달음이 먼저입니다. 일단 나 혼자서 열심히 몸과 마음을 닦아서 나중에 해탈해서 그 때 가서 보자는 게 소승법입니다. 이에 비해 대승법은 자력과 타력을 같이 쓰는 것입니다. 불교는 자각의 종교이지 자력의 종교가 아닙니다. 소승법은 다분히 자력에 초점이 맞춰져 있는데, 대승법은 자타일시성불도입니다. 나와 남이 함께 성불하는 것이지 나만 먼저 성불해서 중생들을 제도하겠다는 것이 아닙니다. 나와 남이 함께 불도를 이루겠다고 서원하는 것입니다. 불보살님께 가피를 흠뻑 받아서 중생들에게 흠뻑 나눠주는 것이 바로 대승법입니다.

그런데 대승 가운데 대승이 최상승법입니다. 대승에서는 보살이라는 표현을 많이 씁니다. 산스크리트어로 보디사트바를 음사한 보살은 중생과 부처님의 다리 역할을 하시는 분입니다. 또한 보살에서 한 걸음 더 나아가서 부처, 행불이라는 표현을 씁니다. 최상승법에서는 '부처의 행을 수행한다.', '보살의 행을 닦는다.'는 말을 많이 씁니다. 왜냐하면 우리가 본래 부처이기 때문에 본래 부처임을 자각하고 써나가면 된다는 것입니다. 부처님은 이 세상에 우리를 부처로 만들려고 오신 것이 아니고 이미 부처임을 확인시켜주려고 오신 분입니다. 이게 바로 대승법의 설명입니다.

석가모니 부처님이나 6조 혜능 스님 같은 분들이 큰 선지식입니다. 그래서 이분들이 교화하실 때는 기라성 같은 제자들이 우후죽순 격으로 많이 나왔습니다. 부처님의 직계 제자인 16나한 가운데 한 분인 인계타 존자 같은 분은 전생에 박쥐였다고 합니다. 사람들이 동굴 안에 들어와 모닥불을 피어놓고 추위를 피하고 있었는데 마침 그 중의 한 분이 불경을 외웠습니다. 박쥐들은 천장에 거꾸로 매달려 있잖아요. 동굴 안에서 거꾸로 매달려 있다가 불경 소리를 들으니까 너무 좋은 거예요. 그 인연으로 죽어서 사람으로 태어나서 부처님의 제자가 되었고, 해탈한 아라한이 되었다는 겁니다. 이처럼 대선지식이 출현하면 박쥐같은 축생도 제도가 되고 인간, 미물 등 삼라만상의 모든 중생이 제도가 된다는 겁니다.

조선 시대에 환성지안喚醒志安 선사라는 큰스님이 계셨는데, 그 스님은 전생에 자벌레였다고 합니다. 그런데 영산회상에서 부처님의 낭랑한 음성을 스쳐들은 공덕으로 금생에 대선지식이 되어서 법문을 잘 하셨다고 합니다. 대선지식은 그만큼 중요합니다.

그러므로 삼세의 모든 부처와 십이 부의 경전들이 사람의 성품 가운데 본래부터 스스로 갖추어져 있다고 할지라도, 능히 자성을 깨닫지 못하면 모름지기 선지식의 지도를 받아서 성품을 볼지니라.

앎의 자기의 성품을 보아서 단박에 깨닫게 하는 것이야말로 최상승법입니다. 완벽하고자 만들어나가는 것이 아니고 원래 완벽함을 자각하는 것, 우리를 부처가 되게끔 만들려고 오신 게 아니라 이미 부처임을 확인시켜 주려고 부처님께서 오셨다는 것이 바로 최상승법입니다. 대선지식을 찾아서 성품을 볼 수 있도록 지도를 받는 것이 바로 참선의 수행법이라고 하였는데, 계속 그 내용을 강조하는 것입니다. 선지식의 지도를 받아서 성품을 보아야 됩니다.

우리가 부처님께 귀의하는데, 결국은 삼신불조차도 나에게 갖춰져 있다는 자각을 해야 합니다. 청정법신 비로자나불은 바로 나의 본마음 자리요, 원만보신 노사나불은 바로 나의 한 생각 일으킨 분별하는 마음자리요, 천백 억 화신 석가모니불은 바로 나의 이 몸뚱이, 물질자리인 것입니다. 그러나 이렇게 안다고 할지라도 스스로 깨닫지 못한다면 선지식의 지도를 받아서 자성을 보아야 합니다. 불·법·승 삼보가 다 선지식입니다. 부처님께서는 지금 이 순간에도 다 보고 계십니다. 그래서 올바른 마음가짐을 가지고 열심히 공부하는 사람은 불보살님께서 반드시 가피를 내려주십니다.

공부하는 사람이 진짜 바른 마음가짐으로 공부한다면 불보살님께서 생시에든 꿈속에든 방향을 제시해준다는 것을 체험했습니다. 조계사에서 새벽에 매일 아침마다 참회 발원을 하는 때였습니다. 하루는 대웅전에서 참회 발원을 하고 나오는데 갑자기 『능엄경』세 글자가 머릿속에 탁 각인이 되는 겁니다. 그 길로 바로 도서관에 가서 『능엄경』을 봤습니다. 그러면서 그 당시에 공부하면서 막혀 있던 부분이 툭 트였습니다. 그런 경험들이 한두 번이 아닙니다. 지금 가만히 돌이켜 생각해보니까, 불보살님께서 지켜봐 주시고 공부 길이 막혀있을 때에는 어떻게라도 힌트를 주어서라도 공부 길을 열어주시는구나 하는 확신이 생겼습니다. 그래서 선지식이 없다고 탓하지 말고, 내 마음이 아직 익지 않았기 때문에 선지식을 못 만났다고 생각해야 됩니다.

또는 『금강경』이나 『육조단경』도 큰 선지식입니다. 뒤에 가면, 『육조단경』 한 권만 잘 독파해도 성품을 볼 수 있다는 내용이 나옵니다. 또 『금강경』에도 잘 수지 독송하면 깨달음을 얻을 수 있다는 내용이 있습니다. 혹은 이미 성품을 보고 가르침을 주는 분들 역시 큰 선지식입니다. 이런 선지식은 사실은 사방팔방에 계십니다. 다만 내 마음의 눈이 아직 안 열렸기 때문에, 또 선지식을 알아볼 만한 눈이 없기 때문에 못 알아보는 것입니다.

만약 스스로 깨달은 이는 밖으로 선지식을 빌리지 않느니라. 밖으로 선지식을 구하여 해탈 얻기를 바란다면 옳지 않나니, 자기 마음속의 선지식을 알면 바로 해탈을 하느니라.

갚의 선지식의 지도를 받아서 자성을 보는 것이 중요한데, 이미 스스로 깨닫게 된 사람은 더 이상 밖으로 선지식에 의지하지 않는다고 하였습니다. 자기 마음속의 선지식을 알면 바로 해탈을 얻는다고 하였는데, 원문에 보면 자심내선지식自心內善知識이라, 자기 마음 안의 선지식이라는 표현이 있습니다. 누구나가 자기 마음속에 선지식을 갖추고 있다는 소리입니다.

이게 대단한 말씀입니다. 여행을 다녀도 자기가 미리 어느 정도 그 지역의 풍습과 생활, 언어를 알고 가서 보는 것과 전혀 모르고 가서 보는 것과는 엄청난 차이가 있습니다. 자기가 아는 만큼 보이는 겁니다. 마찬가지로 아무리 선지식이 밖에서 가르침을 주고자 할지라도 자기 깜냥밖에는 못 받아들입니다. 자기 마음속의 선지식을 찾기 전에는 대단한 선지식이 앞에 나타나도 마음의 문을 열기가 쉽지 않습니다.

부처님께서 2500년 전에 지금의 인도 땅에 오셔서 위대한 가르침을 펴셨지만 그 당시에도 역시 불교를 믿지 않는 사람도 많았다는 것이 바로 증거가 될 것입니다. 그래서 가장 중요한 것은 밖으로 선지식을 구하여 해탈을 얻는 것보다도 자기 마음속의 선지식을 알면 바로 해탈을 얻는다는 것입니다. 그럼 자기 마음속의 선지식은 어떤 것일까? 이것은 말 그대로 절대 긍정의 자리입니다.

필자가 초등학교 다닐 때 '썩은 사과'라는 이야기가 있었습니다. 그때 교과서에서 본 내용이 문득 기억이 나네요. 그 당시 그 지역의 최고 갑부가 식당에서 어떤 사람을 만났는데, 싱글벙글 기쁜 표정으로 썩은 사과를 한 꾸러미 갖고 있었습니다. 자초지종을 물어봤더니, 이 사람이 대답하길, "나는 아침에 소를 팔러 소를 끌고 나갔다가 지금 이 썩은 사과를 가지고 들어가게 되었다." "도대체 무슨 일이냐?" "소를 말로 바꾸고 말을 염소로 바꾸고 이런 식으로 계속 바꾸어서 결국은 썩은 사과로 바꾸어서 들어간다."고 말하는 겁니다.

"이제 들어가면 마누라한테 한 소리 듣겠네요."라고 했더니, "아니다. 우리 마누라는 내가 하는 일에 대해서 절대 긍정이다."라고 하는 겁니다. 그래서 내기를 했죠. 정말 그렇다면 내가 큰 거금을 주겠다. 집에 돌아가서 진짜 물어봤더니 마누라가 그럽니다. "내가 소를 가지고 나가서 노새로 바꾸었지." 하니까, "아이고, 잘 바꾸셨네요. 그렇잖아도 내가 노새를 타고 싶었어요." 그 다음에 "내가 노새를 염소로 바꾸었지." 하니까 "그렇잖아도 염소젖이 먹고 싶었는데 잘하셨어요."라고 하는 겁니다. 그렇게 해서 썩은 사과까지 갑니다. "그래서 썩은 사과로 바꾸었지." 하니까, "그렇잖아도 밭에 거름 줄 게 없어서 고민했는데, 썩은 사과를 잘 가지고 오셨습니다." 하는 겁니다. 이러한 절대 긍정의 자리야말로 본마음 자리입니다. 본마음 자리는 부정어를 처리하지 않습니다. 어둠은 없습니다. 빛의 부재가 있을 뿐!

"스스로 마음이 삿되고 미혹하여 망념으로 전도되면 밖의 선지식이 가르쳐 준다 하여도 스스로 깨닫지 못할 것이니, 마땅히 반야의 관조觀照를 일으켜 찰나 간에 망념이 다 없어지면 이것이 바로 자기의 참 선지식이며, 한번 깨달음에 곧 부처를 아느니라."

강의 선지식을 밖으로 찾아 헤매고, 하늘나라에서 진리를 구하는 것은 전도된 망상이라는 겁니다. 진리를 밖에서 구하는 자는 마침내 얻지 못할 것입니다. 왜냐하면 진리는 이미 내 마음속에 갖추어져 있기 때문입니다. 내 안에 갖추어져 있기 때문에 남이 설명해줘도 알아듣는 것이지 스스로가 갖추지 못한 경우에는 아무리 밖에서 선지식이 설명해주더라도 알아들을 수 없습니다. 이 세상에 수많은 성인이 출현하시지만 자기의 마음이 삿되

고 미혹하여서 망념으로 전도되면 깨닫지 못한다고 하였습니다.

옳지 않은 것을 옳다고 생각하고, 옳은 것을 옳지 않다고 생각하는 것이 바로 망념으로 전도된 것입니다. 그 중에 가장 큰 망념은 우리 몸뚱이, 우리 마음이 고정된 실체가 있다고 생각하는 것입니다. '이 몸과 마음이야말로 고정된 실체가 없다, 끊임없이 변화하고 있다.' 는 것을 받아들이는 것이 정견입니다. 이것이 바로 색즉시공입니다. 몸뚱이는 다 공한 것이다, 고정된 실체가 없다, 변하고 있다, 수상행식도 마찬가지라는 반야심경의 소리입니다. 고정된 실체가 없이 끊임없이 변하고 고정된 나가 없으니까 아무 것도 없는 것이냐? 허무주의냐? 대충 그냥 살아도 되냐? 그게 아닙니다. '색즉시공 공즉시색'입니다. 고정된 실체가 없기 때문에 바로 지금 여기에서 나의 행위가 나라는 것입니다. 그만큼 나에게 엄청난 책임과 권한이 같이 따른다는 소리입니다. 나의 모습, 나의 작품에 대한 책임과 권한을 내가 쥐고 있다는 겁니다. 내가 주인공이라는 소리입니다.

불교 공부 처음 하시는 분들이 많이 빠지는 함정 오류가 바로 여기에 있습니다. 색즉시공까지는 대충 알아듣는 것 같은데, 공즉시색의 도리를 파악 못하니까 허무주의나 이상주의, 현실을 떠나서 진리를 찾는 것입니다. 진리가 저 멀리 산 속, 선방, 토굴에 있는 줄 안다는 말입니다. 진리는 산 속에 있는 것도 아니고 토굴에 있는 것도 아니고 선방에 있는 것도 아닙니다. 자기 마음, 현실에 있다는 겁니다. 항상 바로 지금 여기에서 자기 마음을 잘 관조해서 살필 줄 알아 마음의 선지식을 찾아낸다면 이 사람이야말로 진짜 지혜로운 사람입니다.

"마땅히 반야의 관조를 일으켜 잠깐 사이에 망념이 다 없어지면 이것이 자기의 참 선지식이며 한 번 깨달으면 곧 부처를 안다."고 하였습니다. 그럼 반야의 관조를 어떻게 일으켜야 되느냐? 간단합니다. 첫째 마하반야바라밀을 염하고, 둘째 그 소리를 듣고, 셋째 듣는 성품을 돌이켜 듣는 것입니다. 이것이 바로 반야의 관조를 일으키는 방법입니다. 마하반야바라밀을 염송하는 게 첫째고, 두 번째 자기가 염하는 소리를 자기 스스로 들어야 됩니다. 자기가 염하는 소리를 자기가 듣고 있는 그 순간은 망념이 쉰 순간입니다. 그것이 바로 잠깐 사이에 망념이 다 없어진다는 뜻입니다. 듣는 데 초점을 맞추다 보니까 망념을 하려야 할 수 없는 것입니다. 만약에 허망한 다른 생각을 하고 있으면 그 순간에는 안 듣고 있는 겁니다. 못 듣는 겁니다. 이처럼 자기가 하는 소리를 자기가 듣고 있는 게 바로 망념을 쉬는 비결입니다.

다음에 그 듣는 성품을 돌이켜 듣는다고 했는데, 조금 고민을 해봐야 될 부분입니다. 소리를 듣고 있는 성품은 어떤 건가? 어떻게 생겼을까? 이렇게 돌이켜 듣는다는 겁니다. 이 성품, 자성·불성·본마음·참나라고 하는데 귀는 매개체 역할을 할 뿐 소리를 귀로 듣는 것이 아니라고 했죠. 소리를 겉으로 내서 '마하반야바라밀' 할 때는 귀로 듣는다고 칩시다. 그러나 속으로도 얼마든지 마하반야바라밀 할 수 있습니다. 잠자면서도 할 수 있고 꿈속에서도 할 수 있어요. 그러면 그 때는 소리를 어떻게 듣습니까? 귀로 듣는 게 아니고 성품으로 듣는 것입니다. 보고 듣고 하는 것은 본래 다 성품 자리에서 하는 겁니다.

우리가 보통 내 마음이 어떻다 할 때 그 마음은 성품이 아니고 분별심을 말합니다. 분별심은 할 줄 아는 게 딱 한 가지가 있어요. 나다 남이다, 옳다 그르다, 맞다 틀리다, 선이다 악이다, 이익이다 손해다 시비하는 것이 바로 분별심이 지닌 유일한 능력입니다. 그런데 그 분별심을 자기 마음인 줄 착각하는 사람이 많다는 겁니다. 그 분별심은 내 마음이 아닙니다. 그것은 거짓마음이고 도둑마음이고 가짜마음입니다. 일단 그것을 명확히 알아야 됩니다. 그 분별심을 내 마음으로 알고 있는 사람은 도적을 자기 자식인 줄 알고 있는 것과 똑같다고 경전에 분명히 나옵니다. 그래서 그 마음을 얼른 쉬어야 하는데 그 비결이 바로 마하반야바라밀을 염하고, 소리를 듣고, 그 소리를 듣는 성품을 돌이켜 듣는 것입니다. 자성 자리를 보면 그 자리가 바로 견성이고, 그 자리가 바로 부처님을 알게 되는 자리입니다.

"자성自性의 마음자리가 지혜로써 관조하여 안팎으로 밝게 사무치면 자기의 본마음을 알게 되느니라. 만약 본마음을 알면 곧바로 해탈이며, 이미 해탈을 얻으면 곧 반야삼매이며, 반야삼매를 깨달으면 곧바로 무념이니라."

갔의 어떻게 하는 게 안팎이 사무쳐 밝은 것인지 궁금하시죠? 바로 마하반야바라밀을 염하면서 밖으로 나간 소리를 다시 안으로 챙겨서 듣는 것이 안팎으로 사무쳐 밝은 내외명철입니다. 마하반야바라밀을 염하고 있는 이 소리를 듣는 바로 이 당체, 본마음을 알면 곧바로 해탈입니다. 내 몸뚱이, 또 내 마음이 나인 줄 알았는데 본마음을 알고 보니까 몸뚱이가 보고 듣고 하는 게 아니고 본마음이 보고 듣고 하는 것을 안 겁니다. 그것을 확연하게 알게 되었기 때문에 이 몸과 마음의 구속에서 벗어나 해탈한다고 하는 것입니다. 지금까지 가지고 있던 '몸뚱이가 나다, 내 마음이 나다.' 하는 고정관념에서 벗어나게 되니까 무아無我를 체험하게 됩니다. 나라고 할 만한 것이 없음을 알게 되어 해탈을 얻으면 그것이 곧 반야삼매, 지혜의 삼매에 들어가는 것입니다.

'나'라는 고정된 실체가 없기 때문에 바로 지금 여기에서 이 몸을, 이 마음을 어떻게 써주느냐 하는 것이 중요합니다. 만약에 몸이나 마음이 고정된 실체가 있다면 수행할 필요가 없는 것입니다. 이미 고정되어 있으면 수행해서 바뀔 여지가 없습니다. 그러나 융통성이 있고 바뀔 수가 있는 것이기 때문에 얼마든지 수행을 통해 바꿀 수 있습니다. 정말 중요한 것은 몸과 마음을 어떻게 쓰느냐 하는 것입니다. 거듭 말씀드리지만, 이 몸과 마음을 가지고 보살행을 하면 보살이 되고 부처행을 하면 부처가 되고 축생의 행위를 하면 축생이 되는 겁니다. 반야삼매를 깨달으면 무념이라 하였습니다. 무념이라는 것은 잡념이 없는 겁니다. 무엇을 하든 거기에 몰두할 뿐이지 더 이상 다른 여념이 없는 것입니다.

어떤 것을 무념이라고 하는가? 무념법이란 모든 법을 보되 모든 법에 집착하지 않으며, 모든 곳에 두루 하되 모든 곳에 집착하지 않는 것이다. 항상 자기의 성품을 깨끗이 하여 여섯 도적色聲香味觸法들로 하여금 여섯 문眼耳鼻舌身意으로 달려 나가게 하나 육진六塵 속을 떠나지도 않고 물들지도 않아서 오고감에 자유로운 것이니, 이것이 곧 반야삼매이며 자재해탈로서 무념행이라고 이름 하느니라.

갖의 생각이 없는 것이 아니라 잡념이 없는 것, 밥 먹을 땐 밥 먹을 뿐, 잠잘 땐 잠잘 뿐인 것이 무념이라고 하자, 어떤 분이 그런 질문을 하더군요. "그러면 싸울 땐 싸울 뿐입니까?" 물론 맞는 말씀입니다. 그런데 그 의미를 정확히 알아야 됩니다. 이 세상을 살아나가다 보면 당연히 싸울 일도 생깁니다. 그 때에 무조건 피해갈 것도 아니고, 때로는 싸워야 할 때도 있습니다. 그러나 내가 내 성질을 못 이겨서 화내는 것은 '싸울 뿐'이 아닙니다. 그것은 찌꺼기가 남습니다. 일단 내 마음을 가라앉히고 평정심을 찾은 상태에서 언쟁을 해야 오히려 언쟁에서도 이길 수 있고 또 언쟁이 끝나고 나서도 찌꺼기가 안 남는 겁니다. 아이들을 야단칠 때도 마찬가지입니다. 막 성질이 나서 야단을 치면 반드시 찌꺼기가 남습니다. 아이에게도 충격을 주게 됩니다. 그러나 내 마음이 평정을 찾은 상태에서 차분하게 알아듣기 좋게 야단치면 아이들도 오히려 더 잘 알아듣고 찌꺼기가 안 남습니다. 그래서 '싸울 땐 싸울 뿐, 야단칠 땐 야단칠 뿐' 이것도 다 무념행입니다.

무념행은 어려운 것 같지만 또 어떻게 보면 굉장히 쉬운 것입니다. 바로 본마음 참나에 입각해서 하는 행위가 다 무념행입니다. 내 욕심, 성냄, 어리석음이 개입되지 않은, 본마음 참나 자리, 분별심이 쉰 자리에서 하는 것이 바로 무념행입니다. 열심히 살되 애착하지 않는 것이 바로 무념행에서 나옵니다. 그렇게 하려면 발원을 잘 세워야 되고, 마하반야바라밀법을 입으로 염하고 마음으로 행하는 연습을 계속 하면 가능하다는 겁니다. 그래서 이 무념행이야말로 육조단경에서도 가장 권장하는 행입니다.

무념행이라는 것은 불리불염不離不染, 떠나지도 않고 오염되지도 않는 것입니다. 진흙 속에 뿌리를 박고 있으면서도 물 위로 아주 수려한 꽃을 피우는 연꽃은 불리불염의 대명사입니다. 여의지도 않고 떠나지도 않으면서도 오염되지도 않는 것이 바로 마하반야입니다. 커다란 지혜의 성품은 중생을 떠나는 것도 아니고 그렇다고 해서 중생에게 오염되는 것도 아닙니다. 중생 제도를 하러 왔다가 역으로 제도를 당하는 수가 있는데, 그것이 바로 오염되는 겁니다. 성품 자리를 온전히 보지 못하고 제도를 하려고 들다가는 잘못 하면 오히려 제도를 당하는 수가 있습니다.

　온갖 사물을 생각하지 않음으로써 항상 생각이 끊어지도록 하지 말라. 이는 곧 법에 묶임法縛이니 곧 치우친 견해邊見이라고 하느니라.
　무념법을 깨달은 이는 만법에 다 통달하고, 무념법을 깨달은 이는 모든 부처의 경계를 보며, 무념의 돈법을 깨달은 이는 부처의 지위에 이르니라."

　앞의 무념이다 무상이다 무심이다 무아다 하면 없을 무자에 집착해서 생각이 끊어지도록 하는 게 무념이라 생각하기가 쉬운데 그러지 말라는 겁니다. 그것도 역시 법의 속박이요, 한 쪽으로 치우친 견해입니다.
　불교에서 항상 강조하는 견해가 상견常見에 떨어져서도 안 되고, 단견斷見에 떨어져서도 안 된다, 유와 무를 초월해서 중도의 길을 가라고 합니다. 중도는 공이라고 표현하였습니다. 항상 있다고 하는 유에 떨어진 경계가 상견입니다. 완전히 없다고 하는 무에 떨어진 경계가 단견입니다.
　어쨌든 아무 생각이 없도록 억지로 생각을 끊으려고 할 필요가 없다는 것입니다. 그것은 단멸론, 단견에 떨어지는 겁니다. 만약에 수행의 목표가 무념인데, 무념이 만약에 아무 생각 없이 끊는 거라면 그것은 목석을 만드는 것과 똑 같습니다.

　유명한 파자소암婆者燒庵의 화두가 있습니다. 한 노파가 어떤 수행자를 봉양했습니다. 초막 암자를 지어서 10년을 봉양했는데, 하루는 이 스님이 얼마나 공부가 되었는지 시험하려고 자기의 젊고 어여쁜 딸을 시켰습니다. "스님한테 가서 스님 무릎 위에 올라앉아, 이럴 때는 어떠십니까? 하고 한 번 여쭈어 봐라."고 했답니다. 딸이 어머니가 시키는 대로 가서 했더니, 스님이 하시는 말씀이 "고목나무에 와서 앉은 것 같아서 아무 소식이 없다, 아무 느낌이 없다."는 식으로 답변했습니다.

　그 말을 전해들은 노파가 그 길로 스님을 쫓아내고 암자를 불질렀다고 합니다. "내가 지금까지 쓸 데 없는 시봉을 했구나. 진정한 공부인을 만들지 못했구나."라고 탄식하면서 말입니다. 그럼 진정한 공부인이라면 어떻게 했을까? 그 스님과 같은 선을 고목선이라고 합니다. 아무 느낌이 없는 선, 다시 말해서 생각이 끊어진 것, 단멸론, 단견에 치우친 선입니다. 그렇지 않으면 어떻게 해야 되느냐? 생각이 끊어질 수는 없습니다. "훈풍이 방향을 잘못 찾아왔구나."라고 해야 하지 않을까요? 따뜻하고 아름다운 여인에게 적당한 상대를 찾아가라고 해야지, '나는 전혀 느낌도 없다, 나는 고목나무다, 나는 아무 생각이 없다'고 하면 단멸론에 떨어져 버립니다. 당연히 좋고 나쁜 분별심은 쉬어야겠지만, 분별력마저 사라져서는 안 된다고 하는 것입니다.

　이처럼 무념법은 아무 생각 없이 끊어진 게 아니라, 다 보고 듣고 느끼되 거기에 오염되지 않는 것, 묶이지 않는 것을 얘기하는 겁니다. 예를 들어서 이 몸뚱이, 이 마음은 항상 있는 것도 아니고 없는 것도 아닙니다. 없어졌다가 다시 연 따라 나투고 연 따라 왔다가 연 따라 사라지는 존재입니다. 그래서 만법에 통달하되 거기에 애착하지 않는 것, 다시 말해서 따뜻한 마음으로 이 세상을 열심히 살아가되 애착하지 않는 것이 바로 무념법입니다.

"선지식들이여, 뒷세상에 나의 법을 얻는 이는 항상 나의 법신이 그 좌우를 떠나지 않음을 보리라. 선지식들이여, 이 돈교의 법문을 가지고 같이 보고 같이 행하여 발원하고 받아 지니되 부처님 섬기듯이 하고 종신토록 받아 지녀 물러나지 않는 사람은 성인의 지위에 들어가고자 함이 된다.

앞의 삼신불(法身, 報身, 化身)에서 법신은 본마음 참나 자리, 보신은 마음 자리, 화신은 몸 자리를 이야기합니다. 결국은 보신이나 화신이 다 법신에서 나온 것입니다. 법신, 이 본마음 참나가 항상 좌우를 떠나지 않는다는 것은 당연한 말입니다. 이 법을 깨달은 이는, 이 무념법을 얻은 이는 바로 본마음 참나 자리, 성품 자리에 입각해서 세상을 살기 때문입니다. 내 몸뚱이 내 마음을 꼭 붙잡아놓고 사는 게 아니라 바로 지금 여기에서 나의 행위가 나라는 것을 알기 때문에 더 열심히 사는 것입니다. 또한 끊임없이 변화한다는 걸 터득하고 있기 때문에 열심히 살되 머무르지 않습니다. 그것이 바로 법신이 좌우를 떠나지 않는다는 겁니다.

공부를 열심히 하면 항상 성품에 초점을 맞춘 삶을 살게 됩니다. 원을 세우고 마하반야바라밀을 구념심행口念心行하는 것이 바로 성품에 초점을 맞춘 삶을 사는 것입니다. 이 성품자리는 본래 완벽한 것이고 한 번도 오염된 적이 없기 때문에 닦을 것이 없기에 단박에 깨닫는 돈교의 법문입니다. 100달러짜리 지폐는 구겨져도 100달러입니다. 슈퍼마켓에 가서 물건을 살 때 새 돈 만 원짜리를 내든 헌 돈 만 원짜리를 내든 만 원의 가치는 똑같다는 겁니다. 비록 우리 몸과 마음이 헌 돈처럼 구겨지고 오염된 것처럼 보여도 우리가 가지고 있는 불성의 가치, 참주인공의 가치, 대자유인으로서의 가치는 한 번도 허물어진 적이 없습니다.

"이 돈교의 법문을 부처님 섬기듯이 종신토록 받아 지녀 물러나지 않는 사람은 성인의 지위에 들어가게 된다."고 했습니다. 앉으나 서나 '마하반야바라밀', 오나가나 '마하반야바라밀', 자나 깨나 '마하반야바라밀', 죽으나 사나 '마하반야바라밀' 하고 외면서 그 소리를 듣고, 그 소리를 듣는 성품을 돌이켜 들으면 성인이 됩니다.

요즘 공신이란 말이 있답니다. 공부의 신이라고 해서 공부를 잘하는 비결을 가르쳐주는 사람이 바로 공신이랍니다. 공신이 말하는 공부를 잘하는 비결 중에 제일 중요한 두 가지가 있는데, 첫째 반복학습입니다. 한 번 들은 것은 여섯 시간인가 지나면 다 잊어버린대요. 그러니까 시간이 지나기 전에 다시 반복하고 또 반복해야 한답니다. 다음에 두 번째는 잠자기 전 20분, 잠 깬 후 20분에 공부하면 다른 시간에 공부하는 것의 몇 배 이상의 효과를 얻을 수 있다고 합니다. 공신의 노하우, 첫째 반복학습, 둘째 잠자기 전 20분 잠 깬 후 20분입니다.

반복학습은 그저 앉으나 서나 오나가나 자나 깨나 죽으나 사나 마하반야바라밀을 입으로 염하고 그 소리를 듣는 것입니다. 특히 바빠서 못하는 사람은 잠자리에 들기 전에 누워서 해도 됩니다. 앉아서 하면 더 좋지만 피곤하면 누워서 잠자기 전에 20분 동안 마하반야바라밀을 외면서 잠이 들면 기가 막힙니다. 다음에 자다가 딱 깨었을 때 바로 마하반야바라밀을 20분간 염하면 좋고, 바쁜 분은 10분이라도 하십시오.

　실제로 해보면 잠자기 전에 공부하는 것이 숙달이 되면 자면서도 하게 됩니다. 그게 오매일여寤寐一如입니다. 자면서 공부하니까 얼마나 효율적입니까? 하루에 여덟 시간 자는 사람은 최소한 하루에 여덟 시간 참선하는 겁니다. 이 시간이 정말 중요합니다. 항상 강원이나 선방에서 반복학습의 중요성과 잠자기 직전이 중요하다는 것을 터득하고 있었는데, 공신의 노하우도 마찬가집니다. 꾸준한 반복학습과 더불어 잠자기 전 20분 잠 깬 후 20분, 포인트를 잡아서 공부하시기 바랍니다.

　그러나 전하고 받을 때에는 모름지기 예로부터 말없이 법을 부촉하여 큰 서원을 세우고 보리에서 물러나지 않으면 바로 모름지기 나누어준 것이니라.
　만약 견해가 같지 않거나 뜻과 서원이 없다면 곳곳마다 망령되게 선전하여 앞사람을 손상하게 하지 말지니, 끝내 이익이 없느니라. 만약 만나는 사람이 알아듣지 못하여 이 법문을 업신여기면 백겁만겁 천생토록 부처의 종자를 끊게 되느니라."

강의 　법신불 자리는 『금강경』의 사구게인 "약이색견아若以色見我 이음성구아以音聲求我 시인행사도是人行邪道 불능견여래不能見如來, 만약에 몸

뚱이로 나를 보고자 하거나 음성으로 나를 듣고자 하면 이 사람은 사도를 행하는 것이다. 여래를 볼 수 없으리라."는 자리입니다. 이것은 본마음 참나 자리의 부처님에 해당되는 얘기이고, 보신불은 마음으로 나투셨기 때문에 마음의 눈이 뜬 사람이나 기도를 열심히 잘 하다 보면 볼 수가 있습니다. 또한 화신불은 몸으로 나투신 부처님이기 때문에 누구나 볼 수 있습니다.

그래서 보화비진요망연報化非眞了妄緣, 보신불과 화신불은 참이 아니고 마침내 허망한 연이라고 한 것입니다. 법신청정광무변, 법신불은 청정해서 광대무변하다고 하였습니다. 물론 법신불이야말로 본마음 참나 자리입니다. 하지만 그렇다고 해서 보신불과 화신불을 무시해서도 안 됩니다. 화신불인 석가모니불이 없었다면 법신불과 보신불을 어떻게 알았으리요?

또한 전하고 받을 때에는 말없이 법을 부촉하여 큰 서원을 세운다는 말씀입니다. 그래서 선종의 전법은 이심전심, 마음에서 마음으로 전합니다. "말없이 법을 부촉하여서 큰 서원을 세우고 보리에서 물러나지 않았나니", 여기서 말하는 큰 서원이란 요즘 자주 말씀드린 '법륜을 굴리겠습니다.' 하는 것입니다. 나와 내 가족만을 위한 것은 욕심이고, 나와 남을 포괄하는 우리 모두를 위한 것을 서원이라고 합니다.

보살은 원력으로 태어났지만, 중생은 대부분 삼독이 있기 때문에 사바세계에 태어난 것입니다. 욕심은 일종의 습관적인 기운, habbit energy입니다. 나와 내 가족만을 위한 욕심을 좀 더 돌이켜서, 또는 좀 더 확장해서 '법륜을 굴리겠습니다.'라는 큰 서원을 세워놓고 꾸준히 공부를 하고, 대가를 바라지 않고 베풀면 최상이라는 겁니다.

그런데 견해가 다른 분도 있을 수 있습니다. "인간은 본래 불완전한 존재다, 돈오라는 것은 말도 안 되는 소리"라고 말씀하시는 분도 있습니다. 이처럼 돈법, 무념행, 마하반야바라밀법에 대해서 수긍이 안 간다고 해서 그것을 비방하거나 허물을 하지 말라는 소리입니다. 이 법문을 업신여기면 한두 사람 속이거나 죽이는 것보다 더 큰 엄청난 죄업이 됩니다. 불종자가 끊어진다는 것보다 가혹한 형벌이 없기 때문입니다. 그래서 육조단경을 부촉하는 데 있어서 견해가 같지 않고 자기의 뜻과 다르다고 해서 함부로 비방하지 말라고 하신 것입니다.

10

─ 모양을 여읜 게송을 설하다 ─

대사께서 말씀하셨다.

"선지식들이여, 나의 '모양을 여읜 게송(無相頌)'을 들어라. 너희 미혹한 사람들의 죄를 없앨 것이니 또한 '죄를 없애는 게송(滅罪頌)'이라고도 하느니라." 게송에 말씀하셨다.

어리석은 사람은 복은 닦고 도는 닦지 않으면서
복을 닦음이 곧 도라고 말한다.
보시 공양하는 복이 끝이 없으나
마음 속 삼업은 원래대로 남아 있다.

―――

깊의 모양을 여읜 게송, '무상송'을 6조 스님이 읊고 계신데 일명 '멸죄송'

죄를 소멸해주는 게송이라고도 합니다. 이것을 읊기만 해도 죄가 소멸된다는 겁니다. 지금까지 살아오면서 죄업이 많다고 생각하는 분들은 좋은 기회를 만났습니다. 읽기만 해도 마음이 편해지는 책, 읊기만 해도 죄가 소멸이 되는 게송, 얼마나 좋을까요? 그런 것이 실제로 있습니다.

"어리석은 사람은 복은 닦고 도는 닦지 않으면서 복을 닦는 것이 곧 도라고 말한다."고 했습니다. 복과 도는 다르다는 겁니다. 절에 다니면서 또는 어느 종교단체에 있으면서 수많은 보시를 하거나 또는 절을 짓거나 하는 데에 큰 헌금을 하면 굉장히 큰 복을 지었다고 합니다. 그런데 복을 짓는 것으로 끝나서는 안 되고 한 차원 더 나아가서 도를 닦고 도를 깨칠 수 있도록 해야 된다는 겁니다.

중국의 양 무제가 수많은 불사를 했습니다. 절을 짓고 경전을 배포하고 탑을 조성하고 수많은 스님을 출가할 수 있도록 지원했습니다. 달마 대사를 만났을 때, "제가 불사를 엄청나게 했는데 공덕이 얼마나 됩니까?" 하고 물었더니, 달마 대사가 "없다"고 했습니다. 서로 계합이 안 되었습니다. 왜 그런 일이 생겼느냐 하면, 양무제는 복은 지었을지언정 도 닦는 것과는 거리가 있었다는 겁니다. 진정한 공덕은 복이 아니라, 도라고 하는 것입니다.

복은 하늘로 쏜 화살과 같아서 힘이 다하면 다시 떨어져 내려오는 것과 같습니다. 한 마디로 말해서 복이라는 것은 좋은 꿈을 꾸려고 노력하는 겁니다. 내가 잘 먹고 잘 살고 몸과 마음이 편해지고 가족이 잘 되고 아이들이 잘 되기를 원하는 것은 모두 다 좋은 꿈을 꾸려고 하는 겁니다. 그런데 '좋은 꿈이든 나쁜 꿈이든 꿈은 꿈일 뿐이다, 꿈에서 깨어나는 것이 중요한 것'이라고 생각하고 꿈에서 깨어나는 도리를 공부하는 것이 바로 도입니다.

지금도 그저 아이가 시험에 합격하고 남편이 잘 되고 내 마음이 편해지는 것 때문에 절에 다니는 불자님들이 많습니다. 물론 살다보면 복덕이 필요합니다. 그러나 한 차원 더 올라가서 꿈을 깨려고 노력해야 됩니다. 그래서 『금강경』에서 "온 세상을 다 보배로 채워서 보시해도 『금강경』 사구게를 읽는 공덕보다 훨씬 못하다."고 누누이 강조하는 것입니다. 보시공덕은 복은 될지 몰라도 도는 아니라는 겁니다. 복 중에서 큰 복은 보시의 복이지만 몸과 입과 뜻으로 짓는 업은 그대로 있습니다. 결국 복을 짓는다고 해서 업장이 소멸되는 것은 아닙니다. 도를 닦아서 견성하면 업장이 소멸됩니다. 그래서 멸죄송이 나왔다고 말씀드릴 수 있습니다.

만약 복을 닦아 죄를 없애고자 하여도
후세에 복은 얻으나 죄는 어쩔 수 없느니라.
만약 마음속 죄의 인연 없앨 줄 안다면
저마다 자기 성품 속의 참된 참회이니라.

만약 대승의 참된 참회를 깨달으면
삿됨을 없애고 바름을 행하여 죄 없어지리.
도를 배우는 사람이 자성自性을 관찰하면
바로 깨달은 사람과 더불어 서로 같으니라.

―――

참의 다만 복을 기원하는 것을 기복신앙이라고 말하는데, 복을 기원할 줄만 알고 도를 닦을 줄 모르면 제대로 가는 길이 아닙니다. 물론 복이 필요합니다. 너무 박복한 중생은 사실 공부할 시간도 없습니다. 지구에 살고 있는 사람들의 숫자에 대비해서 볼 때, 불교에 입문해서 이 책을 읽으면서 공부하고 있는 분은 이미 로또 복권에 당첨된 거와 마찬가집니다. '그저 잘 먹고 부귀영화를 누리는 것이 잘 사는 것인 줄만 알았는데, 그것은 좋은 꿈 꾸려고 노력한 것이구나, 꿈속에 있는 한 좋은 꿈만 꿀 수는 없는 법, 진정으로 가야 할 길은 꿈을 깨야 하는 것이구나.' 하는 것만 알았다 해도 참 대단한 것입니다.

복은 얻을 수 있을지 몰라도 죄는 어쩔 수 없다고 했습니다. 죄업은 마음을 닦아야 없어지는 것이지 복을 닦는다고 사라지는 게 아니라는 겁니다. 심지어는 석존께서도 살아생전에 한 철 동안 말 먹이 보리를 잡수신 적이 있습니다. 본래 그 나라의 임금이 이번 하안거 한 철 동안 부처님과 제자들에게 공양을 올리겠다고 약속해서 다른 대신이나 백성은 공양을 올리지 못하게 했습니다. 그런데 이것을 시기 질투한 한 신하가 왕의 꿈을 풀이해주는 과정에서 "흉몽입니다. 지금부터 임금님께서 흉사를 피하기 위해서는 일체 아무도 만나지 말고 궁궐 속에 칩거해야 됩니다." 하고 꿈 풀이를 해줬습니다. 그래서 왕이 그 때부터 일체 면회도 안 하고 칩거하게 된 겁니다. 공양을 주기로 한 사람이 그렇게 되었으니, 다른 백성도 공양을 올릴 수가 없었습니다. 그래서 할 수 없이 그 나라에 장사하러 온 장사꾼이 가진 말 먹이 보리를 석 달 동안 드신 적이 있다고 합니다.

그 당시에 부처님과 제자들은 신통력이 자재했기 때문에 얼마든지 하늘로 날아서 다른 지방에 가서 탁발해서 드실 수 있었지만 석존께서는 만류를 하셨습니다. 왜냐하면 우리는 지금 그럴 수 있을지 몰라도 후대의 비구, 제자들은 그게 안 되는데 선례를 남겨서는 안 된다고 하시면서 말 먹이 보리를 먹게 된 연유를 설명해주셨답니다.

과거 전생에 부처님께서 수행할 때 많은 사람들이 수행을 잘하는 다른 수행자에게 찾아갔답니다. 거기에 질투심을 느껴서 "에이, 그 놈은 말 먹이 보리나 먹을 놈인데…" 하고 한 마디를 내뱉으신 거예요. 수행이 덜 되면 질투심을 느낍니다. 그런 그 말이 구업이 되어서 본인이 한 철 동안 말 먹이 보리를 잡수시게 되었다는 것입니다. 이렇게 모든 것을 다 알기 때문에 달게 그것을 받을 뿐입니다.

마음속에 죄의 인연을 없앨 줄 안다면 이것이야말로 성품 속의 진정한 참회입니다. 죄의 인연이란 이렇게 몸과 말과 뜻으로서 짓는 것이지만, 이 성품 자리에서 보자면 사실은 죄라는 것도 따로 있는 게 아닙니다. 만약 대승의 참된 참회를 깨달으면 삿됨을 없애고 바름을 행하여 죄가 없어진다고 하였습니다. 『천수경』에서도 "죄무자성종심기 심약멸시죄역망 죄망심멸양구공 시즉명위진참회, 죄라는 것은 스스로의 성품이 없어서 마음 따라 일어날 뿐이다. 마음이 만약에 소멸하면 죄 또한 없어진다. 죄도 없어지고 마음도 소멸해서 둘 다 공해지면, 이것이야말로 진정한 참회."라는 내용이 나옵니다.

진정한 참회라는 것은 '제가 죄인입니다.' 하는 것이 아니고 '죄라는 것이 본래 공한 것이구나. 죄인이라는 것도 본래는 없는 것이구나.' 하는 것을 깨닫는 것입니다. 문둥병에 걸린 3조 승찬 스님이 2조 혜가 스님에게 "저의 죄를 참회시켜 주십시오."라고 여쭙습니다. 2조께서 승찬 스님에게 "그래, 죄를 내놓아 봐라."고 합니다. 그 말을 듣고서 3조 스님이 죄를 참회하려고 내놓으려고 했더니 내놓을 게 없는 겁니다. 죄를 찾아봤지만 없었습니다. 죄라는 것은 마음 따라 일어나는 것인데 이 마음이 실체가 없는 겁니다. 죄도 당연히 실체가 없지요. 다만 죄의식만이 있을 뿐입니다. 죄의식에서 벗어나야 죄에서 벗어나는 겁니다. 그래서 불교에서의 참회는 궁극적으로 죄라는 것은 마음 따라 일어난 것이지 고정된 실체가 없는 것을 깨닫고 죄의식에서 벗어나야 함을 일깨워주고 있습니다.

도를 배우는 사람이 스스로 자성을 관찰하면 바로 깨달은 사람과 같습니다. 육조단경에서 항상 중요시여기는 것이 자성自性입니다. 사실은 이 몸이니 마음이니 하는 것은 다 허망한 것이고 고정된 실체가 없는 것이기 때문에 거기에다 나의 가치관의 기준을 세워놓으면 항상 흔들리게 되어 있습니다. 변화하는 것에 나의 말뚝을 매어놓으면 그 말뚝이 그대로 있겠습니까? 끌려 다니게 됩니다. 평소 "성불하십시오." 하고 인사를 하면서도 '금생에는 성불하기 어려울 것 같고 하여튼 언젠가는 성불하겠지' 하는 막연한 생각으로 인사를 하는 경우가 많습니다. 그래서 필자가 주장하는 것은 성불은 행불로부터 온다는 것입니다. 이 다음 생에 어떻게 태어날지 어떻게 압니까? 금생에 인간의 몸 받고 불법 만났을 때, 또 돈오법문, 무념법문, 마하반야바라밀법 만났을 때 정신 바짝 차려서 바로 지금 마음의 초점을 몸이 아닌, 마음이 아닌, 성품 자리에 맞춰 놓으면 바로 이 자리에서 깨달은 사람과 같다고 하는 것입니다.

왜냐하면 더 이상 밖에서 주인을 찾지 않고, 자기 스스로 자기의 주인공이 되는 공부이기 때문입니다. 바로 지금 여기에서 부처의 행을 수행한다고 하는 것이 바로 행불입니다. 행불이라 하면 낯선 표현일 수도 있습니다. 미래의 성불을 기약할 것이 아니고 바로 지금 여기에서 자신의 주인공이 되어서 완전 연소하는 삶이 바로 행불입니다.

대사(5조 대사)께서 단박의 가르침 전하심은
배우는 사람이 같은 한 몸 되기를 바라서니라.
만약 당장 본래의 몸을 찾고자 하면
삼독의 나쁜 인연 마음에서 씻어 없애라.

힘써 도를 닦되 한가로이 지내지 말라.
홀연히 한 세상 헛되이 끝나 버리리라.
만약 대승의 단박의 가르침 만났거든
정성껏 합장하고 지극한 마음으로 구하여라.

대사께서 법을 설하여 마치시니, 위사군과 관료와 스님들과 도사들과 속인들의 찬탄하는 말이 끊이지 않고 "예전에 듣지 못한 바이다."라고 하였다.

강의 5조 대사께서 단번에 깨닫는 돈교법문을 전하신 것은 배우는 사람이 같은 한 몸 되기를 바라서라고 했습니다. 몸과 마음은 꾸준히 닦아줘야 됩니다. 왜냐하면 이것은 수많은 생을 통해서 연습해 온 것이기 때문입니다. 욕심이 많은 사람이 있고 화를 잘 내는 사람이 있고 드문드문한 사람이 있습니다. 이것은 금생에만 연습한 게 아니라 전생 그 전생부터 연습해서 지금의 현재에 이르게 된 것입니다. 그래서 이 몸이니 마음이니 하는 것은

결코 단박에 닦아지는 것이 아닙니다. 꾸준히 원을 세우고 수행을 해서 닦아야 됩니다. 그러나 한 번도 오염된 적이 없는 성품, 자성, 불성, 본마음, 참나 자리는 닦을 필요가 없는 것입니다. 거기에 대해서 확신하고 써나가면 된다는 것이 돈교법문입니다. 이러한 수행을 불오염수不汚染修라고 하는데, 육조단경은 바로 불오염수를 가르치고 있는 것입니다.

돈교법문은 공空으로 향해서 가는 수행이 아니고, 공空으로부터 출발하는 수행입니다. 부처님께서 이 세상에 오시기 전까지는 공으로 향하는 수행을 할 수밖에 없었습니다. 그러나 부처님께서 이 세상에 오셔서 보살도를 전해주셨습니다. 그 전에는 보살도라는 개념보다는 수다원·사다함·아나함·아라한이라는 수행과정을 거쳤는데, 보살도가 출현하면서 보살로부터 시작하는 수행이 시작되었습니다. 그것이 바로 공으로부터 출발하는 수행입니다. 다시 말하면 우리는 본래 부처다, 본마음 자리는 공한 것이다, 공한 것은 오염되지 않는 본래청정자리라는 데에 확신을 가지고 하는 수행입니다. 그렇기 때문에 빠릅니다. 왜냐하면 공은 바로 지금 이 자리에서 언제든지 체험할 수 있는 것이기 때문에 언제 어디서나 누구나 가능한 수행입니다.

6조 스님은 앞에서도 말씀드렸듯이 참선을 대중화하신 분이십니다. 6조 스님이 오시기 전까지는 참선이라고 하면 '특이한 사람들이 특수한 시간에 특수한 장소에서' 하는 것인 줄 알았지요. 지금도 그렇게 알고 있는 분이 많습니다만, 6조 혜능 스님이 오심으로써 그 경계가 무너진 겁니다. 땅에 발을 딛고 있는 바로 지금 이 자리에서 자기의 본마음 자리에다 초점을 맞추면 그게 바로 선입니다. 본래의 몸, 본마음 참나 자리에 돌아오고자 한다면 삼독의 나쁜 인연을 마음에서 씻어버리면 됩니다. 마치 바다에서 파도가 일어났는데 파도가 쉬면 그대로 바다인 것처럼, 허공 중에 구름이 일어났는데 구름이 흩어지면 그대로 허공인 것처럼 굳이 본마음 참나를 찾으려고 할 것도 없고 그저 탐내고 성내고 어리석은 마음을 쉬는 공부를 하면 됩니다.

탐·진·치 삼독을 쉬는 제일 쉽고 편한 방법을 알려드리겠습니다. 한마디로 부처님께 맡겨버리는 겁니다. 부처님께 절을 한 번 할 때마다 탐심에 대해서 참회하고 성낸 것을 참회하고 어리석은 것을 참회하는 식으로 해서 하나씩 하나씩 내 마음속의 탐욕·성냄·어리석음을 부처님께 맡기면 됩니다. 버리라고 하면 잘 못 버리니까 은행에다 돈을 맡기는 것처럼 맡기라고 합니다. 왜냐하면 중생은 탐·진·치 삼독을 자기 것으로 알고 살기 때문입니다. 탐욕심 자체도 내 것이라 생각하고, 이것을 놓으면 못 살 줄 압니다. 자신이 가지고 있는 지식, 돈, 주변 사람을 다 놓아버리면 큰일 나는 줄 압니다. 그래서 나중에 필요하면 이자 붙여서 돌려줄 테니까 부처님께 잠시 맡기라고 얘기합니다.

단번에 깨닫는 대승법을 만났거든 지극한 마음으로 구하라고 하였습니다. 대승법이야말로 단번에 깨닫는 돈교법입니다. 우리가 본래 불성을 지니고 있다는 확신에서 시작하기 때문에 단번에 깨닫는 겁니다. 없는 것을 지금부터 만들어 가는 것이 아니라, 이미 가지고 있는 것을 확인만 하면 되기 때문입니다. 대승법은 공으로부터 출발하고, 완전함으로부터 출발하기 때문에 과정을 즐기는 수행입니다. 목적지를 세워놓고 가는 길, 오는 길 다 무시해버리고 목적지만 즐기는 것은 즐거운 여행이 아닙니다. 가는 길도 즐기고 오는 길도 즐기고 과정을 즐길 줄 알아야 수행을 꾸준히 할 수 있습니다. 기도를 하고 있는 이 순간, 좌선을 하고 있는 이 순간 더 이상 바랄 것이 없다, 최상이다, 고맙다는 마음가짐으로 기도도 하고 참선도 하라는 것입니다. 즐거운 수행에 즐거운 깨달음이 깃들어 있습니다.

三

법을 묻고 답하다

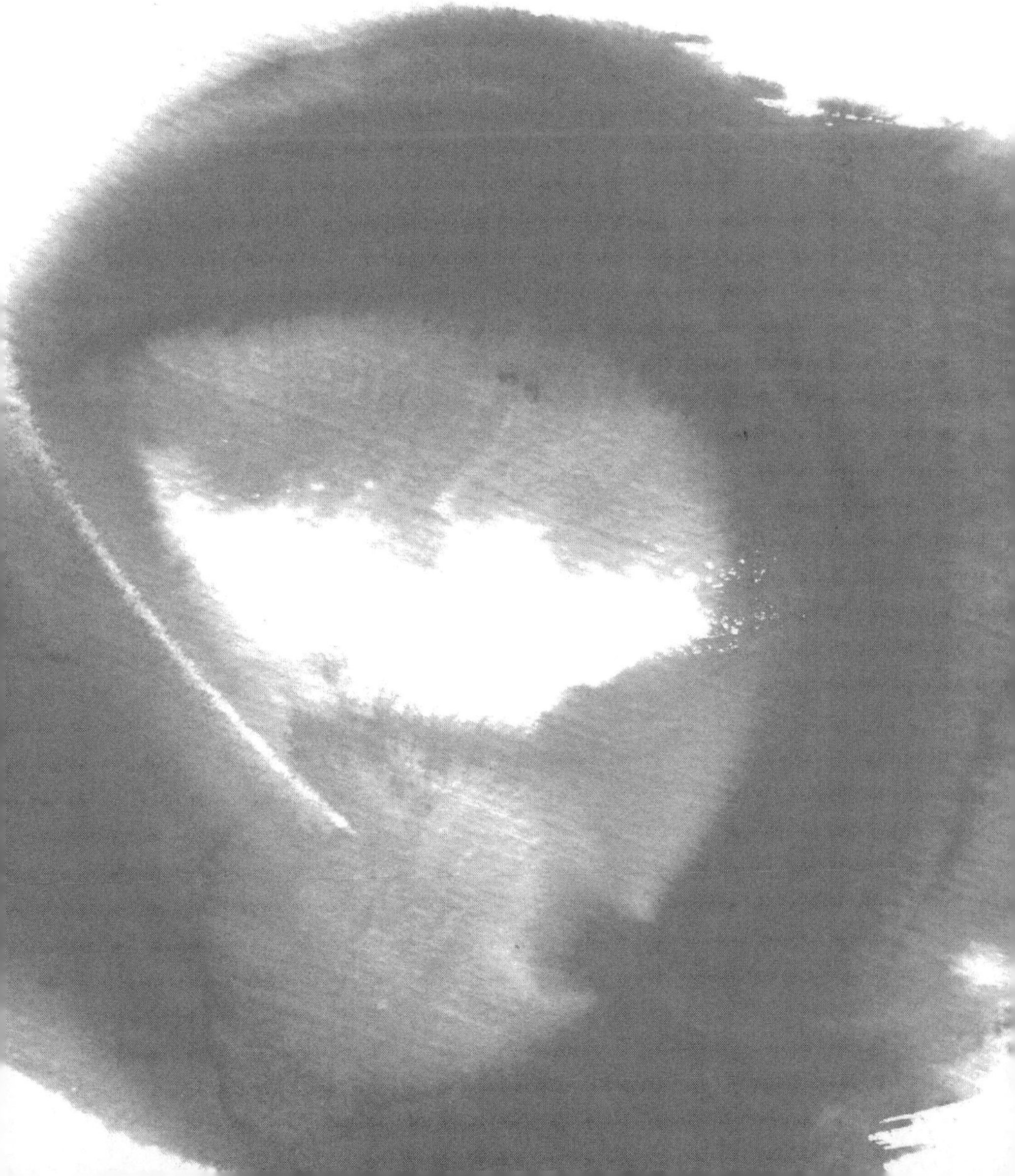

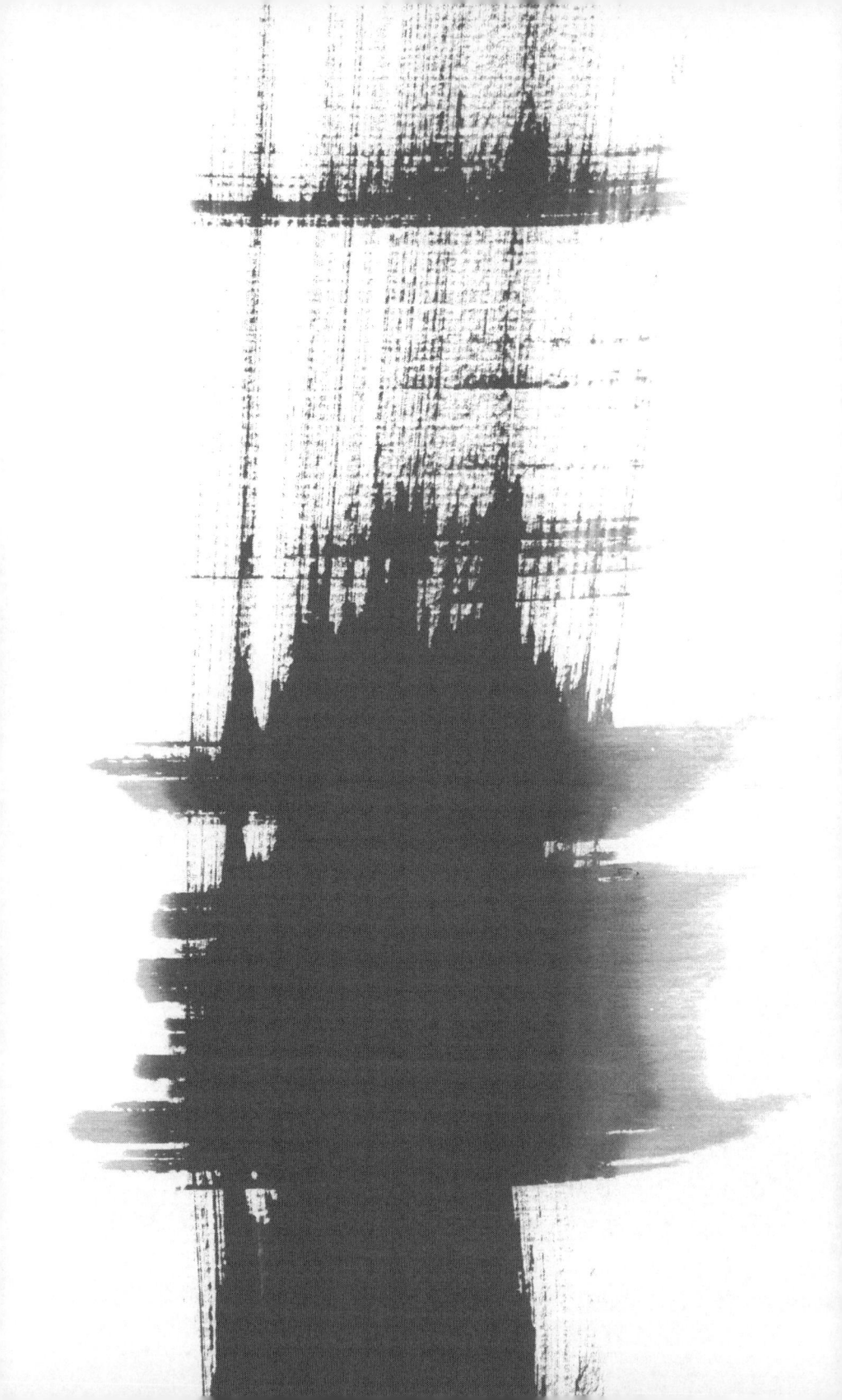

1

―― 복과 공덕은 다르다 ――

위사군이 예배하고 스스로 말하였다.

"큰스님의 설법은 참으로 부사의하십니다. 제자가 일찍이 조그마한 의심이 있어 큰스님께 여쭙고자 하오니, 바라옵건대 큰스님께서는 대자대비로 제자를 위하여 설하여 주소서."

6조 대사께서 말씀하셨다.

"의심이 있거든 물을지니, 어찌 두 번 세 번 물을 필요가 있겠는가."

강의 참선이라 하면 가부좌 틀고 앉아 있는 모습을 연상합니다. 주로 매스컴 등에서 좌선하고 있는 모습을 보여주니까 사람들에게 이러한 고정관념이 생겼지만, 참선의 핵심적인 공부 방법은 바로 문답법입니다. 선사는 산파와 같은 역할을 한다고 합니다. 요새는 전부 산부인과에 가서 아이를 낳

습니다만 과거에는 산파들이 집으로 와서 아이 낳는 것을 도와주었습니다. 이처럼 스승이 대신 깨달아줄 수는 없지만 제자로 하여금 깨달을 수 있도록 도와주는 것입니다.

서양에서도 이와 비슷한 예가 있었는데, 소크라테스가 가장 유명한 산파술의 시조입니다. 그 당시 많은 사람들이 선과 악에 대한 논의를 많이 했습니다. 그 때 소크라테스가 물었습니다. "사람을 죽이는 것이 선이냐 악이냐? 사람을 속이는 것이 선이냐 악이냐?" 악이라고 하면 사람을 죽여서도 안 되고 속여서도 안 됩니다. 그런데 예를 들어서 이순신 장군이 왜군을 유인해서 한꺼번에 엄청나게 많은 사람을 죽였을 때 그건 선입니까? 악입니까? 우리나라 입장에서는 선이고, 일본 입장에서는 악이지요.

선이니 악이니 하는 것들은 자기의 입장에서 유익하다고 생각하면 선이고 그게 아니면 악입니다. 상대 입장에서는 악이고 내 입장에서는 선이므로, 선이니 악이니 하는 것으로 싸우지 말고 너 자신이나 바로 알아라, 유명한 소크라테스의 "너 자신을 알라."는 말이 그래서 나온 겁니다. 바깥의 대상에 대해서 선하다 악하다, 좋다 싫다, 이런 생각하지 말고 본마음 참나, 너 자신의 몸과 마음을 알아야 된다는 것입니다. 그런 점에서 보자면 소크라테스는 서양의 선사라고 할 수 있습니다. 선사들은 즉문즉답, 즉설로써 자기 자신을 돌이켜보게 해주는 위대한 힘을 가지고 있습니다.

달마 대사에게 혜가가 물었습니다. "제 마음이 불안합니다. 제 마음을 편하게 해주십시오." 달마 대사가 "불안한 마음을 여기에 내놓아 봐라. 내가 편하게 해줄 테니까."라고 대답합니다. 혜가는 그 말을 듣고 불안한 마음을 찾아봤지만 찾을 수가 없다고 다시 여쭙자, "내가 너를 편안케 해주었느니라."는 달마 대사의 말을 듣고 혜가가 눈을 뜹니다. 이런 식으로 의심이 있을 때 묻고, 물음에 대해서 즉답해줍니다. 바로 분별심을 쉬고, 본래면목을 돌이켜 볼 수 있도록 "선도 생각하지 말고 악도 생각하지 말라. 그럴 때 그대의 본래면목이 무엇이냐?" 하고 돌이켜 봐주는 게 바로 선사의 역할이라고 할 수 있습니다.

위사군이 물었다. "대사께서 설하신 법은 서쪽 나라에서 오신 제1조 달마 조사의 종지가 아닙니까?"

대사께서 말씀하셨다. "그렇다."

강의 여기서 서쪽이란 서천축국 즉 인도를 말하는 것입니다. 인도에서 오셔서 법을 전한 달마 조사는 중국에서 보면 참선의 제1조입니다. 인도에서는 석가모니 부처님으로부터 시작해서 마하가섭 존자가 제1조, 아난 존자가 제2조, 이런 식으로 죽 전해져서 보리달마가 28대 조사가 됩니다. 인도에서는 28조이지만 중국으로 오면서 초조(제1조)가 되는 겁니다.

그래서 보리달마 대사가 1조, 혜가 대사가 2조, 승찬 대사가 3조, 도신 대사가 4조, 홍인 대사가 5조, 혜능 대사가 여섯 번째의 조사라고 해서, 중국에서는 6조가 되고, 인도에서부터 따지자면 33대 조사가 됩니다. 33조사를 줄여서 삼삼 조사라고 표현합니다.

위사군의 질문에 대해 6조 스님께서는 그렇다고 하셨습니다. 6조 스님의 가르침이야말로 석가모니 부처님으로부터 죽 이어져 내려온 달마 조사의 가르침임을 인정하신 겁니다. 그러면 달마 조사의 종지, 가르침의 근본취지는 과연 무엇이냐 했을 때, 가장 대표적인 해석이 안심법문, 마음을 편안하게 해주는 법문이라고 합니다. 선의 목표가 사실은 안심安心에 있다고 할 수 있습니다. 번잡한 어록이나 게송을 공부하기 위해서 있는 것이 아니고 마음을 편안하게 하기 위해서 있는 것입니다.

안심에도 두 가지 종류가 있습니다. 밖으로 뭔가에 기댄 안심이 있고, 스스로 터득한 안심이 있습니다. 다시 말해서 밖으로 신이나 불보살님에게 의지해서 얻는 안심이 바로 밖으로 뭔가 기대서 얻는 안심입니다. 그것은 궁극적인 안심이라고 할 수 없지요. 왜냐하면 신이 나를 선택해주시면 마음이 편해지겠지만 혹시라도 밉보이면 구제를 안 해주실 수도 있는 겁니다. 이것은 일시적인 안심이고 밖으로 기댄 안심입니다. 불안해하는 이 마음에 고정된 실체가 없다는 것을 터득했을 때에 궁극적인 편안함, 외부 의존도가 없는 편안함이 얻어집니다. 나라의 경제도 마찬가지죠. 외부 의존도가 높으면 높을수록 외부 상황 변화에 민감해지는 것입니다.

그러면 영구적이고 궁극적인 편안함은 어디에서 오느냐? 자각에서 옵니다. 꿈에서 깨어나야 됩니다. 좋은 일이든 나쁜 일이든 다 꿈속의 경계였다는 것을 터득하게 될 때 진정한 편안함이 얻어지는 겁니다. 선에서 추구하는 것은 스스로 터득하는 안심입니다. 본래 불안한 마음이란 것은 없는 것이구나, 이게 허상이구나 하는 것을 깨닫게 해주는 겁니다.

달마 조사가 혜가 스님을 깨닫게 해준 것이 바로 안심법문입니다. 혜가 스님이 불안한 마음이 있다고 생각했는데 알고 보니까 허상이었던 겁니다. 불안한 마음, 분별심 자체는 실체가 없는 허깨비 같은 것입니다.『금강경』의 사구게에도 나오듯 일체 유위법은 마치 꿈과 같고 허깨비 같고 물거품 같고 그림자 같고 이슬과 같고 번갯불과 같은 겁니다. 그래서 순간적으로 있는 듯이 보이지만 고정된 실체가 없어서 잡으려고 하면 잡을 수가 없어요. 달마 대사가 불안한 마음을 내놓으라 하니까 혜가가 찾을 수가 없었습니다. 그 때 달마 대사가 "편안케 해주었느니라."라고 하는 찰나에 한 생각이 열린 것입니다. 이와 같이 스스로의 마음에 분별심이 허망하다는 것을 터득한 궁극적인 안심이야말로 진정한 안심이라고 할 수 있습니다.

"제자가 듣자오니 달마 대사께서 양무제를 교화하실 때, 양무제가 달마 대사께 묻기를 '짐이 한평생 동안 절을 짓고 보시를 하며 공양을 올렸는데 공덕이 있습니까?'라고 하자, 달마 대사께서 '전혀 공덕이 없습니다.'라고 대답했습니다. 양무제는 불쾌하게 여겨 마침내 달마 대사를 나라 밖으로 내보내었다고 하는데, 이 말이 미심쩍습니다. 청컨대 큰스님께서는 말씀해 주십시오."

답의 달마 대사와 양무제의 대화는 선가에 길이 회자되는 이야기입니다. 달마 대사가 처음 왔을 때 중국은 선법이 아직 퍼지기 전이었습니다. 그래서 절을 짓고 보시를 많이 하고 스님과 불단에 공양을 많이 올리고 탑을 세우는 것이 불교의 전부인 줄 알고 있었던 것입니다. 지금도 이런 것이 불교의 전부, 종교의 전부인 줄 알고 있는 사람들이 있습니다. 헌금 많이 하고 그저 '믿습니다.' 하면 모든 게 다 뜻대로 된다고 생각하는 외부 의존도가 높은 사람들이 많습니다. 그것을 궁극적인 안심으로 착각하는 분들이 많은데 그게 아니라는 겁니다.

양무제는 중국에 불교를 크게 전파한 양나라의 황제로서 이름이 무제요, 별명이 불심천자입니다. 황제를 하늘의 자식이라고 해서 천자라고 했는데, 별명을 불심천자라고 할 정도로 불심이 지극했습니다. 심지어는 온 재산을 다 절을 짓고 경전을 서사하고 스님들에게 공양하고 스님들 출가시키는 데 써서 더 이상 재산이 없으니까 자기를 세 번이나 팔아서 시주를 할 정도로 불사를 많이 하셨어요. 그러니 본인 생각에는 공덕이 얼마나 크다고 생각했겠습니까. 천축국에서 대단한 고승이 왔다는 말을 듣고는 만나서 그동안 얼마나 큰 공덕을 쌓았는지 확인해보겠다는 생각에서 물었는데, 전혀 공덕이 없다는 대답을 듣고는 도대체 무슨 소리인지 알아듣지 못했습니다. 서로 이심전심, 통하지 못했던 것이지요. 그래서 시큰둥해졌고, 고승인 줄 알았더니 아닌가 보다 하고 그냥 달마 대사를 보내버린 겁니다.

그렇게 달마 대사를 보내고 나서 양나라의 국사가 왔습니다. 양무제가 국사에게 달마 스님이란 분과 대화를 해봤는데 별 볼 일 없더라고 말하자, "그분이야말로 관세음보살의 화신입니다. 황제께서 못 알아보신 겁니다."라고 합니다. 사람을 보내서 불러와야 되겠다는 양무제에게 "이미 연이 안 맞는다는 걸 알고 떠나셨기 때문에 온 국민이 불러도 안 오실 분입니다."라는 국사의 말을 듣고 달마 대사를 그냥 보내게 됐다는 얘기가 있습니다. 달마 대사께서 갈대 잎을 타고 강을 건너 양나라를 떠나서 소림사 쪽으로 가는 장면이 그려진 그림을 많이 보셨을 것입니다.

6조 대사께서 말씀하셨다.

"참으로 공덕이 없나니, 사군이여, 달마 대사의 말씀을 의심하지 말라. 양무제가 삿된 길에 집착하여 바른 법을 모르는 것이니라."

위사군이 물었다. "어찌하여 공덕이 없습니까?"

6조 대사께서 말씀하셨다. "절을 짓고 보시하며 공양을 올리는 것은 다만 복을 닦는 것이니라. 복을 가져다 공덕을 삼지 말라. 공덕은 법신에 있고 복 밭에 있지 않으니라. 자기의 법성法性에 공덕이 있나니, 견성見性이 곧 공功이요, 평등하고 곧음이 곧 덕德이니라.

불심천자로 불렸던 양무제는 요새 어떠한 재벌도 그렇게까지는 보시할 수 없을 정도로 많은 공덕을 지었습니다. 재물뿐만 아니라 황제의 권력으로 할 수 있는 모든 보시를 다 했다고 합니다. 절을 짓는 것은 물론이고 수많은 사람들을 출가시켰습니다. 출가를 국가적으로 독려하고 권장한 것입니다. 돈, 권력, 신심 이 세 가지가 합쳐져야만 할 수 있는 엄청난 공덕을 지었다고 생각했는데, 공덕이 없다고 하니까 지금까지 듣던 불교와 너무 다른 얘기라서 서로 계합이 안 되었던 겁니다. 거기에 대해서 위사군도 궁금해서 어떻게 된 사연인가 물어본 것이지요. 그러자 6조 스님께서는 양무제가 사도에 집착해서 정법을 알지 못하는 것이라고 말합니다. 또한 복을 닦는 것과 공덕과는 다르다고 합니다. 왜냐하면 진정한 공덕은 법신에 있고 복 밭에 있는 것이 아니기 때문이라고 하였습니다.

심지어 선가에서 전해지는 말로 '복은 삼생의 원수'라는 말이 있습니다. 복 짓는 일을 권장하는데 어떻게 원수라는 표현까지 쓰냐면, 한 생은 복 짓느라 고생하고, 또 한 생은 지은 복 누리느라 빠져있고, 또 한 생은 까먹느라 거기에서 헤어나지 못합니다. '어떡하면 좋은 꿈을 꿀까? 잘 먹고 잘 살고 부귀영화를 누릴까?'에 탐닉하다보니 윤회의 달콤한 꿈속에서 벗어나지를 못하는 겁니다. 복은 달콤한 꿈을 꾸려 하는 것이고 공덕은 꿈에서 깨어나는 일입니다. 진정으로 중요한 것은 꿈에서 깨어나는 일이지요. 달콤한 꿈을 꾸면 흉몽이 또 따른다는 거죠. 오르막길이 있으면 내리막길이 있습니다. 그렇다고 해서 복을 짓지 말라는 얘기는 아닙니다. 너무 박복하면 도도 못 닦습니다. 어느 정도 복이 있어야 도 닦을 여념, 시간, 공간이 생기지 박복한 중생은 도 닦을 기회도 잘 오지 않습니다. 결국 복을 짓기는 짓되 거기에 탐착하지 말라는 의미입니다.

『금강경』에서도 "일체 중생을 제도하리라는 원을 세우고 머무는 바 없이 베풀어라, 보시를 하라."고 합니다. 이 두 가지가 『금강경』에서 말하는 핵심 수행법입니다. 이 두 가지를 행하되, 나라든가 남이라든가 준다든가 받는다는 생각 없이 하라는 겁니다. 왜냐하면 내가 너를 도와주고 너는 나한테 도움을 받는다는 생각을 가지고 하면 그것은 진정한 보시가 아니라, 언젠가는 네가 갚으리라, 내가 언젠가는 이 복을 받으리라는 생각이 바탕이 되어서 하는 것이기 때문에 거래입니다. 사실은 우리 모두가 다 본마음 참나 자리에서 나왔기 때문에 근본 법신 자리에서 보자면 나라든가 남이라든가 준다든가 받는다는 것이 맞지 않는다는 말입니다. 오른손에 있던 것을 왼손으로 옮기는 것과 똑 같다는 것이지요.

법성에 공덕이 있는 것이기 때문에 견성, 성품을 보는 것이 공功이고, 평등하고 곧은 것이 덕德이라고 하였습니다. 법성이란 바로 법신불 자리, 본마음 참나 자리를 말합니다. 그래서 본마음 참나를 보는 것이 참다운 공功이고 그것을 평등하고 바르게 써나가는 것이 바로 덕德이라는 것입니다. 무한한 순수에너지를 내가 가지고 있다는 것을 확신하게 되는 것이 공이고 그 순수에너지, 무한한 에너지를 올바르게 써나가는 것이 덕입니다.

안으로 불성佛性을 보고 밖으로는 공경을 행하라. 만약 사람들을 경멸하고 아상我相을 끊지 못하면 곧 스스로 공덕이 없나니 자성이 허망하여 법신에 공덕이 없느니라.

생각마다 덕을 행하고 마음이 평등하여 곧으면 덕이 곧 가볍지 않으니라. 그러므로 항상 공경을 행하여 스스로 몸을 닦는 것이 곧 공이요, 스스로 마음을 닦는 것이 곧 덕이니라. 공덕은 자기의 마음으로 짓는 것이니, 이같이 복과 공덕이 다르거늘 무제가 바른 이치를 알지 못한 것이요, 달마 대사께 허물이 있는 것이 아니니라."

강의 　항상 모든 사람이 불성을 지닌, 밖으로 다시 찾을 것이 없는 무한한 가능성을 가진 존재라고 생각하고 공경을 해야 됩니다. 사람들을 경멸하고 아상을 끊지 못하면 공덕이 없습니다. 남을 하찮게 보면 자기가 하찮아집니다. 왜 그러겠어요? 하찮은 마음을 연습하니까 하찮아지는 거예요. 남들을 공경하면 자기가 공경을 받는 인물이 된다는 겁니다. 공경심을 연습하기 때문에 공경 받을 만한 인물이 된다는 겁니다. 남을 공경할 때 내가 커지는 것이지, 돈이 적다고 해서 용모가 추하다고 해서 내지는 권세가 없다고 해서 남을 하찮게 보면 내가 하찮은 사람이 됩니다.

『법화경』에 나오는 상불경 보살은 항상 만나는 사람마다 "당신은 언젠가 부처님이 되실 분입니다. 당신을 존경합니다." 하고 다녔습니다. 그래서 자기가 제일 먼저 부처가 되었어요. 계속 부처님 마음을 연습하니까 자기가 먼저 부처가 되는 이치가 바로 마음 공부에 달려있는 것입니다.

위사군의 질문, 달마 대사와 양무제의 대화에 대해 6조 혜능 스님께서 해명을 하고 계십니다. "달마 대사의 말씀이 맞다. 무제가 복과 공덕이 다르다는 것을 몰랐던 것이다. 복을 짓는 것과 공덕은 다르다. 그러면 공덕은 무엇이냐? 공덕은 스스로 몸을 닦는 것이 공이요, 스스로 마음을 닦는 것이 덕이다."라고 하셨습니다. 참 멋진 표현이에요. 우리의 몸과 마음을 닦는 것이 진정한 공덕이지 밖으로의 어떤 행위에 공덕이 있는 것이 아니라는 말입니다.

복 받으러 천축국으로 떠난 총각에 대한 전래설화가 있습니다. 홀어머니를 모시고 사는 노총각이 있었어요. 너무 가난해서 장가도 못 가고 혼자 사는데, 사람들 얘기를 들어보니 부처님께서 복을 주신다고 얘기하는 겁니다. '나도 가서 복을 받아오리라' 하고 총각이 길을 떠납니다.

부처님을 만나기 위해 먼 길을 가는 도중에 밤늦게 으리으리한 큰 기와집 대문을 두드렸어요. 아주 아리따운 여인이 문을 열어줍니다. 여인에게 청하여 그 집에서 하룻밤 묵었습니다. 이튿날 여인이 어디를 가느냐고 묻기에, "인도로 부처님을 뵈러 갑니다. 부처님께 복을 받으러 갑니다."라고 하자, 여인이 자신의 앞날을 여쭈어 달라고 부탁합니다.

그리고 또 길을 가다가 동자들을 만났습니다. 동자들은 제각각 큰 보배구슬 하나씩 가지고 꽃을 피우려고 합니다. "구슬을 흙에다 묻고 물을 주는데, 여기에서 꽃이 피어야 천상으로 승천을 하는데 안 돼요. 어떻게 하면 되는지 부처님께 좀 여쭤봐 주세요."라는 동자의 부탁을 받고 떠납니다. 총각은 마지막으로 이무기를 만납니다. 이무기도 역시 "큰 강을 내가 건네줄 테니까 대신 부처님을 만나면 어떻게 해야 용이 되어 승천할 수 있는지 물어봐 달라."고 부탁합니다. 이러저러 천신만고 끝에 마침내 부처님을 만납니다.

　총각은 부처님께 다짜고짜 복을 달라고 합니다. 그러자, 부처님께서 딱 잘라 말하는 거예요. "무슨 소리냐? 복이란 주고받고 할 수 있는 게 아니다. 복은 스스로 짓는 것이지."라고 말씀하시는 겁니다. 총각이 부처님께 "많은 사람들이 부처님한테 복을 빌면 받을 수 있다고 하던데요?"라고 하자, "그건 그네들이 만들어 낸 말이지, 나는 그런 말을 한 적이 없다."고 하시니 낙심이 이만저만이 아니었습니다.

　할 수 없이 되돌아오려고 생각해보니, 중간에 다른 사람들의 소원을 부탁받은 게 있어서 그거라도 여쭤 보겠다고 했지요. "이무기가 왜 승천을 못하고 있습니까?" "그 놈이 욕심이 많아서 여의주를 두 개나 물고 있어서 너무 무거워서 승천을 못하는 거야. 하나 놓으라고 그래라." "동자들은 왜 꽃을 못 피웁니까?" "보배 구슬 두 개를 모아서 한꺼번에 물을 줘야 꽃을 피워." "여인은 어떻게 해야 합니까?" "청상과부 되고 나서 처음으로 집에 와서 잔 남자를 남편으로 만나서 살면 잘 산다고 전해주어라."

　이 사람은 자기가 복은 못 얻었지만 남들의 고통, 외로움, 소원을 성취시켜 줄 수 있다는 즐거움을 가지고 힘을 내어 돌아옵니다. 이무기에게 "너는 욕심이 너무 많아서 여의주 하나는 놓아야 승천한다." 그러니 남은 하나는 누구 것이겠어요? 하나는 총각 것이 되지요. 또 동자들에게는 보배구슬 두 개 합쳐서 묻으라고 했으니까, 남는 보배구슬 하나는 또 자기 것이 된 겁니다. 홀로 사는 여인에게는 또 처음으로 유숙한 사람이 바로 자기였어요. 그래서 아리따운 여인 생기고, 기와집 생기고, 보배구슬과 여의주까지 생겼으니 한꺼번에 복이 넝쿨째 굴러왔다는 겁니다. 복이란 이렇게 남들을 돕고 배려하며 자기 몸과 마음을 닦는 데에서 오는 것입니다.

2
── 서방정토는 멀지 않다 ──

위사군이 예배하고 또 물었다.

"제자가 보오니 스님과 도사들과 속인들이 항상 아미타불을 염하면서 서쪽 나라에 가서 나기를 바랍니다. 청컨대 대사께서는 말씀해 주십시오. 거기에 날 수가 있습니까? 바라건대 의심을 풀어 주소서."

6조 대사께서 말씀하셨다.

"사군은 들을지니, 혜능이 말하여 주리라. 세존께서 사위국에 계시면서 서방정토에로 인도하여 교화하는 말씀을 하셨느니라. 경문에 분명히 말씀하기를 '여기서 멀지 않다'고 하였나니, 다만 낮은 근기의 사람을 위하여 멀다 하였고, 지혜가 높은 사람에게는 가깝다고 설하셨느니라.

───

강의 그 당시에 정토, 미타 신앙이 발달해서 많은 분들이 아미타불을 생각하고 서방정토 극락세계에 왕생하기를 원하였습니다. 위사군이 6조 스님께 "정말 거기에 날 수가 있습니까?" 하고 직접적인 질문을 했습니다. 요새도 많은 분들이 이런 질문을 합니다. 6조 스님께서 말씀하시기를, "세존께서 사위국에 계시면서 서방정토로 인도하여 교화하는 말씀을 하셨다." 고 하셨습니다. 정토 삼부경을 염두에 두고 하신 말씀입니다. 정토 삼부경은 정토에 관해 설하신 경전 가운데에서 무량수경, 관무량수경, 아미타경 세 가지를 말합니다.

정토삼부경에는 극락정토, 정토삼부경을 설한 경위, 염불의 방법에 대해서 자세히 설해져 있습니다. 부처님께서 아사세 왕자의 반란으로 감옥에 갇히게 된 빔비사라 왕과 그 부인을 위해서 신통력으로 직접 날아가셔서 이렇게 된 사연을 말씀해주시고 극락정토에 대해서 설하여 주십니다. 아무리 어려운 난관에 처해있다 하더라도 항상 솟아날 구멍은 있다는 것, 감옥에 갇혀서 꼼짝달싹 못하며 목숨이 경각에 달려있는 그 와중에도 부처님께서 직접 가셔서 희망을 주시는 겁니다. 서방정토 극락세계는 사바예토와는 달리 청정하기 그지없고 모든 것들이 마음먹은 대로 이루어지고 또 불보살님께서 항시 설법해주시는 곳이라고 하시면서 그 곳에 태어나려면 아미타 부처님을 염하라고 말씀해주십니다.

아미타 부처님은 보신불이죠. 석가모니 부처님께서 몸으로 나투셔서 우리에게 보신불과 법신불에 대해 설해주셨습니다. 화신불이신 석가모니불 덕분에 보신불과 법신불을 알게 된 것입니다. 사실 법신불 자리에서 보신불이 나오고 또 보신불 자리에서 화신불이 나온 것입니다. 본마음 자리에서 한 생각, 분별하는 마음이 일어나고 이 마음이 뭉쳐서 현실로 된 것입니다. 생각이 에너지라고 하는데, 맞는 얘기입니다. 생각이 에너지인데, 그 에너지가 뭉쳐서 몸, 물질로 이루어지는 겁니다. 물질을 분해하면 거기에서 엄청난 에너지가 나옵니다. 그게 바로 원자탄입니다. 원자력이 원자를 분해할 때 나오는 에너지입니다. 어쨌든 법신불이, 본마음 참나가 근원자리이지만 그렇다고 해서 보신불과 화신불을 무시해서도 안 된다는 겁니다. 왜냐하면 화신불과 보신불이 없으면 법신불을 알 사람이 하나도 없기 때문입니다.

우리가 몸뚱이를 받아서 이 세상에 온 것은 체험학습, 마음공부를 하기 위해서입니다. 그런데 이 세상에 와서는 그것을 까맣게 잊어버리고 몸뚱이에 대한 애착을 즐기다가 한 세월 보냅니다. 이 몸뚱이는 우리의 학습도구로서 굉장히 유용한 것이라는 마음가짐으로 관리자의 차원에서 잘 관리하고 잘 닦아주고 적당히 먹여주고 적당히 입혀주고 적당히 운동해주는 게 굉장히 중요합니다. 이것을 떠나서 다시 또 법신불과 보신불을 찾기도 어렵기 때문입니다.

어쨌든 6조 스님이 부처님께서 직접 설하신 서방정토에 대한 부분을 인용하셨는데, 그 중에서도 '여기에서 멀지 않다'는 대목을 인용하셨어요. 부처님께서 "근기가 낮은 사람에게는 여기에서 십만 억 국토를 지나서 있다는 식으로 설하셨지만 지혜가 높은 사람을 위해서는 여기에서 멀지 않다."고 하셨음을 특별히 강조하셨습니다. 왜냐하면 바로 지금 이 자리에서 네 마음이 청정하면 그 곳이 곧 극락정토라고 가르쳐주셨다는 겁니다.

보통 근기를 상근기, 하근기로 나누지만, 머리 좋은 사람이 상근기이고 머리 나쁜 사람이 하근기이냐? 사회 공부를 많이 한 사람이 상근기이고 사회공부를 적게 한 사람이 하근기이냐? 아닙니다. 그 사람이 어떤 신념 체계 속에 살고 있느냐가 중요합니다. 그 사람의 사고방식이 바로 그 사람의 근기를 만드는 겁니다. 멀지 않다고 했을 때, '정말 멀지 않은가 보다. 바로 지금 이 자리에서 내 마음을 청정하게 만들어서 청정함만 연습하면 살아서도 극락이고 죽어서도 극락이다.' 이렇게 생각하는 것이 바로 상근기라고 말씀드릴 수 있습니다.

사람에는 자연히 두 가지가 있으나 법은 그렇지 않나니, 미혹함과 깨달음이 달라서 견해에 더디고 빠름이 있을 뿐이니라. 미혹한 사람은 염불하여 저 곳에 나려고 하지마는, 깨달은 이는 스스로 그 마음을 깨끗이 하느니라. 그러므로 부처님께서 '그 마음이 깨끗함을 따라 부처의 땅(淨土)도 깨끗하다.'고 말씀하셨느니라.

답의 극락정토에 대해 한 번 생각해볼 필요가 있습니다. 초상집엘 가보면 몸뚱이는 그대로 있습니다. 3일장, 5일장, 7일장 등 며칠 동안 몸뚱이는 뒀다가 나중에 화장이나 매장을 해서 결국은 다 썩어서 없어집니다. 극락정토를 간다, 천당을 간다고 할 때에 과연 무엇이 가는 걸까요? 몸뚱이가 가는 게 아니라 마음이 극락에도 가고 천당에도 가고 지옥에도 가는 것입니다. 마음의 주파수대로 간다는 것을 명확히 인지해야 합니다. 바로 지금 내 마음의 주파수가 청정에 맞춰져 있으면 청정국토에 가는 것이고, 혼탁함에 맞춰져 있으면 혼탁함으로 가는 것입니다. 불교방송을 들으려면 불교방송에 주파수를 맞춰야 불교방송의 목소리가 뜨는 것과 똑같은 이치입니다. 그래서 부처님께서 말씀하시되, "그 마음이 청정함을 따라서 불국토가 청정해진다."라고 말씀하셨다는 겁니다.

마음이 더러운 사람이 가면 청정한 땅이 오염됩니다. 청정한 땅에 가더라도 내 마음이 오염되어 있으면 내가 청정한 땅을 오염시키는 거예요. 더러운 곳에 있더라도 내 마음을 청정하게 만들면 더러운 곳을 정화시키는 역할을 하는 겁니다. 사람들이 이 세상을 정화시키는 데 기여하고 있으면 이 세상이 그대로 청정한 국토가 되고, 이 세상을 오염시키는 데 기여하고 있으면 이 세상이 사바예토가 될 수밖에 없습니다.

지금 이 자리에서 자꾸 이 세상을 정화시키는 데 기여해야 됩니다. 내 마음을 청정하게 하고 밝은 마음, 맑은 마음, 긍정적인 마음을 자꾸 연습해서 주변에 자꾸 전파시키면 자연히 청정국토가 이루어지는 것이고, 내 마음이 오염되고 찌들어서 계속 밖으로 불평 불만하면 그 국토가 오염되는 겁니다. 멀리서 찾을 필요도 없고 스스로 가슴에 손을 얹고 나는 이 세상을 오염시키는 데 기여하고 있는가, 이 세상을 정화시키는 데 기여하고 있는가, 자신을 살펴볼 일입니다.

사군이여, 동쪽 사람일지라도 다만 마음이 깨끗하면 죄가 없고, 서쪽 사람일지라도 마음이 깨끗하지 않으면 허물이 있느니라. 미혹한 사람은 가서 나기를 원하나 동방이나 서방이나 사람이 있는 곳으로는 다 한 가지니라. 다만 마음에 깨끗하지 않음이 없으면 서방정토西方淨土가 여기서 멀지 않고, 마음에 깨끗하지 않은 생각이 일어나면 염불하여 왕생하고자 하여도 이르기 어려우니라.

갔의 서쪽은 청정한 땅이라 하여 극락세계를 말하고, 동쪽은 동방예토라 하여 더러운 사바세계를 말합니다. 그러나 동쪽 사람일지라도 마음이 깨끗하면 죄가 없고 서방정토에 산다고 해도 마음이 깨끗하지 않으면 허물이 있다고 하셨습니다. 또한 다 사람 사는 곳인지라 구성원이 중요한 겁니다. 서방에 가서도 내 생각만 옳고 남의 생각은 틀리다고 하는 사람들과 살면 괴롭습니다. 그리고 동방예토에 살아도 내가 소중한 만큼 남도 소중한 줄 알고 내 신앙이 소중한 만큼 남의 신앙도 존중해줄 줄 아는 사람과 살면 즐겁습니다. 그래서 정토가 오염되도록 만들지 말라는 소리를 합니다. 마음이 오염된 사람이 정토에 가면 정토를 오염시킵니다. 예토에 살더라도 마음이 청정하면 예토를 정화시키는 겁니다.

절에 와서 계시는 분들 가운데에서도 며칠 있으면 살림살이가 다 드러납니다. 자기 살림살이 고칠 생각을 안 하고 다른 사람들을 고치려고 하는 것을 보면 한심스러울 정도입니다. 자기의 마음이 청정한 것이 중요하지 청정한 곳에 가 있다고 해서 마음이 저절로 청정해지는 것은 아닙니다. 오히려 예토에 살면서도 예토를 정화시키는 역할을 하는 사람들이 바로 행불인行佛人입니다.

십악十惡을 제거하면 바로 십만 리를 가고 팔사八邪가 없으면 바로 팔천 리를 지난 것이니, 다만 곧은 마음을 행하면 도달하는 것은 손가락 튕기는 것과 같으니라. 사군이여, 다만 십선十善을 행할지니, 어찌 모름지기 짐짓 왕생하기를 바랄 것인가. 십악十惡의 마음을 끊지 못하면 어느 부처가 와서 맞이하겠는가.

───

갚의 자기 마음은 닦으면 닦은 만큼 못 닦으면 못 닦은 만큼 그대로 가져가는 겁니다. 부모님도 부처님도 내 마음을 대신 닦아줄 수는 없습니다. 내 대신 밥 먹어줄 수 없고 내 대신 잠 자주고 기뻐하고 슬퍼할 수 없는 것과 마찬가집니다. 그래서 서방 동방에 현혹되지 말고 자기 마음을 청정하게 하는 것이야말로 진정한 서방정토 극락세계를 맞이하는 방법이라고 가르쳐주셨습니다.

내 마음 속에 열 가지 악한 생각을 제거하면 십만 리를 간 것이고 여덟 가지 그릇된 생각이 없으면 바로 팔천 리를 지난 것이라고 하였습니다. 정토가 여기에서부터 십만 팔천 리 떨어져 있다고 얘기하는데, 여기에서 말한 십만이라는 것은 우리 마음속의 십악이고, 우리 마음속의 여덟 가지 그릇된 생각이 팔천 리를 말하는 것이지 계량할 수 있는 거리가 아닙니다. 왜 그렇겠어요? 그 세계는 정신적인 세계인지라 계량할 수 없습니다. 허공을 무게를 잴 수 없고 바람을 묶을 수 없는 것과 마찬가지로 이 마음을 몇 킬로라고 잴 수 없는 겁니다.

그래서 우리 마음속에 열 가지 악한 생각, 여덟 가지 그릇된 생각이 없으면 그것이 바로 십만 팔천 리를 지나서 극락정토에 도달한 것이라고 한 것입니다. 팔사八邪는 팔정도의 반대입니다. 팔정도는 정견·정사유·정어·정업·정명·정정진·정념·정정인데, 팔정도를 제대로 안 하는 것이 팔사이고, 십악은 살생·투도·사음·망어·기어·양설·악구·탐·진·치입니다. 십악과 팔사 없이 다만 곧은 마음을 행하면 손가락 퉁기는 것과 같은 짧은 순간에 서방정토에 도달한다고 하였습니다. 곧은 마음을 가지고 있는 사람은 굉장히 공부가 빠릅니다. 왜냐하면 곧은 마음이 있기 때문에, 아는 건 안다, 모르는 건 모른다고 정확히 얘기하거든요. 그러면 그 사람한테 맞는 처방을 쉽게 내려줄 수 있는데, 삐딱한 마음을 가지고 있는 사람은 모르는 것도 아는 척, 아는 것도 모르는 척하면서 선지식을 떠보듯이 질문하는 사람이 있습니다. 그러면 그 사람은 진도가 나갈 수 없습니다.

만약 무생無生의 돈법頓法을 깨달으면 서방정토를 찰나에 볼 것이요, 돈교의 대승을 깨닫지 못하면 염불하여도 왕생할 길이 머니, 어떻게 도달하겠는가."

---

^{강의} 인생은 한 편의 멋진 연극이라고 합니다. 연극배우의 배역은 계속 바뀝니다. 상인 역할도 했다가 해적 역할도 했다가 임금 노릇도 하면서 계속 다른 배역에 출연한다고 해도 그 연극배우의 본래 모습은 그대로라는 겁니다. 예를 들어서 필자와 같은 경우는 금생에 스님으로서의 배역을 받아서 이 세상에 나온 겁니다. 다음 생 또한 배역이 바뀔 뿐이지 우리 본마음 참나 자리는 불생, 무생 바로 그 자리라는 겁니다. 이것을 잘 깨닫는다면 다만 멋지게 배역을 마치고 갈 뿐이지 거기에 안달복달하거나 불평불만하거나 할 일이 없지요. 왜냐하면 이 배역이 알고 보면 과거에 내가 선택한 배역을 지금 행하고 있는 것입니다.

다시 본론으로 돌아와서, "생사를 여읜 돈법을 깨달으면 서방정토를

찰나에 볼 것이고 돈교의 큰 가르침을 깨닫지 못하면 염불을 해도 왕생할 길이 멀거니 어떻게 도달하겠는가?"라고 말씀하셨습니다. 사실 본마음 참나 자리에서 보자면 생도 없고 사도 없는 것입니다. 한 생각 분별심이 일어나면서부터 비로소 윤회가 거듭되는 것입니다. 결국 생사를 쉰다, 끊는다는 것은 돈법입니다. 단박에 되는 겁니다.

　담배를 끊는 것도 단박에 끊어야 끊어지지 어제까지는 20개비씩 피웠으니까 오늘은 19개비 내일은 18개비 이런 식으로 끊어서 성공하는 사람은 거의 없습니다. 필자도 대학에 입학해서 동아리 활동할 때 선배들이 권해서 담배를 피우기 시작해서 군대 갔다 올 때까지 피웠습니다. 한 10년 가까이 피우다가 불교 공부를 시작하면서부터 끊어야겠다는 생각이 들더라고요. '담배 하나 못 끊고 어떻게 생사를 끊겠느냐?' 하는 마음을 먹으니까 그냥 뚝 끊어지더군요. 그리고 나서 일 년 만에 담배를 한 대 피운 거예요. 일 년 동안이나 끊었는데 다시 피우게 되었구나 하고 마음이 착잡해지더라고요. 그런데 깨어 보니 꿈이에요. 얼마나 다행스럽던지 모릅니다. 그러니까 1년이 지나도록 담배를 피우던 습이 마음속으로는 남아있었던 겁니다. 이와 같이 모든 것들이 마음가짐의 문제입니다.

　6조께서 말씀하셨다.
　"혜능이 사군을 위하여 서쪽 나라(극락세계)를 찰나 사이에 옮겨 눈앞에 바로 보게 하리니, 보기를 바라는가?"
　위사군이 예배하며 말하였다.

"만약 여기서 볼 수만 있다면, 어찌 왕생할 필요가 있겠습니까. 원컨대 큰스님께서는 자비로써 서쪽 나라(극락세계)를 보여 주신다면 매우 좋겠습니다."

대사께서 말씀하셨다.

"문득 서쪽 나라를 보아 의심이 없을 것이니 곧 흩어질지니라."

강의 6조 혜능 스님께서 서쪽나라 극락세계를 찰나에 보여주겠다는 말씀을 하셨어요. 위사군이 보여 달라고 하자, "문득 서쪽 나라를 보아 의심이 없을 것이니 곧 흩어질지니라."고 하였습니다. 이게 도대체 무슨 소리인가? 눈앞의 세계가 서쪽 나라라는 겁니다. 사실 서쪽, 동쪽의 기준이 어디에 있습니까? 나를 기준으로 해서, 내가 있기 때문에 동쪽도 있고 서쪽도 있는 것입니다. 나에 대한 애착, 분별심이 쉬고 그대로 성품자리가 드러난다면 온통 일체가 부처이고 나인데 동쪽이 어디 있고 서쪽이 어디 있겠습니까? 그러니까 성품자리에서 보자면 나와 남이 따로 없고, 동방과 서방이 따로 없기 때문에 바로 이 자리가 서쪽 나라요, 어디 따로 갈 필요가 없다고 하는 얘기입니다.

대중들이 놀라 무슨 일인지 영문을 모르자 대사께서 말씀하셨다.

"대중이여, 대중은 정신 차리고 들으라. 세상 사람들의 색신은 성城이요, 눈·귀·코·혀·몸은 바로 성문이다. 밖으로 다섯 문이 있고 안으로 뜻

意의 문이 있나니, 마음은 바로 땅이요, 성품은 바로 왕王이니라. 성품이 있으면 왕이 있고 성품이 떠나면 왕은 없느니라. 성품이 있으므로 몸과 마음이 있고, 성품이 떠나면 몸과 마음이 무너지느니라.

값의 성품 성性자를 살펴보면 심방心변에 날 생生자로 이루어져 있습니다. 마음이 생겨나는 곳이라는 뜻입니다. 성품이 바로 본마음이고, 이 본마음이야말로 왕이고, 마음은 성 안의 땅이고, 몸은 성에 불과한 것입니다. 성품이 있으면 몸과 마음이 있고 성품이 떠나면 몸과 마음이 무너진다고 하였습니다. 성품이야말로 본마음 참나, 주인공이라는 소리입니다. 우리가 성품에 입각한 삶을 살면 바로 지금 여기에서 주인공이 되는 것이고 몸에 입각한 삶을 살게 되면 엑스트라 노릇만 하다가 가야 된다는 소리입니다. 왜냐하면 우리가 보고 듣고 할 때에 진정으로 보고 듣는 것은 성품이 하는 일이라는 겁니다.

성품이야말로 무한한 가능성이자 순수에너지입니다. 나다 남이다, 옳다 그르다, 선이다 악이다, 맞다 틀리다 이렇게 분별하는 마음을 자기 마음이라고 생각하니까 본마음을 못 봅니다. 어떤 일이 생겼을 때 서운해 한다거나 질투를 한다든가 고소해하는 것들은 다 내 마음이 아닙니다. 그런 마음이 일어나면 '이것은 진짜 내 마음이 아니다. 본마음 참나로 돌아가야지.'라고 해야 됩니다.

몸도 역시 귀로 듣는 것, 코로 냄새를 맡는 것 같지만 그게 아니라는 겁니다. 눈·귀·코는 매개체의 역할을 할 뿐이지 그 자체로서 진정으로 보고 듣는 것은 아닙니다. 보고 듣고 하는 것은 바로 성품자리에서 하는 것입니다. 꿈속에서도 보고 들을 수 있는 것이 그 때문입니다. 결국 성품

자리가 주인공 자리라는 겁니다. 성품이 떠나면 몸과 마음이 무너집니다. 사람의 육신이 소멸하는 것도 바로 성품이 떠난 겁니다. 사람이 죽었을 때 몸뚱이는 그대로 있지만 보지도 못하고 듣지도 못합니다. 매개체로서의 역할을 했을 뿐이지 보고 듣는 당체는 아니었기 때문입니다. 보고 듣는 것은 성품이 하는 것이고, 마음은 시비 분별할 뿐이고, 몸은 매개체의 역할을 할 뿐이라는 것을 정확히 파악하고 있어야 속지 않습니다. 그렇지 않으면 만날 이 몸뚱이가 진짜 나인 줄 알고 분별하는 마음이 또 참나인 줄 알고 사는 허망한 인생을 살게 된다고 하는 것입니다.

부처는 자기 성품(自性)으로 이루어지는 것이니 몸 밖에서 구하지 말라. 자기 성품이 미혹하면 부처가 곧 중생이요, 자기 성품이 깨달으면 중생이 바로 부처이니라. 자비는 바로 관음이요, 희사喜捨는 세지勢至라고 부르며, 능히 청정하면 석가釋迦요, 평등하고 곧음은 미륵이니라.

―

일찍이 신수 대사의 게송에 대해서 대구對句를 다신 6조 스님의 게송이 바로 이 얘기였어요. 그 당시 신수 대사는 몸을 잘 닦고 마음을 잘 닦아서 수행을 부지런히 해서 때가 끼지 않게 해야 된다는 게송을 지었죠. 거기에 대해서 노행자 6조 스님께서는 몸이니 마음이니 하는 것은 고정된 실체가 없는 것, 그것을 가지고 싸우는 것은 마치 허깨비와 싸우는 것과 같다. 더 중요한 것은 성품을 바로 보는 것이라는 게송을 써서 5조 홍인 스님으로부터 인가를 받으신 겁니다. 참선과 다른 수행법의 결정적인 차이가 바로 여기에 있습니다. 다른 수행법은 대부분 몸을 닦고 마음을 닦는 데 초점이 맞춰져 있어요. 그런데 참선은 임금 노릇하는 성품을 보는 데 초점이 맞추어져 있습니다. 성품이 있음으로 해서 몸과 마음이 있고 성품이 떠나면 몸과 마음이 떠나버리기 때문입니다. 육조단경 역시 철저하게 성품 자리의 법문입니다.

여기에서 6조 스님께서는 부처라는 것도 자성에서 나온 것이라고 했습니다. 앞에서도 말씀드렸듯이 자성이란 무한한 가능성입니다. 자기 스스로가 갖추고 있는데 밖에서 주인님 찾고 행복과 불행의 원인을 돌리는 게 바로 미신입니다. 항상 말씀드리지만 자성이 불성이라고 했습니다. '부처도 될 수 있는데 무엇인들 될 수 없으랴.' 하는 마음가짐을 가져야 됩니다. "건강하게 해주세요, 부자가 되게 해주세요, 행복하게 해주세요, 인류와 지구에 평화가 오게 해주세요." 하고 구걸만 하는 게 바로 미신이라는 겁니다. 다 갖추고 있으니까 몸 밖을 향해서 구하지 말라는 자성이 불성이라는 육조단경의 가르침은 혁신적입니다. 우리로 하여금 정신이 번쩍 들게 만드는 말씀입니다.

그런 바탕으로 보니까 관세음보살, 대세지보살, 석가세존, 미륵부처가 다 내 마음의 작용이라는 말입니다. 다시 말해서 부처의 행이 부처라는 겁니다. 뒤에 보면 이런 표현이 있습니다. "부처가 뭡니까?" 하고 물어봤을 때 "부처의 행이 부처다."라는 말을 합니다. 고정된 실체로서의 내가 있는 것이 아닌 것처럼 고정된 실체로서의 부처도 없습니다. 바로 지금 여기서 부처의 행을 하는 자가 부처이고, 보살의 행을 하는 자가 보살이라는 겁니다. 내가 어떤 행위를 하느냐에 따라서 자기가 끊임없이 만들어집니다. 스스로가 스스로를 창조해나간다는 너무 멋진 표현입니다. 살아생전에 어떤 마음, 어떤 행위를 많이 연습했느냐에 따라서 죽어서도 그 주파수에 맞춰서 거기로 가게 되는 겁니다. 불시자성작佛是自性作 막향신외구莫向身外求하라, 부처는 자기 성품으로 이루어지는 것이니 몸 밖에서 구하지 말라, 아주 짤막한 대목이지만 육조단경의 핵심입니다.

　　인아상人我相은 수미산이요, 삿된 마음은 큰 바다이며 번뇌는 파랑이요, 독한 마음은 악룡이니라. 진로塵勞는 물고기와 자라요, 허망함은 바로 귀신이니라. 삼독三毒은 바로 지옥이요, 어리석음은 바로 축생이며, 십선十善은 천당이니라. 인아상人我相이 없으면 수미산이 저절로 거꾸러지고, 삿된 마음을 제거하면 바닷물이 마르며, 번뇌가 사라지면 파랑이 없어지고, 독해毒害를 제거하면 물고기와 용이 없어지느니라."

　　강의　많은 종교, 철학에서 '나는 누구인가?'를 찾고 있는데, 육조단경에서는 그 답을 아주 간단하게 얘기해줍니다. 나의 행위가 나라는 겁니다. 시시각각으로 나의 행위가 바뀌면 시시각각으로 나의 정체성이 바뀐다는 겁니다.

　　인아상이란 아집, 나와 남을 가르는 마음입니다. 이 세상에 본래는 온통 나뿐인데, 눈앞에 보이는 몸뚱이, 분별심을 나라고 생각하는 순간 나머지는 다 남이 되어버렸습니다. 그래서 나가 굉장히 작아졌죠. 그게 바로 인아상입니다. 그것이야말로 수미산처럼 모든 것을 가로막고 있는 것입니다. 독한 마음을 연습하면 독사가 되고, 욕심이 많은 사람은 구렁이가 된다고 합니다. 왜냐하면 구렁이는 음식을 통째로 삼킵니다. 통째로 집어 먹으려고 하는 욕심, 모든 것을 자기 것으로 끌어안으려고 하니까 자꾸 몸이 길어지는 겁니다. 또한 살아 있으면서 탐·진·치 삼독을 많이 연습한 사람은 죽어서도 역시 지옥으로 가게 되어 있습니다. 왜냐하면 마음속 중생이 원인이 되어서 바깥 중생으로 결과가 나타나기 때문입니다.

『금강경』 독송회를 창시한 백성욱 박사님이 계십니다. 이분이 소사에 사시면서 가끔 서울로 왔다 갔다 시외버스를 타고 다녔습니다. 그런데 시외버스를 타고 앉아 있는 사람을 좍 쳐다보면 그 중의 상당수는 벌써 축생의 몸을 받았다는 겁니다. 아직 죽지 않았는데도 하도 축생의 마음을 많이 연습해서 어떤 사람은 소머리, 어떤 사람은 말머리, 어떤 사람은 뱀 머리로 보인다는 아주 섬뜩한 내용을 읽은 적이 있습니다. 인간의 몸을 받았을 때 열심히 공부하고 복덕을 지어서 인생을 상승시켜야 자칫하면 인간이면서도 축생의 탈을 쓰게 되고 죽으면 바로 축생으로 태어나게 됩니다. 공부를 안 하려야 안 할 수 없는 소식을 선지식들이 다 전해주고 계십니다.

"자기 마음자리 위에 깨달은 성품〔覺性〕의 여래가 큰 지혜를 놓으면, 광명이 빛나고 육문(眼耳鼻舌身意)이 청정해진다. 욕계의 여섯 하늘을 비추어 부수고, 아래로 비추어 삼독을 제거하면 지옥이 일시에 사라져 안팎으로 밝게 사무치면 서쪽 나라(극락세계)와 다르지 않느니라. 이러한 수행을 하지 아니하고 어찌 피안彼岸에 이를 것인가.

갚의 육조단경에서는 계속 마음을 어떻게 먹느냐, 지혜를 어떻게 쓰느냐에 따라서 무엇이든 될 수 있다고 강조합니다. 보고 듣고 냄새 맡고 맛을 보고 감촉을 느끼고 생각하는 육문이 청정해지면 결국 욕계 하늘도 다스릴 수 있고, 삼독을 제거하면 지옥이 사라져버린다고 했습니다. 탐욕·성냄·어리석음, 이 삼독만 사라지면 지옥도 일시에 사라져서 안팎으로 사무쳐 밝아서 극락세계와 다르지 않다고 했습니다.

욕계는 욕심으로 이루어진 세계를 말합니다. 부처님을 삼계三界의 도사導師이시며 사생四生의 자부慈父라고 합니다. 이때 삼계가 바로 욕계·색계·무색계입니다. 우리가 사는 세계는 욕계에 속합니다. 색계는 욕심은 쉬었어도 아직 물질이 남아있는 세계입니다. 몸뚱이마저 사라져 버리고 정신만으로 이루어진 세계가 무색계입니다. 부처님은 일체의 분별심이 사라져 본마음 자리로 들어가니까 욕계·색계·무색계, 삼계를 초월하시어 삼계의 길을 인도해주시는 스승이라고 합니다. 부처님은 욕계 색계 무색계, 인간과 신의 스승일 뿐 아니라 모든 생명의 스승이라는 겁니다. 하늘도 여러 종류가 있는데, 여기에서 말하는 욕계의 여섯 하늘이란 바로 사천왕천, 도리천, 야마천, 도솔천, 화락천, 타화자재천입니다.

법좌法座 아래서는 설법을 듣고 찬탄하는 소리가 하늘에 사무쳤으니, 응당 미혹한 사람까지도 바로 밝게 알아볼 수 있었느니라."

위사군이 예배하며 찬탄하여 말하였다.

"참으로 훌륭하십니다. 두루 원하오니, 법계의 중생들이 이 법문을 듣고 모두 일시에 깨쳐지이다."

<u>강의</u> 사람의 행복과 불행이 결코 외부적인 요인에 달려있는 것은 아닙니다. 그것은 다만 연緣의 역할을 할 뿐이지요. 직접적 원인은 인, 간접적 원인을 연이라고 합니다. 인은 바로 나의 마음가짐입니다. 소욕지족, 조그만 것으로 만족을 알고 몸과 마음을 닦아 나갈 줄 알면 진정한 행복이 있습니다. 중요한 것은 성품을 봐야 됩니다. 성품이 바로 근본이고 몸과 마음은 성품 자리에서 한 생각 일으켜서 나온 것에 불과하기 때문입니다.

그렇다고 해서 몸과 마음을 무시하라는 소리는 아닙니다. 여전히 몸과 마음은 잘 관리해야 합니다. 몸을 무시하고 소홀히 하다보면 병이라는 대가를 치러야 됩니다. 마음 관리도 마찬가집니다. 마음을 닦지 않으면 남들과 장애가 생깁니다. 부딪치는 대가를 치러야 됩니다. 몸과 마음은 너무 애착을 해서도 안 되지만 그렇다고 너무 무시해서도 안 된다는 것이 바로 중도법문입니다.

애착하지 않으면서 무시하지도 않으려면 관리자의 시선으로 살아야 합니다. 이 몸은 내 소유, 내 것이 아니라 잠시 관리를 맡은 것이라 하면, 잘 관리하다가 떠날 때에는 미련 없이 떠날 수 있습니다. 애착하지 않으면서도 열심히 살 수 있는 비결이 바로 관리자의 시각이라는 겁니다. 몸, 마음, 재물에 목을 매어서도 안 되겠지만 그렇다고 무시해서도 안 되고, 잘 관리해줘야 된다는 얘기를 지금까지 6조 스님께서 해주셨습니다.

진정한 극락정토는 바로 자기의 마음가짐에 달려 있습니다. 여기에서 내 마음이 즐거우면 그 자리가 극락정토입니다. 보살행을 하는 자가 보살이지 보살이 있어서 보살행을 하는 것이 아닙니다. 내 몸과 마음을 잘 써서 보살행을 하게끔 만들라는 소리입니다. 그러다보면 내가 저절로 보살이 되고 보살도를 성취하는 것입니다. 나는 인간이니까 인간행만 하면 된다고 생각하면 그 수준에서 벗어날 수가 없는 겁니다. 자성 자리를 돌이켜 보게 해주는 법문을 듣고 감탄을 해서 6조 스님께 찬탄의 말씀을 올리는 대목입니다.

대사께서 말씀하셨다.

"선지식들이여, 만약 수행修行하기를 바란다면 세속에서도 가능한 것이니, 절에 있다고만 하는 것이 아니니라. 절에 있으면서 닦지 않으면 서쪽 나라 사람의 마음이 악함과 같고, 집에 있으면서 수행하면 동쪽 나라 사람이 착함을 닦는 것과 같도다. 오직 바라건대, 스스로 집에서 청정함을 닦으면 그것이 바로 서쪽 나라이니라."

강의 부인이 넷인 어떤 남자가 있었습니다. 그 남자가 갑자기 죽을 날이 며칠 안 남았다는 진단을 받았습니다. 그래서 평상시 가장 아끼고 사랑하던 부인에게 같이 가자고 했더니 딱 잘라서 싫다고 합니다. 두 번째로 사랑하던 부인에게 같이 가자고 했더니, 가장 사랑하던 부인도 안 가는데 내가 왜 가느냐고 하는 겁니다. 세 번째로 사랑하는 부인에게 말했더니 장지까

지는 따라가 주겠다고 합니다. 마지막으로 평상시에는 전혀 돌아보지도 않았던 부인한테 얘기했더니 "살아서는 물론이고 죽어서도 세세생생 저는 당신을 따라가겠습니다."라고 말하는 겁니다. 그 말을 듣고는 "이럴 줄 알았다면 내가 진작 당신을 돌아보고 신경을 썼어야 했는데 이제야 이렇게 되어서 참 미안하구료." 하고 회한의 눈물을 흘립니다.

가장 애지중지하던 부인은 다름 아닌 몸뚱이죠. 이 몸뚱이를 그저 어떻게 하면 부드러운 옷에 맛있는 음식에 좋은 잠자리에 좋은 집에 살까 하고 여념이 없었습니다. 자식에 대한 애착도 알고 보면 몸뚱이착의 연장입니다. 다음에 두 번째로 사랑하던 부인은 바로 재물입니다. 제 몸뚱이와 가족들을 잘 먹이고 잘 입히기 위해서 재물에 애착을 갖고 살게 되는 것입니다. 세 번째 부인은 일가·친지·친척·친구입니다. 아무리 살아생전에 너 없이는 못 사네, 같이 죽자고 약속을 했더라도 관 속으로 따라 들어가서 화장막에 같이 들어가는 사람은 아무도 없습니다. 냉철하게 이것을 생각해봐야 됩니다.

마지막으로 평상시에는 돌보지도 않던 부인이 바로 자신의 마음, 자신의 업장입니다. 그래서 평상시에도 마음 닦고 복덕 쌓는 데에 황금분할을 해야 됩니다. 최소한 25%씩은 해야 되죠. 몸뚱이에 25%, 재물에 25%, 일가·친척·친구에게 25%, 마음공부에 25% 이렇게 4등분이라도 해야 되는데, 가만히 생각해 보세요. 내 마음 닦는 데 시간과 정열과 돈을 정말로 25% 투자하고 있나? 25%만 투자한다면 세속에 있으면서도 얼마든지 닦을 수 있습니다. 예를 들어서 한 달 수입이 200만원이라고 하면, 50만원은 보시복덕 짓고 마음공부 하는 데 투자해야 됩니다. 그것도 안 하면서 수행이 되니 안 되니 하는 것은 어불성설이지요.

3

――세속에서 닦는 방법――

위사군이 물었다. "큰스님이시여, 집에 있으면서는 어떻게 닦아야 합니까? 원컨대 가르쳐 주소서."

대사께서 말씀하셨다. "선지식들이여, 혜능이 도속道俗을 위하여 '상相을 여읜 게송〔無相頌〕'을 지어 줄 터이니 다들 외워 가지라. 이것을 의지하여 수행하면 항상 혜능과 더불어 한 곳에 있음과 다름이 없느니라.

―――

강의 어떤 스님은 출가하기 전에 토굴에서 1년 동안 생활을 했는데, 1년 내내 잠만 실컷 자다가 나왔다고 합니다. 세간을 떠나 조용한 산중에 들어가서 혼자 수행하면 공부가 잘 될 것 같죠? 혼자 있다고 수행이 되는 게 아닙니다. 사람들 속에 있어서, 일이 많아서, 아니면 나를 사람들이 그냥 두지 않기 때문에, 시간이 없어서 수행을 못한다고 하면 모두 핑계입니다. 그런 핑계거리는 어딜 가든 생겨납니다. 세간에 있으면서 핑계를 대는 사람은 절에 가서도 핑계를 댑니다. 바로 지금 발 딛고 있는 곳에서 짬을 내서 공부하던 사람이 한가한 곳에 가서도 공부를 할 수 있습니다. 공부라는 것은 결국은 자기 마음가짐의 문제이기 때문에 마음가짐을 어떻게 먹고 있느냐에 달려 있습니다. 핑계를 대는 마음을 연습하던 사람은 언제 어디를 가서도 항상 핑계를 댑니다. 절에 가서도 '왜 저렇게 새들이 시끄럽게 우는 거야, 계곡 물 소리가 왜 이렇게 큰 거야. 저것 때문에 공부 안 돼.' 핑계거리가 충분히 많습니다.

위사군이 세속에 있으면서 닦는 비결을 물어봤더니, 대사께서 상相을 떠난 게송인 무상송을 가르쳐주십니다. 불교에서 상은 아주 중요한 용어로 많이 쓰입니다. 상을 쉽게 말하자면, 망상·허상·아상의 의미로 씁니다. 한 마디로 잘못된 생각, 허망한 생각, 그리고 고정된 실체로서의 내가 있다고 하는 생각이 바로 상입니다. 에고, 이기적인 나, 또는 몸뚱이 착着, 고정관념, 선입견이 다 아상에 속합니다. 『금강경』에 보면, 아·인·중생·수자가 나오는데, "'나'라든가, '남과 다른 나'라든가, 살아있는 '나'라든가, 목숨이 지속되는 '나'라 하는 생각"으로 번역했지요. 이것이 그대로 상에 관한 설명인지라 말씀드렸습니다.

게송으로 말씀하셨다.
설법도 통달하고 마음도 통달함이여,
해가 허공에 떠오름과 같나니

오직 돈교의 법만을 전하여
세간의 삿된 가르침을 쳐부수도다.

가르침에는 돈頓과 점漸이 없으나
미혹함과 깨달음에 더디고 빠름이 있나니
만약 돈교頓敎의 법을 배우면
어리석은 사람도 미혹하지 않느니라.

강의 진정한 마음공부는 무엇이냐? 아상이 줄어들면 줄어들수록 수행이 된 겁니다. 쉽게 말하자면 나라는 생각이 없는 사람, 적은 사람일수록 공부가 된 것이고 나라는 생각이 많은 사람일수록 공부가 덜 된 것이라는 말입니다. 고정된 실체로서의 내가 없다, 그래서 바로 지금 여기에서 내가 어떤 행을 하느냐보다 더 중요한 것이 없음을 터득하고 써나가는 것이 진정한 수행입니다.

상을 없앤다는 것은 정말 중요한 말입니다. 상을 없애는, 바로 지금 여기에서 고정된 나가 없다는 것에 눈 뜨는 것이 바로 돈교의 법입니다. 예를 들어서 어떤 사람이 절에다 시주를 많이 했거나 남에게 시주를 많이 하게끔 중대한 역할을 했다면 아주 좋은 일입니다. 그러나 그것으로 인해서 '내가 이런 사람인데' 하는 상을 내면 공부가 안 된 겁니다. 절에 가면 꼭 그렇게 자기가 이런 사람이다, 대단한 사람이다 하는 식으로 드러내는 사람이 있습니다. 예를 들어서 3,000배를 했다든가 남들이 못하는 어려운 수행을 했다고 자랑삼는 사람이 있는데, 보시든 수행이든 상으로 삼는다면 오히려 안 하느니만 못한 경우가 생깁니다.

설명하자면 비록 일만(萬) 가지이나
모두 합하면 도로 하나로 돌아가나니
번뇌의 어두운 집 안에
항상 지혜의 해가 떠오르게 하라.

삿됨은 번뇌를 인연하여 오고
바름이 오면 번뇌는 없어지나니
삿됨과 바름 모두 쓰지 않으면
청정하여 찌꺼기 없음이로다.

보리는 본래 청정하나
마음 일으키는 것이 바로 망상이라.
청정한 성품이 망념 가운데 있나니
오로지 바르기만 하면 세 가지 장애를 없애는 도다.

강의 '만법귀일 일귀하처, 만법이 다 하나로 돌아가는데 하나는 어디로 돌아갈까?'라는 화두가 있습니다. 다른 종교에서는 이 우주를 다 하나님이 만드셨다고 합니다. 그럼 하나님은 도대체 누가 만들었을까 하는 것이지요. 모든 것은 신이 창조했다는 것은 단순한 논리인데, 그런 질문에는 이렇게 반문해야 됩니다. '하나님은 누가 창조했느냐?' 하나님은 누가 창조

했을까요? 하나님은 부처님이 창조했습니다.

풀이를 하자면, 이 모든 것은 한 마음에서 나왔다는 겁니다. 한 생각 일으켜서 온 우주와 너와 나, 남과 나의 차별이 벌어졌다는 겁니다. 그 한 생각 자리가 하나님이라고 말할 수 있지요. 그럼 이 한 생각은 어디에서 나왔느냐? 바로 본마음 참나에서 나온 겁니다. 부처님은 곧 본마음 참나를 얘기합니다. 한 생각조차 본마음 참나에서 나온 것이기 때문에 그 자리로 돌아가야 되는데 그 자리로 돌아가려면 어떻게 해야 되느냐? 삿됨과 바름을 모두 여의어야 된다는 겁니다.

이것은 옳다, 이것은 그르다, 하면서 옳고 그름이 남아 있으면 그것은 한 생각 일으킨 겁니다. 뭔가 기준이 있기 때문에 기준에 맞춰서 옳다 그르다, 맞다 틀리다, 선이다 악이다가 나온 거죠. 그래서 6조 스님께서 선도 생각하지 말고 악도 생각하지 말라고 한 겁니다. 아담과 이브가 선악과를 따먹고 에덴 동산에서 추방당했는데, 에덴 동산으로 다시 돌아가려면 어떻게 해야 됩니까? 선악에 대한 분별이 쉬어야 되는 겁니다. 그래서 『금강경』에 "법상 비법상 또한 없어야 참된 보살이 되느니라."고 한 것입니다. 여기서 법상이란 옳다는 생각이고, 비법상은 그르다는 생각입니다.

나쁜 생각이 먹구름이고 좋은 생각이 흰 구름이라고 할 수 있지만 청천 하늘의 입장에서 보면 하늘을 가리는 것은 마찬가지입니다. 본체자리에서 한 생각 벗어난 것이기 때문에 마음을 일으키는 것이 망상이라고 한 것입니다. 청정한 성품은 구름이 생겼다고 없어지는 것도 아니고 구름이 흘러간다고 해서 흠집이 생기는 것도 아니고, 오염되는 것도 아닙니다. 그렇기 때문에 오로지 바르기만 하면 세 가지 장애, 즉 번뇌의 장애, 업의 장애, 보報의 장애를 없앤다고 한 것입니다. 탐욕과 성냄과 어리석음의 번뇌를 일으켜서 십악, 살생·투도·사음·망어 등 업을 짓게 됩니다. 업으로 인하여 지옥·아귀·축생도에 태어나는 과보를 받는데, 그게 보의 장애입니다. 결국 내 마음속의 탐·진·치가 근본원인이 되어 오역과 십악죄를 지어서 지옥·아귀·축생도에 태어나게 된다는 소리입니다. 내 마음이 바르게 되면 그대로 다 없어지는 것이지 내 마음 떠나서 따로 있는 것이 아니라는 겁니다. 지옥·아귀·축생보를 받으면 공부하기가 참 힘들어집니다. 그러니까 지금 인간의 몸 받았을 때 올바른 청정한 본성자리를 빨리 찾아내는 것이야말로 공부의 지름길입니다.

만약 세간에서 도를 닦으려 하면
일체 모두가 방해거리가 아니니
항상 자기 허물 드러내 있게 하면
도와 더불어 서로 합당하도다.

형상이 있는 것에는 저절로 도가 있거늘
도를 떠나 따로 도道를 찾는지라
도를 찾아도 도를 보지 못하나니
도리어 스스로 고뇌만 하게 된다.

만약 애써 도를 찾고자 한다면
행동의 바름이 바로 도道이니
스스로에게 바른 마음 없으면

어둠 속 길이라 도를 보지 못하리라.

만약 참으로 도를 닦는 사람이라면
세간의 어리석음 보지 않나니
만약 세간의 잘못 보는 것은
자기의 잘못이니 도리어 허물이로다.

남의 잘못은 나의 죄요
나의 잘못은 스스로 죄 있음이니
오직 스스로 잘못된 생각 버리고
번뇌를 물리쳐 부수어라.

강의 진정으로 공부를 하는 사람은 세간의 어리석음을 보지 않는다, 세간의 허물을 보는 것이 자기의 잘못이라고 말씀하십니다. 우리는 만나기만 하면 세간의 허물을 잘 봅니다. 세간의 허물을 안주 삼아 한 잔씩 들이키면서 누구는 어쩌고 저쩌고 세상이 어쩌고 저쩌고 심지어는 국가의 대통령이 뭐가 문제고 하면서 온 세상 걱정을 다 짊어진 듯 말합니다. 실지로 기여하는 바는 없으면서 그냥 안주 삼아서 씹어대기만 합니다. 그것은 세상을 정화하는 데 기여하는 게 아니고 세상을 오염시키는 데 기여하고 있는 겁니다. 원래 자기 허물이 많은 사람이 남의 허물을 잘 보는 겁니다. 자기가 허물이 없는 사람은 남이 잘못하는 일을 봐도 허물 잡을 건수로 보지를 않습니다.

　　인과법을 100% 믿는 사람이 도인입니다. 부처님과 우리와의 차이가 거기에 있습니다. 부처님은 인과를 100% 믿는 분이고 중생은 인과를 한

50%만 믿으려고 합니다. 잘한 일은 큰 대가를 받으려고 하고 허물은 많이 저질러 놓고도 피해갔으면 합니다. 인과를 50%, 60%만 믿기 때문에 당당하지 못하고 주인공 노릇을 못하는 겁니다. 인과를 100% 믿게 되면 굳이 까치발 세워서 남들보다 더 커 보이려고, 내가 가진 것보다 더 좋게 보이려고 노력할 것도 없고, 또 있는 것을 줄여서 할 필요도 없습니다. 그냥 있는 그대로, 자기 살림살이대로 삽니다. 인과를 100% 믿으면, 내가 좀 잘한 일이 있는데 그게 세상에 안 알려질까 봐 안달복달할 필요도 없고, 못한 일이 혹시 밝혀질까 봐 전전긍긍할 일도 없습니다. 그야말로 자작자수自作自受라, 100% 내 작품이니까 잘하면 잘한 대로 못하면 못한 대로 달게 받아 들입니다. 이거야말로 도 닦는 사람의 마음가짐입니다.

지난번에 어느 학교를 갔는데, 한 선생님이 요새 애들이 형편없다, 사람을 안 믿는다는 등 부정적인 말씀을 계속 하시는 거예요. 아이들한테 부정적인 면도 있고 긍정적인 면도 있고 또 잘하는 아이도 있고 못하는 애도 있지만, 선생님은 아이들을 다룰 때 그런 부정적인 면에 초점을 맞추기보다는 긍정적인 면에 자꾸 초점을 맞춰서 다루어야 선생님 마음도 밝아지고 아이들도 밝아진다고 말씀드렸습니다.

사실 요새 젊은 것들 문제가 많다는 얘기는 옛날부터 있었습니다. 앞으로도 그럴 것입니다. 그런 것에 빠져서 자꾸 세간의 허물을 보면 자기 도 닦는 것과는 아무 관계가 없고 오히려 마이너스가 됩니다. 말 한 마디라도 세상을 정화시키고 밝게 만드는 데 기여하는 것이 진정으로 도를 닦는 사람입니다. 남의 허물은 나의 허물이고 나의 잘못은 스스로의 잘못이라는 마음가짐, 나의 잘못된 생각, 번뇌를 타파하는 데 중점을 둬야 남의 마음, 세간의 허물 닦아주려고 노력하다 보면 자기 마음은 어느새 더 오염이 됩니다. 인과를 100% 믿는 것이야말로 수도인의 마음가짐입니다. 나는 인과법을 몇 %나 믿고 있을까? 가슴에 손을 얹고 한 번 생각해볼 일입니다.

만약 어리석은 사람을 교화하고자 하면
모름지기 방편이 있어야 하나니
저로 하여금 의심을 깨뜨리게 하지 말라.
바로 보리가 나타남이로다.

강의 　모든 사람이 추구하는 행복에 대해 잠깐 생각해봅시다. 행복해지기 위해서는 과연 무엇이 필요할까요? 밥숟가락 들 힘이 있다는 것만으로도 행복하다는 사람들은 그대로 이 자리에서 행복해질 수 있습니다. 이것도 필요하고 저것도 필요하고 애들은 물론이고 남편도 잘 되어야 되고 건강해야 되고 풍파가 일체 없어야 되는 사람은 금생에는 행복해지기 힘듭니다. 한순간 행복해질 수는 있겠지만 대다수의 시간을 불행하게 보낼 수밖에 없습니다. 방편은 수단과 방법을 뜻하는데, 행복해지기 위한 방법, 수단은 조건이 적은 사람일수록 빨리 행복해집니다. 그저 걸망 하나에 발우 집어넣고 현재 입을 옷 한 벌 있으면 행복하다는 마음가짐을 가지고 있는 사람은 항상 행복할 수 있습니다. 어리석은 사람을 교화할 때는 방편이 꼭 필요합니다. 그래서 수행을 권장하는 겁니다. 참선은 본래 무수무증無修無證, 닦을 것도 없고 깨달을 것도 없습니다. "마음이 불안하냐?" "불안한 마음을 내놔 봐라." "내놓을 게 없습니다." "그럼 내가 편안하게 만들

었다." 그렇게 끝나는 겁니다. 그런데 바로 이 자리에서 계합이 안 되니까 방편을 쓰는 것입니다. 다라니를 외고, 염불을 하고, 좌선을 하고, 화두를 드는 등 모든 수행법이 다 방편입니다. 바로 지금 이 자리에서 궁극적인 마음의 편안함을 체득할 수 있다면 그런 것들이 무슨 필요가 있겠습니까?

"어떤 때에는 완전 연소해야 된다, 밥 먹을 땐 밥 먹을 뿐, 잠잘 땐 잠잘 뿐이라고 얘기하시고, 또 어떤 때에는 관세음보살을 염하든가 마하반야바라밀을 염하라고 하시는지 궁금합니다. 마하반야바라밀을 염하거나 관세음보살을 염하면서 바로 지금 여기에서 몰두하기가 어렵지 않습니까?" 하는 질문을 받는데, 사실 염불하는 자체가 다 방편입니다. 바로 지금 여기에서 항상 완전 연소할 수 있다면 그것도 다 필요 없는 것이지요. 완전 연소가 안 되니까 수행을 통해서 완전 연소하는 연습을 하는 겁니다.

그래서 항상 수행은 연습이요, 생활이 실전이라고 말씀드리는 것입니다. 설거지할 땐 설거지할 뿐 목욕할 땐 목욕할 뿐이 되면 '마하반야바라밀, 관세음보살'을 부를 필요가 있겠어요. 그게 안 되니까 염불할 땐 염불할 뿐, 마하반야바라밀을 염할 땐 마하반야바라밀을 염할 뿐을 철저히 연습하는 겁니다. 그렇게 방편을 통해서라도 의심을 깨뜨리게 하면 보리(깨달음)가 곧바로 현전한다고 하였습니다. 왜냐하면 우리가 깨달음, 보리 속에서 살고 있기 때문에 의심만 깨어지면 그 자리가 그대로 본마음의 자리라고 하는 겁니다.

법은 원래 세간에 있으며

세간에서 세간을 벗어나나니
세간 일을 떠나서
밖에서 출세간出世間의 법을 구하지 말라.

강의 육조단경에서는 특별한 수행법에 대해서 크게 내세우는 게 없습니다. 왜냐하면 수단을 통해서 목적에 간다고 한다면 그것은 이미 지름길이 아니고 돌아가는 길입니다. 지름길은 바로 지금 여기에서 한 생각 쉬는 것입니다. 그렇게 툭 놓으면 되는데, 이대로 행복해지면 되는데, 그게 잘 안 되니까 수행을 하고 복을 지으라고 말하는 겁니다. 앞에서도 말씀드렸듯이 수행은 사실 방편입니다. 만약에 바로 지금 여기에서 이대로 완전 연소하는 삶을 살 수 있다면 그런 방편이 필요 없지요. 그것을 잘 알고 수행해야 됩니다.

우리가 인간 몸을 받고 세상에 태어난 것은 마음공부를 하기 위해서입니다. 인간의 몸만큼 공부하기 좋은 게 없습니다. 몸이 있기 때문에 노는 것도 실감이 나고 공부하는 것도 실감이 나고 고통도 실감이 나고 쾌락도 실감이 납니다. 그렇기 때문에 공부가 아주 잘 된다는 겁니다. 몸은 없고 마음만 있으면 실감이 덜 나기 때문에 공부하기도 힘듭니다. 실감나게 공부하기 위해 이 세상에 태어났는데, 노는 것도 실감이 나다보니까 공부하는 쪽보다는 노는 쪽, 쾌락을 즐기는 쪽으로 더 빠지기가 쉬운 것입니다.

수행이라는 연습을 통해서 생활의 현장에서 마음을 단련하고 궁극적으로 본마음 참나를 찾아내는 것이 중요합니다. 몇 년 전 쌍계사 하계 수련회에 화개 마을에 사시는 분들도 동참을 하셨는데, 그 중에 한 분이 소감을 발표하는 자리에서 "어려운 일이 있고 부대끼는 일이 있으면 머리 깎고 출가나 해버릴까 보다 하는 이야기를 전에 많이 했었는데, 앞으로 다시는 그런 말 하지 않겠습니다."라고 말해서 함께 웃은 적이 있습니다.

　세간을 떠나서 도를 찾지 말아야 합니다. 세간에 살 때는 이리저리 사람들과 휩쓸려서 살다보니 적당히 지나간 일 잊어버리고 대충 넘어갈 일 넘어가고 하는데, 막상 혼자서 산 속에 들어가서 가부좌 틀고 앉아 있어보면 웬 잡념이 그렇게 나는지 모릅니다. 세 살 때 설탕 뽑기 하다가 펄펄 끓는 설탕을 발등에 뚝 떨어뜨려서 덴 적이 있는데, 그런 생각부터 시작해서 별별 생각이 다 납니다. 이 자리를 떠나서 딴 데 가면 잘 풀릴 것 같고 편할 것 같고 쉬울 것 같지만 그렇지 않습니다. 항상 자기가 지금 몸담고 있는 이곳이 바로 공부의 실전장임을 알고 이것을 이겨내고 극복하는 마음이 진정으로 중요합니다.

삿된 견해가 세간이요
바른 견해는 세간을 벗어남이니
삿됨과 바름을 다 물리쳐 버리면
보리의 성품이 완연하리라.

　갚의 불교와 다른 견해를 구분하는 세 가지가 있는데, 이는 아주 중요한 문제이므로 차근차근 살펴보겠습니다.

　첫째는 운명론, 모든 것은 운명, 숙명으로 이미 다 정해져 있다. 내가 아무리 발버둥 쳐봐야 소용없다. 모든 것은 다 정해져 있으니까 그냥 그대로 살다가 죽는다고 하는 것이 운명론입니다. 불교는 운명론이 아닙니다. 부처님께서는 점을 쳐주는 것을 금했습니다. 점을 침으로써 '아, 나는 이런가 보다' 하고 자신의 운명을 재단해버리기 때문입니다. 물론 한편으로는 마음 편해지는 것도 있겠지만 한편으로는 자기의 무한한 가능성을 스스로 포기해버리는 경우가 많습니다. 운명은 바꿀 수 있다는 것이 불교입니다. 자기 작품이기 때문입니다. 전생에 삼악도에 떨어질 중한 죄업을 지은 사람일지라도 금생에 『금강경』을 수지 독송하는 공덕으로 다른 사람에게 천대받는 정도로 가볍게 때우고 지나간다고 하였습니다. 얼마나 즐거운 일입니까? 『금강경』을 수지 독송하고 남을 위해서 설해주는 공덕이 엄청나게 크기 때문에 지옥에 떨어질 만한 악업도 상쇄가 된다는 것입니다.

두 번째는 신의설神意說, 모든 것은 다 신의 뜻이라는 것이 신의설입니다. 모든 것은 신의 뜻이라고 놓고 보면 나는 또 할 일이 없어지는 겁니다. 모든 것은 다 신이 알아서 하는 것이니까, 내가 할 일은 눈치나 보고 신의 자비를 구걸하는 것밖에 없는 겁니다. 신의설 또한 불교가 아닙니다.

세 번째는 우연론, 모든 것은 우연히 이루어진다는 우연론 역시 불교가 아닙니다.

위와 같이 불교는 운명론도 아니고 신의설도 아니고 우연론도 아닙니다. 불교는 인연설입니다. 인과 연이 만나서 결과가 이루어지는 것입니다. 내 마음이 인因이고 주변 환경이 연緣입니다. 과거의 인이 현재의 연이고, 현재에 짓는 인이 미래의 연입니다. 그러니까 미래는 우리가 얼마든지 바꿀 수 있다는 게 바로 불교의 올바른 견해입니다.

"올바른 견해를 가지고 있으면 세간을 초월하는 것이고 잘못된 견해를 가지고 있으면 그것이 바로 세간이다. 그러나 궁극적으로는 삿된 견해니 올바른 견해니 하는 생각까지도 다 놓아버리면 깨달음의 성품이 완연하게 드러난다."고 하였는데, 이게 바로 무분별의 경계입니다. 참선을 하는 분들에게 항상 옳다 그르다, 내 생각이 맞다 틀리다 하는 분별심을 내지 말라고 권합니다. 현대인들이 참선하기 어려운 이유도 자기 입장에서 분별심이 습관화되어 있기 때문입니다. 이 세상일은 다 자기 입장에서 분별하는 가운데 이루어지고 있습니다. 만인이 다 손가락질 하는 사람일지라도 내가 그 사람한테 큰 신세를 진 적이 있다고 하면 나한테는 은인입니다. 또 만인이 다 칭찬하는 사람일지라도 내가 그 사람한테 큰 해를 입은 적이 있다면 내 입장에서는 악인입니다.

그래서 선이니 악이니 하는 것조차 다 쉴 때 깨달음이 드러난다고 한 것입니다. 『능엄경』에 보면 "쉬는 것이 곧 깨달음이다."라는 말이 나옵니다. 깨달음이라는 것이 따로 있는 게 아니라 이 분별심만 쉬면, 몸뚱이 착만 쉬면 그 자리가 깨달음의 자리라고 하는 것입니다. 없는 것을 새롭게 만들어 내려고 하면 부단히 노력해서 수많은 세월을 거쳐서 이루어야 되겠지만, 성품·자성·불성은 누구나 다 갖추고 있는 것이기 때문입니다. 『법화경』에 보배를 주머니 속에 감춰놓고도 밖으로 구걸만 하러 다니는 걸인의 일화가 나옵니다. 밖으로 행복을 찾고 밖에서 주인을 찾는 사람은 모두 다 평생을 쓰고도 남을 보배를 주머니 속에 넣어 놓고서 만날 밖에서 구걸하고 다니는 『법화경』 속의 걸인과 똑같습니다.

이는 다만 단박의 가르침이며
또한 대승이라 이름 하니,

미혹하면 수많은 세월을 경과하나

깨달으면 찰나의 사이로다.

<u>갖의</u> 갖춰져 있는 것을 확신하고 꺼내 쓰기만 하면 되기 때문에 단박의 가르침이며 대승이라 하는 것입니다. 공중을 나는 새는 허공을 열심히 날아다니면 되는 것이고, 바다 속을 헤엄쳐 다니는 물고기는 자기 능력껏 열심히 헤엄쳐 다니면 되는 것입니다. 그런데 '바다라는 게 있다는데, 허공이라는 게 있다는데' 하면서 자기가 가지고 있는 이 몸과 마음의 기량을 100% 발휘하지 못하고 불완전 연소하고 후회하는 삶을 살게 되는 것이 바로 진리에서 멀어지는 삶입니다.

이처럼 깨달음은 디지털식으로 단박에 오는 것이지만, 몸과 마음의 수행은 아날로그식으로 꾸준히 해줘야 되는 것입니다. 깨달을 것은 성품이요, 닦아야 할 것은 몸과 마음입니다.

대사께서 말씀하셨다.

"선지식들이여, 그대들은 다들 이 게송을 외어 가지라. 이 게송을 의지하여 수행을 하면 천 리를 혜능과 떨어져 있더라도 항상 혜능의 곁에 있는 것이요, 이를 닦지 않으면 얼굴을 마주하여도 천 리를 떨어져 있는 것이니라. 각기 스스로 수행하면, 법을 서로 지님이 아니겠느냐?

갚의 세간에 있으면서 수행하는 방법은 세간의 허물을 보지 않는 것입니다. 수행을 한다는 것은 상을 없애는 것인데, 세간의 허물을 보는 것 자체가 '내가 잘났다'는 마음을 연습하는 것이거든요. 그게 바로 아상이라는 겁니다. 그러니까 남의 허물을 보고 있는 그 순간 수행을 연습하는 것이 아니라 업장을 연습하는 것이기 때문에 제일 중요한 관건입니다. 그 다음에 현실을 떠나서 도를 찾지 말라는 겁니다. 이 몸과 마음을 잘 써나가는 것보다 더 훌륭한 도는 없다는 것이지요. 많은 사람들이 기적을 바라는데, 바로 이러한 법문을 듣는 사람들이 몸과 마음가짐을 바꾸어서 긍정적으로 감사의 코드로 맞추어서 써나갈 수 있다면 그것이야말로 진정한 기적이요, 도를 실현하는 것입니다. 이러한 게송을 외어 가지고 수행하면 항상 6조 혜능 스님의 곁에 있는 것이라고 하셨습니다.

경전에 "숟가락은 국 맛을 모른다."는 부처님 말씀이 있습니다. 매일 국을 떠먹는 숟가락은 국하고 가장 가까운 데 있습니다. 매일 국과 접하는 것이 숟가락인데 그렇다고 해서 숟가락이 국 맛을 아는 게 아니라는 겁니다. 등잔 밑이 어두운 것처럼, 아무리 지혜롭고 현명한 이와 같이 있어도 그 가르침을, 그 수행을 자기 것으로 받아들이지 않으면 마치 숟가락이 국 맛을 모르는 것처럼 소용없다는 소리입니다. 그러나 천 리를 떨어져 있어도, 6조 스님의 가르침대로 수행한다면 바로 같이 지내는 겁니다. 이런 마음가짐을 가지고 마하반야바라밀을 입으로 염하고 마음으로 행하라고 하였습니다. 마음으로 어떻게 행하느냐? 큰 마음을 연습하는 것입니다. 큰 지혜로, 나도 저 언덕으로 건너가고 다른 사람들도 저 언덕으로 건너가게끔 해주는 것이야말로 바로 6조 스님의 가르침입니다.

여러분들은 그만 흩어질지니 혜능은 조계산으로 돌아가리라. 만약 대중 가운데 큰 의심이 있으면 저 산중으로 오라. 그를 위하여 의심을 없애고 같이 부처의 성품을 보게 하리라."

함께 앉아 있던 관료·스님·속인들이 큰스님께 예배하며 찬탄하여 마지않았다.

"참으로 훌륭하십니다. 크게 깨달으심이여, 예전에 미처 듣지 못한 말씀입니다. 영남에 복이 있어 생불이 여기 계심을 누가 능히 알았겠는가?" 하며 일시에 모두들 흩어졌다.

_{강의} 6조 스님께서 머무르던 산의 이름이 조계산입니다. 지금 조계종의 조계라는 명칭도 여기에서 유래한 것입니다. 6조 혜능 스님이 소주 대범사에서 법보단경 1권을 베푸시고 겸하여 무상계를 주셨다고 맨 앞의 제목에 나와 있습니다. 육조단경의 원 제목은 『남종돈교 최상대승 마하반야바라밀경』이라고 합니다. 6조 스님은 그 당시 중국에서도 아주 아래 지방인 영남 지방에서 불법을 펴셨습니다. 지금도 중국 지도를 놓고 봐도 최남단 쪽에 속해 있는 지방입니다. 그래서 후대에 남종이라고 불리어졌고 그 다음에 단박에 깨닫는 가르침이라고 해서 돈교, 대승 중에서도 최고의 대승이라고 해서 최상대승이라고 불렀습니다.

또한 6조 스님이 권장하신 법문은 바로 마하반야바라밀을 입으로 염하고 마음으로 실천하는 방법이었습니다. 그래서 마하(큰), 반야(지혜)로

써 바라밀, 저 언덕으로 건너간다는 의미를 지니고 있는 마하반야바라밀경이라 한 것입니다. 이 법문을 마무리하니까 같이 듣던 사람들이 '크게 깨달으셨구나, 정말 예전에 미처 듣지 못한 그런 말씀이구나.' 하며 모두 감탄해마지 않았다는 내용입니다.

지금까지는 대부분 경전을 의용하거나 현실을 떠나서 이상주의적으로 법을 설하였기 때문에 일반인들이 알아듣기 쉽지 않았습니다. 또는 불교를 신통력을 닦는 종교로 알고 있는 사람들도 많았습니다. 그래서 특이한 사람들이 특이한 시간에 특이한 방법으로 수행하는 것으로 알아왔는데 6조 스님의 법문을 쭉 들어보니 도라는 것은 바로 지금 여기에서 누구나 체득할 수 있다는 것입니다. 세간에 있으면서도 얼마든지 도를 닦을 수 있다, 더군다나 모든 사람이 자성, 불성을 갖추고 있다는 희망의 법문을 듣고서 모두 다 찬탄해마지 않았다는 것입니다. 그래서 6조 스님을 살아있는 부처님으로 추앙하게 된 겁니다.

원래 부처님께서 직접 설하신 말씀을 경이라고 하는데, 6조 스님께서 설하신 것을 경이라고 부르게 된 까닭도 바로 이겁니다. 6조 스님이야말로 인간의 몸으로 나투신 부처님이다, 화신불이라는 개념으로 그 당시 사람들에게 와 닿았던 겁니다. 그리고 후대에도 역시 육조단경의 내용을 보고서 모두 다 부처님 가르침의 핵심을 그 시대 그 지역의 언어로 풀어서 설명한 것이라고 인정한 것입니다. 바로 참선의 묘미가 여기에 있습니다. 불교의 핵심을 그 시대의 언어로서 그 지역사람에게 알아듣기 좋게 핵심을 관통해서 가르쳐주고, 그것을 깨닫는 것이 바로 참선입니다. 육조단경이야말로 참선의 교과서라고 합니다. 육조단경을 안 읽어보고서 참선한다는 말을 하지 말라는 말이 뒤에 나옵니다. 육조단경을 낱낱이 샅샅이 함께 훑어보고 있다는 사실이야말로 무량한 대복이 아닐 수 없습니다.

四

조계산에서 교화를 펴시다

1

——법에는 돈과 점이 없으나,
사람에게 영리함과 우둔함이 있다——

대사께서 조계산으로 가시어 소주·광주 두 고을에서 사십여 년 간 교화하셨다.

문인으로 논한다면 스님과 속인이 삼오천三五千 명이라 이루 다 말할 수 없으며, 종지로써 논한다면 단경을 전수하여 이로써 대략 좇아가게 하였나니, 만약 단경을 얻지 못하면 곧 법을 이어받지 못한 것이니라.

강의 이제부터는 대중들이 6조 스님을 참배하고 청해서 법을 베푼 인연들을 하나씩 드러낸 일종의 사례담이라 할 수 있습니다. 조계산에서 40여 년 교화하셔서 사부대중을 불문하고 엄청나게 많은 문하생이 있었습니다. 6조 스님의 근본적인 취지는 단경을 통해서 전수하였으니 여기에 의지하

라, 단경을 얻지 못하면 법을 이어받지 못한 것이라고까지 하였습니다. 참선을 대중화하신 분이 6조 혜능 스님이니 단경을 공부하지 않고 참선을 한다고 하면 그것은 잘못 된 것이라는 말입니다. 사실 혼자서 자기 깜냥으로 참선을 하는 분들이 많습니다. 그런 분들은 자칫하면 엉뚱한 방향으로 갈 수 있습니다. 반드시 공부에 지침서가 있어야 하는데, 단경이야말로 참선 수행자의 필독서입니다. 그래서 참선 공부를 하고 싶다는 분들에게 항상 육조단경부터 한 번 읽어 보라고 권장하고 있습니다.

모름지기 알라. 처소와 연월일과 성명을 알아서 서로서로 부촉하되 단경을 이어받지 못하였으면 남종南宗의 제자가 아니니라. 단경을 이어받지 못한 사람은 비록 돈교법을 말하나 아직 근본을 알지 못함이라, 마침내 다툼을 면하지 못하느니라. 그러므로 오로지 법을 얻은 사람에게만 수행을 권할지니, 다툼은 이기고 지는 마음이라, 도道와는 어긋나는 것이니라.

<u>강의</u> 절에서는 어디어디 거주하는 아무개라고 축원해주는 전통이 있습니다. 아함경에도 나오는 것을 보면 부처님 당시부터 내려온 전통입니다. 단경의 법을 부촉하는 것도 마찬가지로 처소와 연월일과 성명을 알아서 서로서로 부탁하고 위촉합니다. 『금강경』에도 여래께서는 모든 보살들을 잘 보호하고 염려해주시고 또 잘 부탁하고 위촉해주신다는 내용이 나옵니다.

그럼 무엇을 부탁하고 위촉하느냐? 법륜을 굴리라는 말씀입니다.

"내가 안 해도, 가만히 있어도 부처님이 알아서 이 세상에 불교가 없어지지 않게 하시니 걱정할 것 없다."는 말을 하는 분들이 있는데, 이것은 부촉이라는 말의 의미를 모르기 때문입니다. 부처님께서는 간곡하게 법륜을 굴리라고 부촉하셨습니다. 나부터, 내 주변부터 법륜을 굴려야 계속해서 굴러가고 부처님의 가르침이 이 세상에 남아 있는 것입니다. 부처님이 다 알아서 해주신다는 것은 잘못된 생각입니다.

엊그저께도 어떤 분이 "다른 종교에서는 그냥 믿기만 하면 다 알아서 해 주신답니다. 믿기만 하면 마음이 편한데…"라는 말씀을 하시더라고요. 그래요? 믿기만 하면 다 알아서 해준다고요? 대신 밥 먹어 주고 대신 잠자주고 대신 공부해주고 대신 아파주고, 대신 죽어줄 수 있습니까? 잔심부름이나 대신 해줄 수 있을까 중요한 것은 아무 것도 대신 해줄 수 없는데 어떻게 알아서 해주느냐고요? 그것이야말로 미혹한 신앙입니다. "하늘은 스스로 돕는 자를 돕는다."는 속담이 있지요. 내가 먼저 노력할 때 불보살님도 가피를 주신다는 말입니다. 여기에서 돈교, 단박에 깨닫는 가르침을 전수해주었고, 우리는 서로서로 부촉 받았습니다. 돈교법을 부촉 받았기 때문에 이것을 계속해서 굴릴 의무가 있는 것입니다.

세상 사람들이 다 전하기를
"남쪽은 혜능이요, 북쪽은 신수."
라고 하나, 아직 근본 사유를 모르는 말이니라.

저 신수 선사는 형남부 당양현 옥천사에 주지하며 수행하고, 혜능 대사는 소주성 동쪽 삼십오 리 떨어진 조계산에 머물렀다. 법은 한 종宗이나 사람에게 남쪽과 북쪽이 있는지라, 이로 말미암아 남과 북이 이루어지게 되었느니라.

강의 남쪽의 혜능, 북쪽의 신수 스님의 가르침에서 돈오법이 적나라하게 드러나고 있습니다. 돈오를 신속히 빠른 시간에 깨닫는다고 풀이할 수도 있겠지만, 더 정확한 풀이는 '깨달음은 태초에 완성되어 있다'고 하는 것입니다. 깨달음은 닦아서 얻는 것이 아닙니다. 수행이라는 인을 통해서 깨달음이라는 과를 얻는다고 생각하고 있는 한 깨달음을 얻기는 어렵다는 겁니다. 왜냐하면 그것은 이미 불오염수不汚染修에 떨어진 경지이기 때문입니다. 이게 바로 단경의 취지입니다.

신수 스님이 게송에서 말씀하시길, "이 몸뚱이는 깨달음의 나무요, 마음은 명경대와 같다. 그러니까 부지런히 닦아서 먼지가 끼지 않게 하라."고 하였습니다. 거기에 대해서 6조 스님은 "보리는 본래 나무가 없고 명경도 밑바탕이 없다. 몸이니 마음이니 하는 것은 고정된 실체가 없는 것이다."라고 하였습니다. 허망한 것을 닦아서 깨달음을 얻는다는 생각은 마치 허깨비와 씨름해서 승부를 내려는 것과 같다는 말입니다. '불성은 항상 청정한데 어디에 때가 끼겠느냐? 깨달음은 부처님이 오시기 이전에도 있었고 부처님이 오셔서도 있었고 부처님 이후에도 있는 것이다, 항상 청정하고 항상 공하고 항상 완성되어 있다.'는 뜻입니다.

그러나 그렇다고 해서 몸과 마음을 닦지 말라는 소리는 아닙니다. 몸과 마음은 꾸준히 닦아줘야 됩니다. 이것을 관리해주지 않으면 업이 쌓이게 됩니다. 몸 관리를 제대로 하지 않으면 당장 병이 들고, 마음도 역시 탐·진·치 삼독을 다스려주지 않으면 번뇌 업장이 가면 갈수록 늘어나고 남들과의 관계도 안 좋아지게 됩니다. 몸과 마음은 비록 고정된 실체는 없지만, 관리자의 차원에서 잘 닦고 잘 관리해주어야 합니다.

머무는 곳도 신수 선사는 북쪽의 옥천사에 계셨고 혜능 스님은 남쪽의 조계산에 머무르셨습니다. 그러나 두 분 다 5조 홍인 스님의 수제자였고, 결국은 한 뿌리에서 나온 두 줄기라고 말씀드릴 수 있습니다. 그런데 신수 스님이 있었기 때문에 오히려 혜능 스님이 각광을 받게 된 것이 아닌가 하는 생각이 듭니다.

모차르트의 일대기를 다룬 영화〈아마데우스〉를 보면, 궁정 음악장으로 어렸을 때부터 차곡차곡 실력을 쌓아서 당시 최고의 음악가로 활약한 살리에리라는 사람이 나옵니다. 그에 비해 모차르트는 별로 큰 노력도 하지 않았는데 타고난 천재라 도저히 따라잡을 수가 없는 겁니다. 이 영화를 보면서 신수 스님과 혜능 스님의 일화가 생각났습니다. 혜능은 나무꾼으로 지내다가『금강경』읽는 소리를 듣고 바로 마음이 열려 행자 생활 하다가 6조로서의 의발을 전수받았습니다. 그런가 하면 신수 스님은 수십 년 전에 출가해서 법랍도 높고, 경전공부도 엄청나게 해서 많은 스님들을 가르치는 교수사였는데도 불구하고 결국은 혜능 행자에게 밀린 겁니다.

사실 타고난 천재를 따라잡기는 쉽지 않죠. 그런데 금생만 놓고 보니까 타고난 천재라고 얘기하는 것이지 그 전생, 전전생을 보면 엄청난 노력과 연습을 한 것이 단지 금생에 발현했을 뿐입니다. 살리에리도 자기가 그렇게 노력해도 모차르트의 천재성을 따라잡지 못하는 것을 한탄할 것이 아닙니다. 자기 현생에 노력하는 데까지는 하고 다음 생에는 거기에서부터 실력이 시작되고, 다음다음 생에는 모차르트 못지않은 천재성을 발휘할 수 있는 겁니다. 그런데 금생만 놓고 보면서 천재성을 못 따라잡는다고 실망하고 질시하다 보니 자기가 가지고 있는 재능을 오히려 상실하게 되는 거예요. 그래서 호흡을 길게 가질 필요가 있습니다. 금생에 공부하다가 하는 데까지 하면 다음 생에는 공부가 거기에서부터 시작이라는 생각을 가져야지, 눈에 띄게 얻은 것이 없다고 실망하거나 포기할 필요는 없다는 것입니다.

어떤 것을 점漸과 돈頓이라고 하는가? 법은 한 가지이나, 견해에 더디고 빠름이 있기 때문이니, 견해가 더디면 바로 점漸이요, 견해가 빠르면 바로 돈頓이니라. 법에는 점과 돈이 없으나 사람에게는 영리함과 우둔함이 있는 까닭으로 '점'과 '돈'이라 이름붙인 것이니라.

값의 법 자체에 돈頓과 점漸이 있는 것이 아니고 사람에게 영리함(利根機)과 우둔함(鈍根機)이 있을 뿐이라고 하셨습니다. 근기의 차이는 앞에서도 말씀드린 것처럼 IQ의 차이가 아닙니다. 머리가 좋은 사람이 근기가 예리하고 머리가 나쁜 사람이 근기가 우둔하다면 IQ 좋은 사람들이 먼저 다 성불했을 것입니다.

근기의 차이는 신념의 차이입니다. 예전에 태국의 방콕 시장이었던 잠롱이 이런 말을 했습니다. 자신은 국가 형편이 어려운 게 뛰어난 인재가 부족해서 그렇다고 생각했답니다. 그런데 막상 자기가 시장 자리에 올라가 보니 머리 좋고 공부 잘하는 사람은 많더랍니다. 다만 자신의 재능을 국가의 정의, 국민의 평화를 위해서 쓰지 않고 오직 자신의 이익을 위해서 쓰기 때문에 문제가 있다는 것을 절감했다고 하는 말이 생각납니다. 진짜 머리 좋고 공부 잘 하기로 따지자면 우리나라만큼 인재가 많은 나라도 없습니다. 그러나 그 사람들이 그 좋은 머리를 일신의 영달을 위해서 쓴다면 국가 발전과 평화와는 무관해진다는 것이지요. '내가 조금 손해 보더라도 국민이 잘 되어야 된다. 내 자리가 조금 위태로울지 모르더라도 정의가 이 사회에 실현되어야 된다.' 는 것이 바로 이근기利根機이고 국가야 어찌 되었든 정의야 어찌 되었든 말든 내 자리만 확고하게 지켜지면 된다는 마음을 가진 사람이 바로 둔근기鈍根機입니다.

한편 근기는 과거부터 그쪽 방향으로 연습해왔기 때문에 사람마다 차이가 나는 것입니다. 금생만 놓고 보면 이해가 안 가는 점이 많습니다. 불교에서는 항상 삼생을 얘기합니다. 전생과 금생과 내생, 최소한 삼생 정도는 놓고 생각해야 수긍이 가고 이해가 갑니다. 어떤 사람은 별로 큰 노력도 하지 않는 것 같은데 좋은 집에 태어나서 하는 일마다 술술 풀려서 잘 사는 사람이 있는가 하면, 어떤 사람은 비천하게 태어나서 죽어라고 해도 되는 일이 없는 사람이 있습니다. 금생 한 생만 놓고 보면 공평하지 못하다, 인생은 이상하다고 얘기할 수 있지만, 삼생을 놓고 보면 이해가 됩니다. 삼생에 대한 확신을 갖고 전생에 지은 것은 금생에 달게 받되 앞으로의 생은 내가 만들어 가리라 다짐해야 합니다. 바로 지금 여기에서 내 몸과 마음가짐을 바꾸면 얼마든지 변화된 미래가 펼쳐진다는 겁니다.

2

―자성은 잘못도 없고 어지러움도 없으며 어리석음도 없다―

일찍이 신수 스님은 사람들이 혜능 스님의 법이 빠르고 곧게 길을 가리킨다고 말하는 것을 보았다. 신수 스님은 드디어 제자인 지성 스님을 불러 말하였다.

"그대는 총명하고 지혜가 많으니 나를 위하여 조계산으로 가서 혜능 스님의 처소에 이르러 예배하고 듣기만 하되, 내가 보내서 왔다고 하지 말라. 들은 대로 그 뜻을 기억하여 돌아와서 나에게 말하여라. 그래서 혜능의 견해와 내가 누가 빠르고 더딘 지를 보게 하여라. 그대는 되도록 빨리 오너라. 그래서 나로 하여금 괴이하게 여기지 않도록 하여라."

강의 6조 스님의 법은 말 그대로 유쾌 상쾌 통쾌입니다. 이 참선법은 한 마디로 툭툭 쳐버리지 자잘하게 이리저리 설명하는 게 없습니다. "불안한

마음 내놓아 봐라." "찾아봐도 없습니다." "그래? 그럼 편안해졌다." 얼마나 멋있습니까? 참선 공부하는 사람은 유쾌 상쾌 통쾌하게 공부해야 제대로 공부하는 겁니다. 가부좌 틀고 앉아 있을 때에도 인상 쓰고 앉아 있으면 안 됩니다. 빙그레 웃는 즐거운 참선을 연습해야 됩니다. 인상 꽉 쓰고 앉아 있으면 깨달음이 오다가 얼굴 보고 도망갑니다. 주파수가 틀리기 때문이지요. 깨달음이란 밝고 즐겁고 항상 된 겁니다. 그렇기 때문에 깨달음을 좋아하는 겁니다. 밝고 즐겁고 항상 되는 것에다 마음의 주파수를 맞추면 깨달음은 저절로 오지 않을까요?

지성은 기쁘게 분부를 받들어 반 달쯤 걸려서 조계산에 당도하였다. 그는 혜능 큰스님을 뵈옵고 예배하여 법문을 들었으나 온 곳을 말하지 않았다. 지성은 법문을 듣고 그 말끝에 문득 깨달아 바로 본마음에 계합하였다. 그는 일어서서 예배하고 스스로 말하였다.

"큰스님이시여, 제자는 옥천사에서 왔습니다. 신수 스님 밑에서는 깨닫지 못하였으나 큰스님의 법문을 듣고 문득 본마음에 계합하였습니다. 큰스님께서는 자비로써 가르쳐 주시기 바라옵니다."

강의 신수 대사가 혜능 스님의 법이 빠르고 곧다, 곧게 길을 가리킨다는 소리를 듣고 궁금해서 자신의 문인 중에 가장 지혜롭고 총명한 지성 스님을 보낸 것입니다. 지성 스님이 신수 대사의 분부를 받들어서 반 달쯤 걸려서 조계산에 왔습니다. 그런데 지성 스님이 법문을 듣고서는 말 아래에 문득 깨달아서 곧 본마음에 계합했습니다. 계합이란 딱 들어맞은 것입니다. 나무와 나무의 틈새가 있을 때 그 틈새를 딱 끼워 맞춘다 할 때의 계契합입니다. 내 마음에 허전한 곳, 가려운 곳, 빈틈에 딱 들어맞는 것을 계합이라고 합니다. 옥천사 신수 스님의 문하에서는 깨달음을 얻지 못했는데 혜능 스님의 법문을 듣고 곧바로 본마음에 계합하였다고 6조 스님에게 고백하는 것입니다. 본마음과 맞아 떨어지는 것이 바로 참선의 궁극적인 지향점입니다.

언하대오, 말끝에 깨닫는 것을 선가에서는 굉장히 소중하게 여깁니다. 깨달음을 얻는 기연이 여러 가지가 있지만 그 중의 상당수가 언하대오입니다. 선가에서는 불립문자를 중시하는데, 문자 자체를 소중히 여기지 않는다는 뜻이 아니고 문자 풀이에 애착하지 않는다는 뜻으로 알아야 합니다. 6조 혜능 스님도 직접 문자에 구애받고 알음알이, 분별심에 치우치지 말라는 의미에서 불립문자이지, 문자나 언어를 완전히 무시하라는 의미는 아니라고 하셨습니다. 오히려 언하대오, 말끝에 깨치는 경우가 많고, 스승과 제자 간의 문답과 법문을 대단히 중요하게 여깁니다. 스승과의 문답을 통해서 자신이 모르는 부분을 솔직하게 곧은 마음으로 아는 것은 안다, 모르는 것은 모른다고 물으면서 공부가 되고, 일 년 삼백 육십오 일, 혼자서 앉아 있어도 터득이 되지 않는 경지를 법문 한 자락에 '앗' 하고 툭 터지기 때문입니다.

이것은 신수 스님도 감히 엿보지 못한 경지입니다. 신수 스님은 그 당시에 삼황제의 스승이었어요. 경전이나 여러 가지 문자적인 가르침으로 따지자면 신수 스님만한 분이 없었죠. 그러나 혜능 스님의 경지는 엿볼 수 있는 경지가 아닙니다. 왜냐? 혜능 스님의 경지는 돈오문 안에 들어온 경지이고 신수 스님의 경지는 아직 돈오문 밖에 있는 경지입니다.

문 안의 경지는 본마음 참나의 경지를 얘기하는 것이고, 문 밖의 경지는 몸과 마음 차원의 경지를 얘기한 것입니다. 이 세상에는 여러 가지 수행법이 있지만 크게 세 가지 수행법으로 나눌 수 있습니다. 첫째 몸을 닦는 수행, 둘째 마음을 닦는 수행, 셋째 본마음을 보는 수행입니다. 몸을 닦거나 마음을 닦는 수행은 돈오법문이 아니고 점수법입니다. 본마음을 단박에 보는 수행은 바로 오염되어 있는 것을 닦아내는 게 아니고 본래 오염되어 있지 않는, 오염되려야 될 수 없는 경지를 단박에 알아차리는 것입니다. 이 세 가지 수행법 중에서 참선법은 본마음을 바로 보는 수행에 해당됩니다.

혜능 대사께서 말씀하셨다.
"네가 거기에서 왔다면 염탐꾼이구나."
지성이 말하였다.
"말을 하기 이전에는 그렇습니다마는, 말씀을 드렸으니 그렇지 아니하옵니다."
6조께서 말씀하셨다.
"번뇌가 곧 보리인 것도 또한 이와 같으니라."

———

앞의 6조 혜능 스님께서 지성 스님에게 "염탐꾼이로구나."라고 하자, 이제

고백했으니까 아니라고 합니다. 그 말을 받아서 "번뇌가 곧 보리인 것도 또한 이와 같다."고 하십니다. 한 생각 차이라는 말입니다. 다시 말해서 고정된 실체로서의 번뇌가 있어서 보리라는 고정된 실체로 바뀌는 게 아니라 항상 여여 부동한 겁니다. 다만 마음을 어떻게 먹느냐에 따라서 번뇌로도 됐다가 보리로도 되고, 마음을 어떻게 먹느냐에 따라서 악인으로 됐다가 선인으로 되는 것이지, 악인이 따로 있고 선인이 따로 있는 게 아니라는 겁니다. 한 생각 탐·진·치 일으켜서 나쁜 생각을 하면 악인이 되는 것이고, 또 마음 한 번 돌이켜서 '이게 아니구나, 잘 살아야 되겠다.' 하고 베푸는 마음을 연습하면 선인이 되는 것입니다. 시시각각 찰나 생멸하는 나는 있지만 고정된 실체로서의 나는 없기 때문입니다. 거듭 말씀드리지만, 바로 지금 이 자리에서 나의 행위가 나입니다.

대사께서 지성에게 말씀하셨다.

"내가 들으니 그대의 스승이 남을 가르치기를 오직 계·정·혜를 전한다고 하는데, 그대의 스승이 가르치는 계·정·혜는 어떤 것인지 나에게 말해 주기 바라노라."

"신수 대사는 계·정·혜 말씀하시기를, 모든 악을 짓지 않는 것을 계라 하고, 선을 받들어 행하는 것을 혜라고 하며, 스스로 자기 마음을 깨끗이 함을 정이라고 합니다. 신수 대사의 말씀은 그러한데, 큰스님의 의견은 어떠하신지 모르겠습니다."

갚의 대사께서 지성에게 신수 대사가 오직 계·정·혜 삼학을 가르친다고 하는데 어떻게 설명하느냐고 묻습니다. 그러니까 지성이 말하기를, "모든 악을 짓지 않는 것을 계라 하고, 모든 선을 받들어 행하는 것을 혜라 하고, 스스로 그 마음을 청정케 하는 것을 선정이라 합니다."라고 대답합니다. 여기서 말한 제악막작 중선봉행 자정기의는 '칠불통게'라고 해서 과거의 일곱 부처님께서 말씀하신 게송입니다. "모든 악은 짓지 말고 선은 받들어 행하고 스스로 그 마음을 깨끗이 하라. 이것이야말로 모든 부처님의 가르침이다."라고 풀이하는 '칠불통게'는 불교의 핵심을 한 마디로 표현한 것으로 아주 유명합니다.

조과도림鳥窠道林 선사라는 유명한 스님이 계셨습니다. 그 당시에 백거이가 재상으로 있었는데, 조과도림 선사에게 가르침을 받으러 갔습니다. 별명 그대로 이 스님은 나무 위에다 둥지를 짓고 생활하고 계셨습니다.

"스님, 큰 나무 위에 둥지를 짓고 살고 계신데 위험하지 않습니까?" 하니까, "내가 보기에는 자네가 더 위험하네."라고 말씀하십니다. "아니 무슨 말씀이십니까? 저는 이렇게 평지에다 발을 딛고 있고 스님은 높다란 나무 위에 계시는데 어떻게 제가 더 위험합니까?"라고 묻는 백거이에게 "자네는 사회의 많은 명성과 권력 속에서 살고 있지 않느냐? 그게 더 위험한 것이지, 내가 나무 위에 몸뚱이를 올려놓고 있다고 더 위험한 게 아니다."라고 대답해주십니다.

'보통 스님이 아니구나.' 하고서 얼른 심복을 하고, 불법의 핵심에 대해서 한 마디 해달라고 청합니다. 그 때 조과도림 선사가 한 말씀이 "뭇 악을 짓지 말고 모든 선을 행하라. 이것이야말로 모든 부처님의 가르침이다."라고 합니다. 백거이가 "그거야 세 살 먹은 어린애도 다 아는 것 아닙니까?" 하니 "이 사람아, 세 살 먹은 어린애도 알지만 팔십 먹은 노인네도 실천하기 힘든 거네."라고 하시어 거듭 심복하게 됐다는 일화가 전해집니다. 그러나 그것은 아직 문 안에 들어오지 못한 경지입니다. 신수 대사의 가르침은 아직 몸을 닦고 마음을 닦는 수준에 머물러 있는 것입니다. 악이니 선이니 일어나기 이전의 본마음 참나 자리, 다시 말해서 성품의 문 안에 들어오지는 못한 상태입니다.

혜능 대사가 대답하였다.
"그 법은 불가사의하나 혜능의 소견은 또한 다르니라."
지성이 물었다.
"어떻게 다르옵니까?"
"견해에 더디고 빠름이 있느니라."
지성이 계·정·혜에 대한 혜능 대사의 소견을 청하니, 대사께서 말씀하셨다.
"그대는 나의 말을 듣고 나의 소견을 알아보아라.
마음자리에 잘못 없음이 자성自性의 계戒요, 마음자리에 어지러움 없음이 자성의 정定이며, 마음자리에 어리석음 없음이 자성의 혜慧니라."

─────

강의 신수 대사는 몸과 마음의 차원에서 계·정·혜 삼학에 접근하였고, 혜능 스님은 자성의 차원에서 삼학을 풀이한 것입니다. 그러니까 굉장히 빠릅니다. 내 마음자리에서 시비심이 일어나지 않으면 그게 곧 계를 지키는 것이고, 마음자리가 산란하지만 않으면 그것이 곧 선정이고, 마음자리에서 어리석은 생각이 일어나지 않으면 그게 곧 지혜이지, 계·정·혜가 따로 있는 게 아니라는 엄청난 이야기를 하고 계신 겁니다.

본마음 참나는 항상 크고 밝고 완전하기 때문에 본마음 참나 자리에서 한 생각 일으키지만 않으면 그대로가 우리는 완벽한 존재라는 소리입니다. 이것은 우리는 본래 완전한 존재다, 우리의 평상심이 그대로 도라는 소리로 인간성에 대한 완벽을 선언한 것입니다. 그런데 평상심이 깨어지면서 도심이 흔들려서 도의 자리에서 멀어진 것뿐이지, 본래 다 도인, 선지식이라는 말입니다. 육조단경 첫 법문부터 "선지식들이여." 하고 나오는데, 그게 바로 이 논리에 입각해서 부르신 겁니다.

자성 자리의 입장에서 볼 때 우리는 이미 다 본래 완벽한 존재이기 때문에 이제 부처님한테 구걸하지 않아도 됩니다. 그래서 참선 수행은 완벽을 향해서 가는 수행이 아니라 완벽에서 출발하는 수행이어서 빠르다고 한 겁니다. 본래 완벽하니까 이것을 지켜나가기만 하면 되기 때문입니다. 그런데 또 지키기가 어렵지요. 시비심도 일어나고, 역경계와 순경계에 닥치게 되면 시비 분별심이 일어나서 마음이 산란해지고 어리석은 언행을 하게 되는 겁니다. 육조단경에서 마하반야바라밀을 구념심행하라는 이유가 바로 그것입니다. 완벽을 얻고자 하는 게 아니고 완벽을 지켜나가는 수행법이 바로 육조단경의 수행법이고 참선의 핵심입니다.

봄철에 보살계 행사를 하는데, 보살계라는 것도 결국은 심지법문에 입각해서 주는 것입니다. 부처님께서 진정으로 우리에게 주고 싶은 것은 불계라고 앞에서 말씀드렸죠. '너희들은 본래 부처라는 불계'를 주고 싶은데 불계를 주면 잘 안 믿으니까 먼저 보살계를 주시는 것입니다. 보살계를 받으면 보살이 되고, 불계를 받으면 부처가 됩니다.

혜능 대사께서 다시 말씀하셨다.

"그대의 계·정·혜는 작은 근기의 사람에게 권하는 것이요, 나의 계·정·혜는 높은 근기의 사람에게 권하는 것이니, 자기의 성품을 깨달으면 또한 계·정·혜도 세우지 않느니라."

지성이 여쭈었다.

"대사께서 세우지 않는다고 말씀하시는 뜻은 어떤 것입니까?"

대사께서 말씀하셨다.

"자기의 성품[自性]은 잘못도 없고 어지러움도 없으며 어리석음도 없나니, 생각마다 지혜로 관조하여 항상 법의 모양(相)을 떠났는데 무엇을 세우겠는가. 자기의 성품을 단박에 닦을지니, 세우면 점차漸次가 있게 되므로 세우지 않느니라."

지성은 예배하고 나서 바로 조계산을 떠나지 아니하고 곧 대사의 제자가 되어 대사의 좌우를 떠나지 않았다.

강의 계·정·혜 삼학에 대한 신수 스님과 6조 스님의 견해 차이가 바로 교가와 선가의 종풍의 차이라고도 할 수 있습니다. 자성의 삼학, 우리의 본래 마음자리에 계·정·혜 삼학을 이미 갖추고 있으니 그것을 지켜나가기만 하면 된다는 것이 6조 스님의 입장입니다. 또한 시비심, 산란심, 어리석은 생각이 일어나면 바로 마하반야바라밀을 부르며 자성 자리로 돌아가면 된다는 것입니다.

궁극적으로는 계·정·혜 삼학조차도 세울 것이 없다고 하시는 6조 스님에게 도대체 세우지 않는다는 게 구체적으로 무슨 뜻이냐고 묻습니다. 그에 대해 본래 깨달음은 태초에 완성되어 있어서 단박에 닦는 것이다, 세우면 점차가 있게 되므로 세우지 않는다고 말씀하십니다.

불교에서 깨달음을 중시하는데 깨달음을 얻으려면 도대체 어떻게 해야 되느냐는 질문을 많이 받습니다. 수행 방법에 대한 질문인데, 방법을 세우면 세울수록 돌아가는 길이라는 겁니다. 방법이 없는 것이 진정한 지름길입니다. 반야 관조, 마하반야바라밀을 염하면서 그 소리를 듣고 항상 크고 밝고 완전한 자성 자리와 계합하는 것이 그대로 깨달음이요, 그대로 수행이라는 겁니다. 바로 지금 여기에서 깨달음과 하나가 되는 수행이라는 것이지요. 원문에서는 그것을 자성自性 돈수頓修, 단박 돈頓자에 닦을 수修자를 썼습니다. 돈수란 빨리 닦는다는 의미가 아니고 이미 완성되어 있다는 것을 확인하고 써나가기만 하면 된다는 내용입니다. 본래 참선은 방법을 세우지 않습니다. 아무리 좋은 방법이라도 세우면 점차에 떨어지기 때문입니다.

6조 스님을 비롯한 초기 선사들의 가르침을 조사선이라고 하는데, 조사선의 가르침은 방법을 세우지 않는 것입니다. 도불속수(道不屬修: 도는 수행에 속하지 않는다), 도불용수(道不用修: 도는 수행을 쓰지 않는다)라고 하였습니다. 깨달음은 태초에 완성되어 있는데, 어찌 닦아서 만들어지는 것이랴? 닦아서 만들어지는 깨달음이라면 그것은 또 역시 무너져버린다는 식의 표현이 종종 등장합니다. 그러나 후대에 내려가면서 사람들이 자꾸 미혹을 일으켜서 방편을 세울 필요가 생겼습니다. 그래서 나온 것이 묵조선이고 간화선입니다.

여기에서 법의 모양, 상相이라는 말이 나옵니다. 불교에서 상이라는 말을 많이 쓰는데, 이 상이라는 것은 요새 말로 하자면 콤플렉스입니다. 잘난 척하는 것도 못난 척하는 것도 콤플렉스가 있어서 그런 겁니다. 학력 콤플렉스가 있는 사람은 학력 높은 사람 앞에 가면 주눅이 듭니다. 간혹 군대에서 고등학교밖에 졸업하지 못한 고참이 대학원까지 나온 부하병사를 괜히 더 괴롭히는 경우가 있는데, 그게 다 콤플렉스 때문입니다. 부처님은 모든 콤플렉스를 벗어난 분인데, 해탈이라는 게 바로 일체의 콤플렉스에서 벗어난 것을 말합니다. 살아가면서 누구나 갖추고 있는 자성자리에 초점이 맞춰지면 일체 콤플렉스가 쉬어집니다. 왜냐하면 자성은 무비無非 무란無亂 무치無癡의 완벽한 자리이기 때문이지요.

3

─ 부처의 행이 부처이다 ─

또 한 스님이 있었는데 법달이라 하였다. 항상 『법화경』을 외워 칠 년이 되었으나 마음이 미혹하여 바른 법의 당처當處를 알지 못하더니 와서 물었다.

"경에 대한 의심이 있습니다. 대사님의 지혜가 넓고 크시오니 의심을 해결해주시기 바랍니다."

대사께서 말씀하셨다.

"법달이여, 법에 매우 통달해야 하거늘 그대 마음은 통달하지 못하였구나. 경 자체에는 의심이 없거늘 그대의 마음이 스스로 의심하고 있나니, 그대 마음이 스스로 삿되면서 바른 법을 구하는구나. 자기 마음의 바른 안정安定이 바로 경전을 지니고 읽는 것이니라.

나는 한평생 동안 문자를 모르니, 그대는 『법화경』을 가지고 와서 나와 마주하여 한 편을 읽을지니, 내가 들으면 바로 알 것이니라."

갖의 법달, 말 그대로 『법화경』에 통달해서 법달이라는 스님의 일화입니다. 7년 내내 『법화경』을 외웠지만 『법화경』의 근본 가르침을 알지 못해 6조 스님께 여쭙는 대목입니다. 쌍계사에서 산 쪽으로 좀 올라가면 토굴이 하나 있습니다. 그 곳에 노장님이 한 분 살고 계셔서 큰 재가 있을 때 과일, 떡 등을 싸들고 노장님한테 찾아가곤 했습니다. 노장님께서 이런저런 과거 수행담을 말씀해주셨는데, 이 스님께서 항상 하시는 말씀이 낙처落處를 알아야 된다고 하셨습니다. 그 사람이 말하고자 하는 의도가 무엇인지 알아야 된다는 것이지요. 경전도 마찬가집니다. 부처님께서 전달하고자 하는 메시지가 뭔지를 알고 경을 독송하고 실천해야 합니다. 물론 모르고 읽더라도 안 하는 것보다는 낫지요. 그 시간에 최소한 남의 험담이나 하면서 시간을 보내지는 않을 거잖아요. 그런 점에서는 아무 뜻도 모르고 읽더라도 일단 읽는 게 좋습니다.

경전을 계속 지송하다보면 마음이 차분해지고 삼매에 들게 되고, 불보살님의 가피를 받을 수 있죠. 그러나 궁극적으로는 거기에서 또 한 걸음 더 나아가야 됩니다. 부처님께서 우리에게 하시고자 하는 말씀을 잘 파악해서 현실에서 살려나가는 것이 가장 중요한 것이지요. 법달 스님도 역시 7년 동안 『법화경』을 외웠지만 부처님의 의도가 뭔지를 정확히 파악하지 못했습니다. 낙처를 모른 거예요. 아직은 마음의 문이 열리지 못해서 근본핵심을 잡아내지 못한 것이지요. 요새도 이런 분들 많습니다. 30년 동안 천수경을 아침저녁으로 독송해도 천수경의 근본핵심, 의미를 모르고 그냥 하면 좋다니까 습관적으로 하시는 분들이 많습니다.

그런 의미에서 법달은 상당히 트인 사람입니다. 아무 생각 없이 읽으면서도 별로 궁금해 하지도 않고, 알고 싶어 하지도 않고 또 설명해주는 사람도 없는 경우가 많습니다. 자기가 매일 하면서도 이게 도대체 무슨 내용인지, 메시지가 뭔지 모르고 하니까 남한테 전해줄 수가 없는 겁니다. 법륜을 굴리려 해도 굴릴 수가 없는 겁니다. 지금부터라도 한 마음 돌이켜서 자신이 수지 독송하는 경전의 뜻을 제대로 알아보겠다는 마음을 일으켜야 합니다. 그것이 미신에서 정신正信으로 가는 지름길입니다.

어쨌든 법달이 경에 대해 의심스러운 점을 물으니까 6조 스님이 말씀하시기를, 오일생이래푬一生以來로 불식문자不識文字하니 네가 한 편 읽어주면 바로 알 것이라고 했습니다. 6조 스님은 나무꾼 출신이었는지라 읽지는 못해도 들으면 알 수 있었습니다. 6조 스님을 보면 학력 콤플렉스를 가질 필요가 없습니다. 6조 스님이 초등학교, 중학교, 고등학교, 대학교를 나온 것도 아니고 아예 글을 전혀 몰랐습니다. 6조 스님이 깨달음을 얻게 된 계기도 다른 사람이 『금강경』 읽는 소리를 듣고 깨달은 것입니다. 참선 문중에서는 문자나 학력이 중요한 것이 아니고 근본적인 마음가짐, 메시지를 얼마나 아느냐가 중요하다는 겁니다.

법달이 경을 가지고 와서 대사를 마주하여 한 편을 읽었다. 6조 대사께서 듣고 바로 부처님의 뜻을 아셨고 이내 법달을 위하여 『법화경』을 설법하셨다.

"법달이여, 『법화경』에는 많은 말씀이 없나니, 일곱 권이 모두 비유와 인연 말씀이니라. 여래께서 널리 삼승三乘을 말씀하심은 다만 근기가 둔한 세상 사람을 위함이며, 경 가운데서 분명히 '다른 승乘이 있지 아니하고 오로지 일불승一佛乘뿐이라.'고 하셨느니라. 법달이여, 그대는 일불승一佛乘을 듣고서 이불승二佛乘을 구하여 그대의 성품을 미혹하게 말지니, 경 가운데서 어느 곳이 일불승인지를 그대에게 말하리라.

경에 말씀하시기를 '모든 부처님 · 세존께서는 오직 일대사인연一大事因緣 때문에 세상에 나타나셨다.'고 하셨다. (이상의 열여섯 자는 바른 법이다) 이 법을 어떻게 알며 이 법을 어떻게 닦을 것인가? 그대는 나의 말을 잘 들어라.

강의 법달이 읽어주는 것을 듣고 6조 스님이 바로 부처님의 의도하시는 바를 아셨습니다. 부처님이 어떠한 의도로 이런 경전을 설하셨을까 파악하는 것이 가장 중요합니다. 『법화경』에는 궁자의 비유를 비롯해서 여러 가지 비유가 있는데, 결국 삼승(성문, 연각, 보살)은 방편이요, 일승이 진실이라는 말씀을 하고 계시는 겁니다. 우리 모두를 부처로 만들려는 것이 『법화경』의 근본취지입니다. 이미 우리 모두가 부처님의 고귀한 자식이라고 하는 것이지요. 부처님의 막대한 유산을 물려받을 자격이 있다고 하는 것입니다.

한편 6조 스님께서는 일불승과 이불승을 구분해서 말씀하시면서 모든 부처님 세존께서 오로지 일대사인연 때문에 세상에 나타나셨다(諸佛世尊 唯以一大事因緣故 出現於世)고 하셨습니다. 괄호를 쳐서 이 열여섯 글자야말로 정법이며 『법화경』의 핵심이라고 하셨습니다.

일대사인연이란 바로 일불승을 말합니다. 우리 모두를 다 부처님처럼 만들기 위해서, 아니 우리 모두가 본마음 참나를 이미 갖추고 있는 부처라는 것을 확인시켜 주기 위해서 오신 것입니다. 그게 바로 일대사 인연입니다. 우리는 부처님의 머슴 노릇은 물론이고 부처님의 제자로 머물러 있을 필요도 없습니다. 많은 중생을 고통에서 평화의 세계로 건네주는 불보살이 얼마든지 될 수 있기 때문입니다. 시간문제일 뿐이지 우리는 다 부처가 되고 있는 것입니다. 부처님께서 우리 모두를 부처님으로 만들기로 작정하셨기 때문에 누구나 다 된다고 하는 겁니다.

그런데 고생을 죽어라고 하다가 부처가 되는 사람이 있고, 신속하게 빨리 되는 사람이 있습니다. 『육조단경』과 『법화경』의 참다운 종지를 제대로 아는 사람은 신속하게 빨리 된다는 말씀입니다. 또한 경전을 읽어도 경전의 근본취지를 잘 알아서 자기 것으로 만들어서 쓰고 남에게 전해줄 수 있어야 비로소 제대로 수지 독송하고 남을 위해 설하는 것입니다. 그래야만 진정으로 공덕이 있습니다.

사람의 마음이 헤아리지 않으면 본래의 근원이 비고 고요하여 삿된 견해를 떠나나니 이것이 바로 일대사인연이니라. 안팎이 미혹하지 않으면 바로 양변兩邊을 떠나느니라. 밖으로 미혹하면 모양에 집착하고 안으로 미혹하면 공空에 집착하나니, 모양에서 모양(相)을 떠나고 공에서 공을 떠나는 것이 바로 미혹하지 않는 것이니라. 그러므로 이 법을 깨달아 한 생각에 마음이 열리면 세상에 출현하는 것이니라.

강의 육조단경의 특색이 여기에서도 잘 드러납니다. 사람의 마음이 더 이

상 헤아리지만 않으면, 불사선不思善 불사악不思惡하면, 분별심만 쉬면 그대로 공적한 자리이고 그대로 일대사인연의 자리라는 겁니다. 이것이야말로 인간 본성에 대한 절대 긍정의 굉장한 가르침입니다.

앞에서도 말씀드렸듯이 불교는 성선설도 아니고 성악설도 아닌 성공설입니다. 여기서 공이라고 할 때의 공空자도 해석을 잘 해야 됩니다. 공은 단순히 텅 비어있다는 뜻이 아닙니다. 비어 있기 때문에 채울 수 있는 것이 공간입니다. 비어 있어서 채울 수 있는 것이 참다운 공의 의미입니다. 비어있는 것만으로 공을 생각한다면 그것은 공을 반쪽밖에 이해 못한 것입니다. 고정된 형상이 없기 때문에 어떤 형상으로도 나툴 수 있고, 일정하게 계신 곳, 계신 때가 없기 때문에 어떠한 곳, 어떠한 때에도 계신다는 겁니다.

고정된 실체로서의 나는 분명히 없습니다. 그러나 그렇다고 해서 시시각각 찰나 생멸하는 내가 없는 것은 아닙니다. 주어진 몸과 마음을 잘 써나가는 것이야말로 진정한 공입니다. 비어 있는 게 공이 아니라 비어 있는 공간을 충분히 활용하는 것이 참다운 공의 의미입니다. 그런 점에서 사량계교만 하지 않으면 그 자리가 그대로 일대사인연 자리요, 부처 자리라는 6조 스님의 가르침은 혁신적입니다.

이미 부처님께서는 위대한 유산을 다 열어 보이셨습니다. 우리는 그것을 어떻게 활용하느냐에 초점을 맞춰야 합니다. 부처님의 유산은 무엇이냐? "누구나 다 자성, 무한한 가능성을 지니고 있다. 그렇기 때문에 자기 마음에 그리는 대로 이루어진다, 일체유심조. 그래서 웃자, 웃을 일이 생긴다. 감사하자, 감사할 일이 생긴다." 이것을 100% 활용하는 것이 바로 부처님의 깨달음을 활용하는 것이고, 그것이 오히려 부처님께서 바라는 진정한 뜻이 아닌가 합니다.

마음에 무엇을 여는가? 부처님의 지견을 여는 것이다. 부처님이란 깨달음을 말하는데 네 문門으로 나누니, 깨달음의 지견을 여는 것과, 깨달음의 지견을 보이는 것과, 깨달음의 지견을 깨닫는 것과, 깨달음의 지견에 들어가는 것이니라.

　열고(開) 보이고(示) 깨닫고(悟) 들어감(入)은 다 한 곳으로부터 들어가는 것이니, 바로 깨달음의 지견으로 자기의 본래 성품[自性]을 보는 것이 바로 출세하는 것이니라."

　강의 아들이 둘이 있었습니다. 그들의 아버님은 아주 어려서부터 고생고생해서 마침내 자수성가를 하였고, 자식들에게 엄청난 유산을 남기고 갔습니다. 그 때 한 아들은 '아버님도 초등학교만 졸업하고 어렸을 때부터 고생해서 저렇게 큰 유산을 남겼으니까 나도 아버님이랑 똑같이 초등학교만 졸업하고 재물을 불려서 유산을 남겨보자.'라고 생각했습니다. 또 한 아들은 이렇게 생각했죠. '아버님이 고생해서 저렇게 큰 유산을 남겼으니까 나는 이것을 활용해서 대학은 물론 외국유학까지 다녀와 더욱 큰 유산으로 만들어보자.'

　과연 엄청난 유산을 남긴 아버지는 어떤 아들을 원했을까요? 부처님께서 우리에게 불지견을 열어보여 주시고 누구나 다 본래 깨달아 있다, 본래 부처다, 우리의 본성자리는 분별심만 일으키지 않으면 그대로 여여부동한, 크고 밝고 편안한 완성된 자리라는 것을 가르쳐 주셨습니다. 우리는 부처님 말씀에 대한 확신을 가지고 본래 가지고 있는 깨달음의 지견을 믿고 써나가면 되는 겁니다. 아버지의 유산을 지키고 잘 써 나가면 되는 것이지, 이제부터 죽어라 돈을 벌어서 아버지처럼 유산을 만들어야겠다고 생각한다면 그것은 쉬운 일도 아닐뿐더러 또 진정으로 아버지가 바라는 일이 아닙니다. 대승법문이 바로 이런 것입니다.

깨달음의 지견, 부처로서의 지견은 닦아서 만들어지는 것이 아니라 이미 갖추고 있는, 본래 지니고 있는 것입니다. 그저 내가 본래 부처라는 확신에서 시작하는 수행, 자기 본성 자리를 지켜나가는 수행 쪽에 초점을 맞춰서 나아가라고 독려합니다.

대사께서 말씀하셨다.

"법달이여, 나는 모든 세상 사람들이 스스로 언제나 마음자리에 부처님의 지견을 열고 중생의 지견을 열지 않기를 바라노라. 세상 사람의 마음이 삿되면 어리석고 미혹하여 악을 지어 스스로 중생의 지견을 열고, 세상 사람들의 마음이 발라서 지혜를 일으켜 관조하면 스스로 부처님 지견을 여나니, 중생의 지견을 열지 말고 부처님의 지견을 열면 바로 출세하는 것이니라."

강의. 깨달음의 지견을 열어 보이고 깨달아 들어가는 것이야말로 자기의 본래 성품을 깨닫는 것이고 이것이 곧 진정한 출세라는 말씀입니다. 세상 사

람들은 돈을 많이 벌고 유명해지고 명예·권세가 높아지는 것을 출세한다고 생각하지만 불교에서 말하는 출세는 그게 아닙니다. 자기의 본래 성품을 보는 것이야말로 진정한 출세出世, 세간에서 벗어나는 것입니다.

불지견이라는 말과 중생지견이라는 두 가지 말이 나오는데, 지견知見이란 알음알이, 자기의 견해, 자기의 깜냥입니다. 불지견은 나는 본래 부처라는 것입니다. 이 세상에 존재하는 것은 모두 변합니다. 변하는 것 자체가 진리의 세계이고, 그런 점에서 보자면 사실은 모두가 완벽합니다. 제행무상, 변화하는 것이야말로 완벽한 것이라고 생각하는 것이 불지견을 여는 겁니다. 이 몸이 태어난 이상 생로병사를 있는 그대로 여실하게 보고 있는 그대로 살아가는 것이 불지견입니다. 이 몸뚱이를 안 늙게 하려고, 안 죽게 하려고 노력하는 게 중생지견입니다. 예전에도 말씀드렸지만, 불지견은 성품자리입니다.

100만 원짜리 수표는 먼지가 묻고 구겨졌다고 해도 100만 원의 값어치를 갖고 있습니다. 그것과 마찬가지로 우리 몸과 마음이 아무리 오염되어 있는 것 같더라도 우리의 본성자리는 한 번도 오염된 적이 없고 오염될 수도 없습니다. 자기의 시각에서, 중생지견에서 바라보니까 세상은 불공평한 것 같고, 뭔가 잘못되어 가고 있는 것 같지만 진리의 입장에서 보자면 이 우주의 법칙은 한 치의 오차도 없이 돌아가고 있습니다.

'나의 본성은 바로 부처님의 본성이다, 나도 부처가 될 수 있는 무한한 가능성이 있다, 마음에 그리는 대로 이루어진다.' 라는 것이 바로 불지견입니다. 나는 중생이니까 많이 더럽혀져 있다고 생각하고, 오염된 나의 영혼을 정화시켜 나가기 위해 수행하는 것이 중생지견입니다. 지금도 더럽혀진 나의 몸과 마음을 정화시켜 나가는 것이 수행이라고 생각하는 분들이 많습니다. 그분들은 바로 중생지견에 입각한 오염수汚染修를 하고 있는 것이고, 이것이 바로 신수 스님의 가풍이기도 합니다. 이에 비해 6조 스님의 가풍은 내가 본래 부처다, 본래 청정한 이 자리를 지켜 나가고 활용해 나가면 될 뿐이라는 점에서 불오염수不汚染修라고 한 것입니다. 세상에 나온 이상 출세해야 합니다. 자기 본성을 보고 무한한 가능성을 이 현생에 살려나가는 것이 진정한 출세입니다.

구걸하는 마음, 종노릇하는 마음이 중생지견입니다. 그러나 '내가 내 인생의 주인이다. 그래서 내가 이렇게 하겠습니다.'라고 생각하는 것이 바로 불지견입니다. 불자들은 불지견에 바탕한 기도를 해야 합니다. '제가 건강해질 수 있도록 꾸준히 운동하고 적당히 먹고 마음공부를 하겠습니다.' '이 세상이 평화로워 지는 데 제가 일조를 하겠습니다.'라고 하면 됩니다. 이게 불지견입니다. 불지견, 중생지견 하면 굉장히 어려운 말 같지만 매일 구걸하는 것은 중생지견이고, 스스로 하겠다고 발원하면 불지견입니다. 발원을 연습하면 주인이 됩니다.

대사께서 말씀하셨다.

"법달이여, 이러한 것이 『법화경』의 일승법一乘法이니라. 아래로 내려가면서 삼승三乘을 나눈 것은 미혹한 사람을 위한 까닭이니, 그대는 오직 일불승一佛乘만을 의지하여라."

앞의 『법화경』에서도 불지견을 얘기합니다. 부처님께서는 중생들을 부처

님으로 만들고자 왔으니 이제부터 내 제자가 되라고 하십니다. 제자로 끝나는 것이 성문승이고, 연기법을 깨달은 것으로 끝나는 것이 연각승이고, 부처님과 중생 사이에서 다리 역할 하는 것으로 끝나는 것이 바로 보살승입니다. 삼승(성문, 연각, 보살)이 아닌, 우리도 부처님, 대자유인, 주인공이 되어서 다른 사람도 대자유인이 될 수 있도록 법륜을 굴리라는 것이 『법화경』과 육조단경의 가르침이자 우리의 목표입니다.

불교는 철저하게 주인 되는 가르침입니다. 윈도 브러시에 눈의 초점을 맞추지 말고 전방을 주시하고 운전해야 된다는 겁니다. 우리의 몸뚱이와 마음은 윈도브러시와 같이 한 시도 가만히 있지 않습니다. 비록 내 몸과 마음은 윈도브러시처럼 계속 움직이고 있지만 거기에다 초점을 맞추지 말고 성품자리에다 초점을 맞춰서 공부해야 된다는 것이 바로 일불승으로 가는 가르침입니다.

대사께서 말씀하셨다.

"법달이여, 마음으로 행하면 『법화경』을 굴리고 마음으로 행하지 않으면 『법화경』에 굴리게 되나니, 마음이 바르면 『법화경』을 굴리고 마음이 삿되면 『법화경』에 굴리게 되느니라. 부처님의 지견을 열면 『법화경』을 굴리고 중생의 지견을 열면 『법화경』에 굴리게 되느니라."

강의 마음으로 행하면 『법화경』을 굴릴 줄 알게 되는 것이고 마음으로 행하지 않으면 『법화경』에 굴림을 당하는 겁니다. 특히 경전을 많이 수지 독송하는 분들은 이 문구를 아주 크게 써서 책상 앞에 붙여놔야 됩니다. 『금강경』이든 『법화경』이든 『천수경』이든 내가 이 경전에 굴림을 당할 것이냐, 내가 이 경전을 굴릴 것이냐? 경전을 굴린다는 건 뭡니까? 경전의 가르침을 잘 이해해서 현실에 살려서 쓰는 것이 곧 경전을 굴리는 겁니다. 법륜을 굴리는 겁니다. 매일 경전의 문자에 얽매여서 노심초사하며 사는 것은 경전에 굴림을 당하는 것입니다. 부처님께서 경전을 설하신 뜻은 경전을 잘 굴려서 써라, 법륜을 굴리라는 것입니다.

달리 표현하면, 수동적이고 피동적인 인생을 살지 말고 주도적인 인생을 살라는 것입니다. 매일 받으려고만 하지 말고 주는 마음을 연습하라는 겁니다. 매일 굴림만 당할 것이 아니라 부처님처럼 법륜을 굴리는 것이 바로 불지견을 여는 것이고, 바로 주인 노릇을 연습하는 것입니다. 구걸하는 마음을 연습하면 거지가 되고, 주는 마음을 연습하면 주인이 됩니다. 마음이 먼저고 현실은 나중입니다. 자기가 연습하는 대로 현실에서 이루어지는 겁니다. 안테나를 어떻게 세울 것이냐에 따라서 삶이 달라집니다.

대사께서 말씀하셨다.

"힘써 법을 의지해 수행하면 이것이 바로 경을 굴리는 것이니라."

법달은 한 번 듣고 그 말끝에 크게 깨달아 눈물을 흘리고 슬피 울며 말하였다.

"큰스님이시여, 실로 일찍이 『법화경』을 굴리지 못하였습니다. 칠 년을 『법화경』에 굴리어 왔습니다. 지금부터는 『법화경』을 굴려서 생각마다 부처님의 행行을 수행하겠습니다."

부처님의 지견을 열면 『법화경』을 굴리고 중생의 지견을 열면 『법화경』에 굴림을 당하게 됩니다. 주인노릇을 하며 살 것이냐, 종노릇을 하며 살 것이냐는 굉장히 중요한 문제입니다. 경전 중의 경전이라고 하는 『법화경』 같은 대단한 경전이라 할지라도 결국은 내가 불지견을 열어서 주인 노릇을 하기 위해서 필요한 것이지 경전의 종노릇을 해서도 안 된다는 겁니다.

『금강경』에도 "경전은 고통의 이 언덕에서 열반의 저 언덕으로 건너가는 데 필요한 뗏목과 같은 것이다. 어떤 사람이 뗏목을 통해서 저 쪽으로 건너간 이후에도 뗏목을 짊어지고 다닐 필요가 있겠느냐."는 내용이 나옵니다. 우리는 은연중에 자꾸 주인을 잊어버리고 종노릇을 하려고 합니다. 그러나 참선에서 가장 중요시 하는 것은 가는 곳마다 주인이 되어야 서는 곳마다 모두 진리의 세계가 펼쳐진다는 것입니다. 어디 가든지 항상 스스로가 스스로의 주인노릇을 해야 된다는 소리입니다. 주인이 될 것인지 종이 될 것인지를 스스로가 선택해야 됩니다.

힘써 법을 의지해 수행하면 이것이 바로 경전을 굴리는 것이라는 6조 스님의 말씀을 듣고 법달이 감격해서 말합니다. 원문에 보면, "전법화轉法華하여 염념수행불행念念修行佛行하리이다."라고 나와 있습니다. 『법화경』을 굴려서 생각 생각마다 부처의 행을 수행한다고 한 것입니다. 우리가 항상 인사하는 '행불하십시오'라는 말의 근거가 바로 여기에 있습니다. 부처의 행을 수행한다는 것은 바로 주인노릇을 연습한다는 것입니다. 우리는 누구나 다 자기 인생의 주인입니다. 내 인생의 고통도 행복도 다 내 작품입니다. 행복도 내가 수용하는 만큼 받는 것이고 고통도 내가 수용하는 만큼 받는 것입니다. 그런데 밖에다 "행복하게 해주세요, 고통스럽지 않게 해주세요." 하는 것이야말로 종노릇을 연습하는 것입니다.

대사께서 말씀하셨다.
"부처의 행이 곧 부처이니라."
그 때 듣는 사람들로 깨닫지 못한 이가 없었다.

<u>강의</u> 법달이 부처의 행을 수행하겠다고 하자 6조 스님께서 "맞다. 부처의 행이 곧 부처이니라."라고 하셨습니다. 정하여진 부처가 따로 있어서 부처의 행위를 하는 것이 아니고, 부처의 행위를 하는 자가 부처라는 겁니다. 육조단경의 핵심사상, 불교의 핵심인 행불사상이 드러나는 아주 중요한 대목입니다.

불교의 핵심은 '고정된 실체로서의 나는 없다'라는 겁니다. 고정된 실체로서의 나는 없지만 시시각각 찰나 생멸하는 나는 있습니다. 현존하는 모습조차 부정해서는 안 됩니다. 그것은 허무주의에 떨어지고, 공에 빠지는 겁니다. 불교는 중도설입니다. '없다'에 떨어져서도 안 되고 '있다'에 떨어져서도 안 됩니다. 고정된 실체는 없지만 변화하는 나는 있고, 바로 지금 여기에서 나의 행위가 나라는 것입니다. 강의를 하면 강사가 되는 것이고 도둑질을 하면 도둑놈이 되는 겁니다. 어떤 행위를 하느냐가 나를

규정해 나간다는 것입니다. 부처님께서는 "태어날 때부터 천박한 사람과 고귀한 사람이 정해진 것이 아니다. 천박한 행위를 하는 자가 천박한 자이고 고귀한 행위를 하는 자가 고귀한 사람"이라고 강조하셨습니다.

몇 년 전에 인도에 간 적이 있습니다. 인도에서는 요즘도 카스트 제도가 남아 있습니다. 한 번은 기차를 탔는데, 젊은 사람이 나이가 더 많아 보이는 사람을 막 꾸짖고 있어서 물어 봤지요. 나이 든 사람을 왜 저렇게 꾸짖고 있느냐고 했더니 신분 차이가 나는 사람인데 결례를 했다는 겁니다. 어떻게 아느냐고 했더니, 외국인이 보면 몰라도 자국민들끼리는 대충 저 사람이 수드라 출신인지 바이샤 출신인지를 아는 모양입니다. 그리고 불가촉천민은 지금도 여전히 별도로 독립된 공간에서 살고 있습니다. 돼지들이 시내에 막 쏘다니는 모습을 보고, 저 돼지를 누가 먹느냐고 물으니까 불가촉천민이 먹는다고 하더군요.

지금도 인도에는 계급의식이 남아있는데, 부처님 당시에는 얼마나 더 심했겠습니까? 그런데 그 당시에 출생에 의해서 귀천이 갈라지는 것이 아니고 행위에 의해서 귀천이 갈라진다는 말을 했다는 것은 거의 혁명적인 발언이 아닐 수 없습니다.

4
─짓되 얻고자 함이 없는 것이 최상승이다─

그 때 지상이라고 하는 한 스님이 조계산에 와서 대사께 예배하고 사승법四乘法의 뜻을 물었다.
지상이 여쭈었다.
"부처님께서는 삼승三乘을 말씀하시고 또한 최상승最上乘을 말씀하셨습니다. 제자는 알지 못하겠사오니 가르쳐 주시기 바랍니다."

값의 삼승에다 최상승을 더해서 사승법입니다. 『법화경』에 보면, 양이 끄는 수레, 말이 끄는 수레, 소가 끄는 수레로 표현되어 있습니다. 성문·연각·보살승이 바로 삼승이고, 흰 소가 끄는 수레가 바로 최상승, 일불승이라고 하는 것입니다. 여기서는 굳이 사승이라고 표현했지만, 일단 기본적인 것은 소승과 대승입니다. 대승은 마하야나, 소승은 히나야나라는 범어

를 옮긴 말입니다. 마하는 크다, 히나는 작다는 뜻이고, 야나는 수레, 탈 것이라는 뜻입니다. 결국 마하야나는 큰 수레, 히나야나는 작은 수레를 말하지요. 우리나라는 대승불교 국가이고 남방은 소승불교 국가라고 폄하해서 얘기하지만 사실은 소승불교 국가라는 것은 없습니다. 본인들은 히나야나라고 하지 않고 테라바다, 상좌부 불교라고 합니다. 상좌부 불교야말로 본래 부처님에게서 내려오는 전통을 제대로 살리고 있다는 자긍심을 갖고 있습니다.

세계적인 불교학자인 월폴라 라후라는 자신의 책에서 "상좌부 불교 국가에 사는 대승불교도들, 대승불교 국가에 사는 소승불교도들"이라는 표현을 썼습니다. 우리나라가 대승불교 국가라고 말하지만 진정한 대승불교인이 얼마나 있을까요? 대승불교 국가에 사는 소승불교도가 오히려 많지 않을까요? 소승불교라는 것도 어떤 실체가 있는 것이 아니고 소승의 마음을 먹고 소승의 행위를 하면 소승불교도가 되는 것입니다.

혜능 대사가 말씀하셨다.

"그대는 자신의 마음으로 보도록 하고 바깥 법의 모양에 집착하지 말라. 원래 사승법四乘法이란 없느니라. 사람의 마음이 스스로 네 가지로 갈리어 법에 사승이 있을 뿐이다. 보고 듣고 읽고 외움은 소승小乘이요, 법을 깨달아 뜻을 앎은 중승中乘이며, 법에 의지하여 수행함은 대승이요, 만 가지 법을 다 통달하여 만 가지 행을 갖추며 일체를 떠남이 없으되 다만 법의 상相을 여의어서, 짓되 얻고자 함이 없는 것이 최상승最上乘이니라.

승乘은 행한다는 뜻이요 입으로 다투는 데 있지 않나니, 그대는 모름지기 스스로 닦고 나에게 묻지 말지니라."

<u>강의</u> 사실 본래 마음자리에는 소승이니 대승이 따로 없습니다. 대승이니 소승이니 하는 것은 결국 각자의 마음속에 있는 것이라고 볼 수 있겠습니다. 경전을 자기 혼자 보고 듣고 읽고 외는 것이 소승이고, 부처님의 가르침을 어느 정도 파악해서 뜻을 아는 것이 중승이고, 법에 의지하여 수행하는 것은 대승이요, 대승보다 한 걸음 더 나간 것이 바로 최상승입니다. 세간에 뿌리박고 살면서도 세간에 오염되지 않고 출세간의 꽃을 피우는 것이야말로 최상승이요, 육조단경의 가르침이 최상승법문이라는 말씀입니다. 다시 말해서 머무름이 없고 애착하지 않으면서도 열심히 살아나가는 도리, 부처의 행을 수행하는 것이 최상승입니다.

    컴퓨터의 하드웨어나 소프트웨어의 원리를 다 알아야 컴퓨터를 사용할 수 있는 것은 아닙니다. 클릭만 할 줄 알면 컴퓨터를 사용할 수 있습니다. 이 컴퓨터를 만든 사람은 얼마나 고생해서 만들었겠어요. 그러면 나도 지금부터 직접 컴퓨터를 만들리라 하고 부속품을 사러 다니면서 직접 조립하고 컴퓨터 학원을 다니면서 소프트웨어를 어떻게 하면 만들 수 있는지를 다 공부해서 하려면 얼마나 어렵겠습니까. 이미 만들어져 있는 것을 일단 활용해가면서, 시간이 되는 대로 원리에 대해서도 하나씩 알아 가면 되는 겁니다. 부처님의 행을 수행하는 것도 이와 마찬가집니다.

5

―― 볼 것은 나의 허물이요, 보지 않을 것은 남의 허물이다 ――

또 한 스님이 있었는데 이름을 신회라고 하였으며 남양 사람이다. 조계산에 와서 예배하고 물었다.

"큰스님께서는 좌선하시면서 보십니까, 보지 않으십니까?"

대사께서 일어나서 신회를 세 차례 때리고 나서 신회에게 물었다.

"내가 그대를 때렸는데 아픈가, 아프지 않은가?"

신회가 대답하였다.

"아프기도 하고 아프지 않기도 합니다."

6조 스님께서 말씀하셨다.

"나 또한 보기도 하고 보지 않기도 하느니라."

강의 신회가 6조 스님께 "스님께서는 참선하시면서 보십니까, 보지 않으십

니까?"라고 질문하자, 6조 스님이 일어나서 신회를 세 차례 때리고 "아픈가, 아프지 않은가?" 하고 되묻습니다. 선에서는 이렇게 파격적이고도 사실적인 답변을 많이 해줍니다. 상대방의 질문에 대해서 먼저 저 질문이 옳은 질문인가 옳지 않은 질문인가를 분석해야 합니다. 질문 자체가 논리적으로 맞지 않거나 문제가 있다고 할 때는 거기에 맞게 답변해줘야 됩니다. 이처럼 되묻는 것이 굉장히 좋은 답변의 방법입니다.

신회가 또 여쭈었다.
"대사님은 어째서 보기도 하고 보지 않기도 하십니까?"
대사께서 말씀하셨다.
"내가 본다고 하는 것은 항상 스스로의 허물을 보는 것이니 그러므로 본다고 말하는 것이다. 보지 않는다고 하는 것은 하늘과 땅과 사람의 허물과 죄를 보지 않는 것이니, 그 까닭에 보기도 하고 보지 않기도 하느니라. 그대가 아프기도 하고 아프지 않기도 한다 했는데 어떤 것이냐?"
신회가 대답하였다.
"만약 아프지 않다고 하면 곧 무정인 나무와 돌과 같고, 아프다 하면 바로 범부와 같아서 이내 원한을 일으킬 것입니다."

강의 여기서 중요한 것은 6조 스님께서 자신의 허물을 보고 남의 허물을 보지 않는다는 것입니다. 인천 용화사 법당 앞에 석조로 새겨진 돌 원숭이 세 마리가 앉아 있습니다. 한 마리는 두 눈을, 한 마리는 두 귀를, 또 한 마리는 자기 입을 두 손으로 가리고 있는데, 그것을 보는 순간 참선 수행하는 이의 마음가짐을 잘 표현하고 있구나, 아니 모든 수행자의 마음가짐이 저래야 된다는 생각이 들었습니다. 들어도 그저 못 들은 듯, 봐도 못 본 듯, 또 참견을 하고 싶어도 벙어리인 듯해야 한다는 말입니다. 예전에 어머니들이 말씀하시길, 시집살이를 하려면 벙어리 삼 년, 소경 삼 년, 귀머거리 삼 년을 해야 잘 지나간다고 하는 말이 수행에서도 유효하다는 말입니다. 실제로 수행자가 보고 싶은 것 다 보고, 듣고 싶은 것 다 듣고, 하고 싶은 말 다 하다보면 수행이 될 턱이 없습니다. 수행 기간만큼은 모든 것을 다 잊어버리고 그저 열심히 수행에만 전념해야 합니다.

또한 수행자는 자기 허물을 보는 데에 마음의 초점을 맞춰야 공부가 됩니다. 남의 허물을 본다는 것은 바로 남의 마음을 닦아주지 못해서 안달하는 겁니다. 자기가 자기 마음도 못 닦는데 어떻게 남의 마음을 닦아줄 수 있겠습니까?

엊그저께 어떤 스님이 재미있는 비유를 하셨습니다. 한 스님이 어느 절에 갔더니 그 절의 주지스님은 마침 출타 중이고 보살님이 한 분 계시면서 법당에 들어앉아서 계속 관세음보살 정근을 하고 있더래요. 밖에서 기다리다가 시간이 너무 지나가서 문을 살짝 열고 "보살님, 보살님" 하고 두 번 불렀답니다. 그랬더니 기도 중이던 보살님이 기도 중인데 왜 부르느냐고 성질을 발칵 내더랍니다. 그 스님이 왈, "나는 두 번밖에 안 불렀는데도 그렇게 성질낸다면, 관세음보살님은 얼마나 성질이 나겠습니까?" 하였답니다.

기도든 참선이든 다 마음공부입니다. 기도를 하는 것은 복을 받기 위해서 하는 것이 아닙니다. 복은 부수적인 효과, 연緣입니다. 인因은 나의 일심공부, 마음을 한마음으로 모아가는 공부입니다. 참선도 마찬가집니다. 참선을 해서 뭔가를 얻고자 하는 것이 아니라 무심해지고자 하는 것입니다. 부처의 행을 수행하는 것은 무심한 가운데에서도 한 마음 일으켜서 중생제도, 법륜을 굴리겠다는 원을 세우고 실행해 나가는 발심공부입니다. 그렇지 않으면 '수행을 오래 했네, 삼천 배를 했네, 관세음보살님을 친견했네.' 하는 것이 다 소용없습니다. 내 마음이 무심의 경지에 들어갔느냐 안 들어갔느냐가 중요하고, 법륜을 굴리겠다는 원을 세워서 중생 제도를 하느냐 안 하느냐 하는 것이 더욱 중요합니다.

대사께서 말씀하셨다.

"신회여, 앞에서 본다고 한 것과 보지 않는다고 한 것은 양변兩邊이요, 아프고 아프지 않음은 생멸生滅이니라. 그대는 자성自性을 보지도 못하면서 감히 와서 사람을 희롱하려 하는가?"

강의 여기에서 신회의 수준은 생멸의 수준, 중생심에서 한 질문입니다. '좌선하면서 보십니까, 보지 않으십니까?'에 대해서 6조 스님이 보기도 하고 보지 않기도 한다는 대답을 하셨죠. 이것은 생멸의 수준이 아닌 양변 차원에서 답변한 것이라고 말씀하셨습니다. 똑같은 말을 하더라도 완전히 다른 뜻으로 대화를 하는 경우가 많습니다. 그러면 서로 대화가 통하지 않습니다. 특히 불가에서 마음이라는 말을 가장 많이 쓰는데, 마음이라는

말을 서로 주고받으면서 완전히 다른 차원에서 이야기하는 경우가 비일비재합니다.

법문을 들을 때도 그렇고, 대화를 나눌 때도 그렇고 마음이라는 말을 쓸 때는 본마음을 이야기하는지 아니면 분별심을 이야기하는지를 잘 구분할 줄 알아야 합니다. 본마음, 분별심, 평상심, 무분별심 등을 구분하지 못하고 그냥 막연하게 마음이라는 용어로 쓰는 사람이 부지기수입니다. 똑같은 용어를 같은 공간에서 사용하더라도 전혀 다른 의미를 가지고 쓸 수 있다는 것입니다.

여기에서 신회는 6조 스님을 떠보려다가 오히려 석 대 맞았습니다. 자성을 보지도 못하면서 감히 남을 희롱하려 하는가, 하면서 야단도 맞습니다. 선지식을 함부로 희롱하려다가 오히려 된통 야단을 맞는 경계를 보여주고 있지요. 선지식에게 참배를 할 때는 자기의 경계를 드러내고 "제가 이렇게 이렇게 해서 이런 점에 의문이 있습니다." 하고 여쭤야 하지 다짜고짜로 "보십니까, 보지 않으십니까?" 하는 식은 아만을 드러내는 것입니다. 선지식은 상대방이 지금 아만심으로 질문하는 것인지, 아니면 진정으로 공부에 의문이 생겨서 질문하는 것인지를 알 수 있습니다. 어떤 마음가짐으로 선지식을 친견할지에 대한 중요성을 이 대목에서 잘 알 수 있습니다.

신회가 예배하고 다시 더 말하지 않으니 대사께서 말씀하셨다.
"그대 마음이 미혹하여 자성自性을 보지 못하면 선지식에게 물어서 길을 찾을지니, 마음으로 깨달아서 스스로 자성을 보게 되면 법을 의지하여 수행하여라. 그대가 스스로 미혹하여 자기 마음을 보지 못하면서 도리어 혜능의 보고 보지 않음을 묻느냐? 내가 보는 것은 내 스스로 아는 것이라 그대의 미혹함을 대신할 수 없느니라. 만약 그대가 스스로 본다면 나의 미혹함을 대신하겠느냐? 어찌 스스로 닦지 아니하고 나의 보고 보지 않음을 묻느냐?"

신회가 예를 갖추고 바로 문인門人이 되어 조계산중을 떠나지 않고 항상 좌우에 모시었다.

───

강의 육조단경의 가장 큰 특색 중의 하나가 바로 선지식 사상입니다. 6조 스님은 처음부터 우리에게 '선지식들이여' 하고 불러서 우리 모두가 마음에 선지식을 모시고 있다는 말씀을 하셨습니다. 또한 길을 모를 때는 선지식에게 물어서 길을 찾으라고 하십니다. 수행에 있어 가장 중요한 것이 선지식이라는 말씀입니다. 그래서 선에서는 소의경전이나 불상을 소중하게 여기기보다는 사람에게서 배우는 것을 중요하게 여깁니다. 옛날에는 마음 공부하면서 막혀 있는 부분을 열리게 해주는 한 마디를 얻어 듣기 위해서 몇 년씩 스승을 시봉한 분들이 많습니다. 절실한 만큼 정성을 바쳤기 때문에 한 마디를 들었을 때 봇물 터지듯이 툭 터지는 체험을 할 수 있었던 것입니다. 요새는 라디오만 틀면, TV만 틀면 큰스님들의 법문을 들을 수 있습니다. 한 자리에 앉아서 큰스님 백 분의 법문을 다 들을 수도 있습니다. 이렇게 너무 흔하니까 오히려 귀한 줄을 모르는 것 같습니다.

불교에서는 자작자수自作自受, 스스로 닦고 스스로 깨쳐야 된다는 말을 흔히 사용합니다. 자기가 자신의 주인공임을 스스로 깨우쳐야 할 일이지 남이 대신 해줄 수 없다는 겁니다. 그런 의미에서 불교는 자각의 종교라고 말씀드릴 수 있죠. 그런데 자각의 종교가 곧 자력의 종교는 아닙니다. 한 전도사님이 신학대학원에 다니는데, 대학원에서 불교에 대한 리포트를 발표하기로 되어 있었답니다. 대학원생 여러 명이 불교에 대해서 연구했는데 너무 상반된 내용이었다면서 "아미타불을 염하는 염불종은 타력 신앙인 것 같기도 하고, 또 스스로 깨쳐야 된다는 참선 수행은 자력 신앙인 것 같은데 도대체 어떤 게 맞습니까?" 하고 저한테 물어 보더군요.

그래서 불교는 자각自覺 신앙이라고 답변을 드렸습니다. 우리가 잠에서 깨어나는 것은 스스로 깨어나야 됩니다. 누가 나 대신 깨어날 수는 없어요. 그러나 자력과 타력을 함께 쓸 수는 있습니다. 자기 스스로 깨어나는 사람도 있겠지만, 부모님이 깨워줘서 깨어나는 사람도 있고, 자명종 소리를 듣고 깨어나는 사람도 있습니다. 자각이라는 것도 마찬가지입니다. 내 힘으로, 자력으로 깨어나는 사람도 있고 불보살님의 가피에 힘입어서 깨어날 수도 있습니다. 『법화경』에 보면 부처님은 우리의 아버님이라고 나와 있습니다. 아버님인 불보살님이 깨워줘서 깨어날 수도 있고, 경전이나 선지식의 가르침 또한 우리를 잠에서 깨어나도록 이끌어주는 자명종과 같은 역할을 합니다. 이와 같이 불교는 자력과 타력을 같이 써서 여하튼 조속히 자각각타自覺覺他에 이르고자 하는 것입니다.

五

法을 전하고 流通케 하다

1

── 서른여섯 가지로 상대하는 법을 설하시다 ──

대사께서 드디어 문인인 법해·지성·법달·지상·지통·지철·지도·법진·법여·신회 등을 불렀다.

대사께서 말씀하셨다.

"그대들 열 명의 제자들은 앞으로 가까이 오도록 하라. 그대들은 다른 사람들과 같지 않으니, 내가 세상을 떠난 뒤에 그대들은 각각 한 곳의 어른이 될 것이니라. 그러니 내가 그대들에게 법문 설하는 법을 가르쳐서 근본 종지를 잃지 않게 하리라.

───

강의 여기에서부터 법을 부촉하여 유통케 하는 부촉유통장이 시작됩니다. 이 대목 또한 선에서는 그 무엇보다도 선지식을 중시한다는 것을 알 수 있습니다. 앞에서도 말씀드렸듯이 선종에서는 소의경전이 없는 대신 사람,

선지식의 가르침을 가장 중히 여깁니다. 선에서 언하대오(말끝에 크게 깨쳤다), 언하변오(말 아래에 문득 깨달았다)라는 말을 자주 쓰는 것도 선지식의 가르침을 통해서 답을 얻어가는 공부이기 때문입니다.

그래서 선에서는 선지식과의 문답을 제일 중요하게 생각하고 있습니다. 그런 의미에서 보자면, 과거 그리스의 소크라테스가 쓴 산파술로 미루어 짐작할 때 그를 서양의 선사라고 말할 수 있을 정도입니다. 애를 낳아 줄 수는 없지만 낳는 것을 도와주는 것처럼 깨달음을 도와줄 수는 있다는 겁니다. 선지식이 깨달음을 대신 얻어줄 수는 없지만 깨닫는 것을 도와줄 수는 있다는 의미에서 6조 스님께서도 많은 사람들이 깨달음을 얻을 수 있도록 도와주었습니다. 지금 이 장에서는 특히 열 명의 제자에게 위촉하고 부탁해서 참선법을 유통케 하고 있습니다. 그로 인해서 지금까지도 우리가 참선 공부를 할 수 있는 계기가 되었다고 할 수 있습니다.

삼과의 법문(三科法門)을 들고 서른여섯 가지로 상대하는 방법(動用三十六對)을 써서 나오고 들어감에 바로 양변兩邊을 여의도록 하여라.
일체 법을 설하되, 성품과 모양(性相)을 떠나지 말지니라. 만약 사람들이 법을 묻거든 말을 다 쌍雙으로 해서 모두 대법對法을 취하라. 가고 오는 것이 서로 인연한 것이니 필경에는 두 가지 법을 다 없애고 다시 가는 곳마저 없게 할지니라.

쌍의 모든 법을 설하되 성품과 모양, 성과 상을 떠나지 말라고 하셨습니다. 성품은 바로 우리의 본체자리를 얘기하는 것이고 상은 모양자리, 몸과 마음을 뜻합니다. 앞에서 성품은 선한 것도 아니고 악한 것도 아니고 공한 것이다, 불교는 성공설性空說이라고 말씀드렸습니다. 그런데 우리의 몸뚱이가 지금 분명히 존재하고 있는데 그것마저 없다고 하면 안 됩니다. 말을 쌍으로 해서 대법을 취하라고 하는 것은, 유에 집착해 있는 사람에게는 공 도리로 쳐주고, 공에 떨어져 있는 사람에게는 유 도리로 쳐주라는 소리입니다. 앞에서도 말씀드린 것처럼 선가에서는 살인도와 활인검을 같이 씁니다.

대부분의 많은 사람이 유 도리, 몸과 마음의 경계에 머물러 있습니다. 이 몸뚱이, 지금 생각하는 분별심이 자기 자신인 줄 알고 삽니다. 그게 바로 유에 떨어져 있는 겁니다. 이것은 착유着有, 집착으로 존재하는 겁니다. 그것을 먼저 공 도리로 쳐줘야 됩니다. 모든 것은 고정된 실체가 없다고 해서 집착에서 벗어날 수 있도록 만들어줘야 됩니다. 그런데 그 상태에서 그냥 놔두면 또 공에 떨어집니다. "이 세상은 모두가 허망한 것이고 실체가 없는 것이고 아무 것도 없다."고 공에 떨어져 있는 사람에게는 또 유로써 쳐줍니다. "바로 지금 여기에서 나의 행위가 나다, 이 몸과 마음을 떠나서 성품이 별도로 존재하는 것도 아니다. 그러므로 존재를 잘 써나가되 집착하지 않고 써야 된다."는 식으로 다시 살려줘야 됩니다. 이것이 바로 성과 상에 입각해서 쌍으로 법을 대해서 써주는 도리입니다.

쉽게 말하자면, 너무 앞만 보고 가는 사람한테는 자기 자신도 돌이켜 보면서 쉬엄쉬엄 하라고 얘기해줘야 되고, 게을러서 처진 사람에게는 열심히 살라고 얘기해주는 것이 올바른 법이라는 겁니다. 똑같이 열심히 살라고 하면 잘못 된 것이죠. 그렇지 않아도 앞만 보고 정신없이 사는 사람한테 열심히 살라고 하면 올바른 가르침이 못 된다는 겁니다. 『금강경』에도 무유정법無有定法, 정하여진 법이 없다는 구절이 나옵니다. 그것이 바로 상대방의 근기에 맞춰서 가르침을 설해줘야 한다는 뜻입니다. 허무주의에 떨어져 있는 사람한테는 열심히 살도록 이끌어 줘야 되고, 너무 집착이 강한 사람한테는 모든 것은 공한 것이라고 하여 집착을 쉴 수 있도록 만들어주는 것이 바로 성과 상에 입각한 도리입니다.

　　삼과법문三科法門이란 음陰·계界·입入을 말한다. 음은 오음五陰이며, 계는 십팔계十八界요, 입은 십이입十二入이니라.
　　어떤 것을 오음이라고 하는가?
　　색음·수음·상음·행음·식음이니라.
　　어떤 것을 십팔계라고 하는가?
　　육진六塵·육문六門·육식六識이니라.
　　어떤 것을 십이입十二入이라고 하는가?
　　바깥의 육진과 안의 육문이니라.
　　어떤 것을 육진이라 하는가?
　　색·성·향·미·촉·법이니라.
　　어떤 것을 육문이라고 하는가?
　　눈·귀·코·혀·몸·뜻이니라.

蘊의 음이란 오음, 오온으로서 우리의 몸과 마음을 분석한 것입니다. 십이입은 십이처와 같은 소리로 십이입과 십팔계가 모두 불교의 존재분석입니다. 불교에서 우주를 분석해 보니까 오온, 또는 십팔계, 십이처로 이루어져 있다는 것입니다.

아비달마 불교시대라 해서 부처님께서 입멸하시고 얼마 후에 부처님의 가르침을 논리적으로 해석하는 시대가 있었습니다. 그 당시에 불교의 존재론으로서 제일 중요한 것이 아비달마구사론이라는 것입니다. 구사론에 의하면, 존재는 5위 75법, 즉 크게 다섯 부류로서 모두 일흔 다섯 가지 다르마로 이루어져 있다고 합니다. 이때의 다르마는 존재의 요소입니다. 존재를 구성하는 요소를 낱낱이 나눠보니 다섯 가지 부류가 있는데, 그게 75가지 요소로 이루어져 있다는 겁니다. 거기에는 정신적인 요소와 물질적인 요소가 다 포함되는 것이지요. 그런데 그 어디에도 아뜨만이란 없다는 것이 결론입니다. 모든 존재를 분석해 보니, 고정불변한 실체로서의 나(아트만)는 없다는 것입니다.

오온·십이처·십팔계는 불교의 존재론입니다. 6조 스님께서 불교에서 세상을 어떻게 분석하는지에 대한 이론을 설명하고 계십니다. 오온은 색·수·상·행·식인데, 물질적 존재는 색온이라 하고, 정신적 존재는 수·상·행·식입니다. 십팔계는 육진·육문·육식을 합쳐서 말하는 것입니다. 육진은 우리 눈앞에 보이는 여섯 가지 티끌 경계로서 색·성·향·미·촉·법을 말합니다. 눈으로 보는 물질세계가 색이고, 귀로 듣는 것은 성聲이고, 냄새로 맡는 것은 향香, 맛으로 아는 것은 미味, 감촉으로 아는 것은 촉觸, 정신적인 존재는 법法이라고 설명합니다. 육문은 눈·귀·코·혀·몸·뜻입니다. 육문으로 육진과 접촉하는 것입니다. 눈으로써 색을 보고 귀로써 소리를 듣고 코로써 향기를 맡고 혀로써 맛을 보고 몸으로써 감촉을 느끼고 뜻으로써 생각을 한다는 것이지요. 이것을 십이입이라 하기도 하고 십이처라고도 하고 거기에 육식을 더해서 십팔계가 됩니다.

불교에서 법은 상당히 다양한 의미로 쓰입니다. 삼법인 중의 하나인 제법무아를 거론할 때의 법은 존재의 구성요소를 뜻합니다. 정신적 존재든 물질적 존재든 모두 분석해봤더니 75가지로 이루어져 있다는 것이 바로 아비달마구사론의 5위 75법입니다. 예를 들어서 자동차는 바퀴, 운전대, 브레이크, 의자 라디오, 에어컨 등 다양한 요소로 구성되어 있듯이, 온 세상을 분해하면 75가지 기본적인 요소로 구성되어 있다는 게 바로 다르마입니다. 결국 그 어디에도 고정불변의 나(아트만)는 없으며, 다만 오온·십이처·십팔계가 있을 뿐이라는 것을 가르쳐주는 겁니다. 그러니까 우리에게 주어진 오온·십이처·십팔계를 잘 써나가면 그게 나를 만들어가는 길입니다.

법의 성품이 육식인 안식·이식·비식·설식·신식·의식과 육문과 육진을 일으키고 자성自性은 만법을 머금나니, 함장식含藏識이라고 이름 하느니라. 사량하면 바로 식識이 작용하여 육식이 생겨 육문으로 나와 육진을 보나니, 이것이 삼三·육六은 십팔十八이니라.

강의 불교에서는 우주 존재를 어떻게 분석하는가? 제일 대표적인 예가 바로 십팔계입니다. 육식·육문·육진을 합쳐 열여덟 가지로 분류하는 것인

데, 여섯 가지의 인식작용인 육식이 우리 몸뚱이에 달려 있는 여섯 문(눈 귀 코 혀 몸 뜻)으로 나와서, 육진을 보는 것입니다. 육진이란 우리 눈앞의 경계, 대상을 말합니다. 눈으로는 물질을 보고 귀로는 소리를 듣고 코로는 향기를 맡고 입으로는 맛을 보고 몸으로는 감촉을 느끼고 마음으로는 생각을 한다는 것이 바로 육진입니다. 우주는 이렇게 십팔계로 이루어져 있다는 겁니다. 이 열여덟 가지가 만법입니다. 이때 법은 존재라는 의미로 쓰인 것입니다.

그런데 여기에서 중요한 표현이 있습니다. "자성은 만법을 머금나니 함장식이라고 이름 하느니라.", 만법 속에 자성이 있는 것이 아니고 자성 속에 만법이 있다는 것입니다. 보통 몸뚱이 속에 마음이 있다고 생각을 합니다. 그런데 그 몸뚱이 속에 있는 마음은 분별심입니다. 본마음, 참마음이 아닙니다. 본마음은 무분별심이고, 평상심이고, 바로 자성입니다. 자성이 물질 속에 있는 게 아니라 자성 속에 물질이 있다는 것은 굉장히 중요한 얘기입니다. 우주 속에 본마음이 있는 게 아니고 본마음 속에 우주가 있는 것입니다.

'일체 중생 실유불성'이라는 말을 일체 중생이 모두 불성을 지니고 있다고 번역하게 되면, 내 몸뚱이 어딘가에 불성이 있다고 생각하기 쉽습니다. 그러나 불성 속에 몸뚱이가 있다, 이 몸뚱이가 바로 불성의 드러남이라고 하는 것입니다. 우리는 보통 현실이 먼저고 마음이 나중인 걸로 생각하지만 그게 아니라 마음이 먼저고 현실이 나중이라고 하는 것입니다.

그런데 사람들은 대부분 물질이 먼저고 마음이 나중이라고 생각합니다. 돈을 많이 벌어서 물질을 소유하게 되면 큰 집에 살고 좋은 승용차를 굴리고 여행도 다니고 즐길 수도 있으니까 행복해질 거라고 생각합니다. 물질을 소유하게 되면 어떤 행위를 할 수 있으니까 마음이 행복해질 거라고 생각하지만 그것은 거꾸로 된 생각이라는 겁니다. 사실은 내 마음이 먼저 행복하고 즐겁고 넉넉하면 내가 행복하고 즐겁고 넉넉한 마음을 쓰니까 내 주변에 사람과 돈이 모이는 것입니다. 이 소유와 행복의 법칙을 잘 생각해야 됩니다. 무언가를 소유하면 그것으로 무언가를 할 수 있으니까 행복해질 거라고 생각하는 사람은 매일 뒤만 쫓아가게 되는 것입니다. 소유하면 행할 수 있고 그래서 행복해지는 것이 아닙니다. 거꾸로 내 마음이 넉넉해지고 즐거워지면 그 마음으로 세상을 대하니 즐거운 일이 생긴다는 것을 알면 진정으로 삶이 행복해집니다.

자성이 삿되기 때문에 열여덟 가지 삿됨이 일어나고, 자성이 바름(正)을 머금으면 열여덟 가지 바름이 일어나느니라.
악惡의 작용을 머금으면 곧 중생이요, 선善이 작용하면 바로 부처이니라.
작용은 무엇들로 말미암는가?
자성自性의 대법對法으로 말미암느니라.

값의 섬진강은 전라도와 경상도를 가로질러 흐릅니다. 섬진강이 "너는 전라도 물이니까 안 받아주고, 너는 경상도 물이니까 받아주겠다."고 하지 않습니다. 그걸 다 받아서 그대로 섬진강 물이 됩니다. 섬진강 물이 흘러 내려가면 남해가 되는데 남해 바다도 마찬가지죠. 전라도에서 흘러 내려

오는 강이든 경상도에서 흘러 내려오는 강이든 모든 강을 다 받아들여서 남해바다로 드러내는 겁니다. 이것과 마찬가지로 자성이라는 것은 선과 악을 모두 다 받아들입니다. 어떤 연세 드신 분이 "많은 일을 겪고 나서 이제야 터득하게 된 것이 있다. 이 세상에 있을 수 없는 일은 없다."라는 말씀을 하시더군요. 흔히 있을 수 없는 일이 벌어졌다, 있어서는 안 될 일이 벌어졌다고 말하지만, 이 세상에는 있을 수 없는 일도 없고 있어서는 안 될 일도 없습니다. 다 있을 만하니까, 벌어질 만하니까 벌어지는 겁니다.

선과 악을 다 용납하듯이 자성, 본마음 참나에 입각해서 사는 사람은 일단 모든 것을 다 용납하는 마음가짐을 가져야 합니다. '마하반야바라밀'의 마하, 크다는 것은 상대적인 크고 작음의 큼이 아니라 모든 것을 다 용납해주는 큼입니다. 하지만 선이니 악이니 다 용납하니까 악에 물들어서 살라는 소리는 아닙니다. 용납하는 것과 물드는 것은 다르다는 것을 분간할 줄 알아야 됩니다. 그게 바로 지혜, 반야입니다. 지혜를 잘 써서 선은 증장시키고 악은 점차 줄여나감으로써 저 언덕으로 건너갈 수 있다는 것이 파라미타, 바라밀입니다.

바깥 경계인 무정無情에 다섯 대법이 있으니, 하늘과 땅이 상대요 해와 달이 상대이며 어둠과 밝음이 상대이며 음과 양이 상대이며 물과 불이 상대이니라.

논란하는 말(語)과 직언하는 말(言)의 대법과 법과 현상의 대법에 열두 가지가 있나니, 유위와 무위·유색과 무색이 상대이며, 유상과 무상이 상대이며, 유루와 무루가 상대이며, 현상(色)과 공空이 상대이며, 움직임과 고요함이 상대이며, 맑음과 흐림이 상대이며, 범凡과 성聖이 상대이며, 승僧과 속俗이 상대이며, 늙음과 젊음이 상대이며, 큼과 작음이 상대이며, 길고(長) 짧음(短)이 상대이며, 높음과 낮음이 상대이니라.

<u>갚의</u> 본래 본마음 참나 자리에는 상대가 없습니다. 그런데 한 생각 일으킴으로써 주관과 객관이 벌어지게 되고, 이렇게 상대하는 것들이 생겨나게 됩니다. 재를 지낼 때 맨 마지막에 영가를 받들어서 보내주는 봉송게奉送偈를 하는데, 거기에 "사대각리여몽중四大各離如夢中 육진심식본래공六塵心識本來空 욕식불조회광처欲識佛祖回光處 일락서산월출동日落西山月出東."이라는 내용이 있습니다. "사대가 각각 여의는 것이 마치 꿈속과 같다. 육진도 마음도 본래 다 공한 것이다. 부처님과 조사님의 광명돌이킨 곳을 알고자 하는가? 해가 서산에 떨어지니 달이 동쪽으로 떠오른다."는 것입니다.

우리 몸뚱이는 지·수·화·풍(흙의 기운, 물의 기운, 불의 기운, 바람의 기운) 사대로 되어 있습니다. 사람이 죽어서 태워버리거나 땅에 묻어버리면 몸뚱이의 굳은 것은 땅으로 돌아가고, 고름과 피와 같은 것은 물로 돌아가고, 따뜻한 것은 불기운으로 돌아가고, 움직이는 것은 바람으로 돌아갑니다. 그러면 무엇이 남겠습니까? 역시 우리 몸뚱이도 마음도 각각 흩어져 버리면 마치 꿈속과 마찬가지로 실체가 없습니다. 아무리 기분 좋은 꿈을 꾸었다 해도 꿈일 뿐입니다. 그러나 멋진 꿈을 꾸고 나서 다음날 아침 기분이 좋습니다. 비록 꿈은 실체가 없지만 사람에게 영향을 줄 수도 있습니다. 그래서 없다고도 할 수 없고 있다고도 할 수 없는 것입니다.

여기서는 열두 가지 상대법에 대해 나열하고 있습니다. 유위는 억지로 하는 것이고, 무위는 자연스럽게 하는 것이지요. 공부를 예로 들면 학교에서 지식을 쌓고 분별심을 늘려가고 알음알이를 쌓아가는 것은 바로 유위법의 공부이고, 놓고 비우는 출가의 공부가 바로 무위법의 공부라고 할 수 있습니다. 처음에 출가해서 행자생활을 마치고 강원에 가면 책 한 권을 가지고 일 년 내내 배웁니다. 언뜻 보자면 참 비효율적이라고 생각하기 쉽습니다. 그러나 사실은 비효율 속에 효율이 깃들어 있습니다. 하루에 몇 줄 안 되는 문장에 몰입하면서 그 동안의 알음알이, 악지식을 자연스럽게 놓게 된다는 것이지요. 강원 졸업하고 선방에 가면 그나마 일 년에 몇 권씩 보던 책까지도 못 보게 합니다. 그저 가부좌 틀고 앉아서 자기 마음자리 다스리는 것을 공부 삼아서 합니다. 이렇듯 밖으로 향한 공부는 유위의 공부이고, 안으로 향한 공부가 무위의 공부라고 할 수 있습니다.

물질이 있는 유색과 물질이 없는 무색이 상대하고, 또 모양이 있는 유상과 모양이 없는 무상이 상대하고, 유루와 무루가 상대한다고 하였습니다. 루는 물이 샌다고 할 때 쓰는 샐 루漏자로, 눈물 콧물 흘리는 식으로 해서 번뇌가 새어나온다는 것입니다. 번뇌가 있는 유루와 번뇌가 없는 무루가 서로 상대합니다. 현상과 공이 상대한다고 하였는데, 반야심경의 색즉시공 공즉시색을 연상하면 됩니다. 눈앞에 보이는 물질세계와 허공이 서로 상대한다는 것입니다. 현상과 공이 상대한다는 말은 눈앞에 보이는 현실에만 급급해서 사는 사람에게는 '모든 것은 공한 것'이라고 가르쳐줘야 되고, '모든 것은 공한 거야, 쓸 데 없고 부질없는 것'이라고 허무주의에 떨어져 있는 사람에게는 그럼에도 불구하고 현실을 열심히 살아야 되는 이치를 깨우쳐준다는 것입니다.

동과 정, 움직임과 고요함이 상대한다는 것도 역시 마찬가집니다. 열심히 움직이는 사람에게는 고요하게 공부해야 된다고 해주고, 자기만의 세계에서 고요함에만 침잠해 있는 사람에게는 세간에도 나와서 공부해야 된다고 서로 상대적으로 가르쳐야 된다는 것입니다. 절에 들어가다 보면 불이문이 있습니다. 좌우측에 문수·보현보살이 있는데, 지혜의 화신인 문수보살은 사자를 타고 있고, 행원의 화신인 보현보살은 코끼리를 타고 있습니다. 그런데 사자는 산문 밖을 향해서 나가는 모습이고, 코끼리는 산문 안쪽을 향해서 들어오는 모습입니다. 문수보살은 산 속에서 지혜를 닦는 데 급급하니까 가끔 밖으로 나가 다니라는 의미이고, 보현보살은 중생 제도한다고 밖으로만 도니까 가끔 산으로 들어와서 고요할 필요가 있다고 해서 산문 안쪽으로 들어오는 모습으로 해놓은 것입니다.

깨끗함과 탁함이 상대한다는 것도 마찬가집니다. 맑은 날도 있고 비오는 날도 있고 흐린 날도 있어야 여러 가지 종류의 생물이 깃들어 살 수 있고 수많은 생명을 갈무리할 수 있는 것입니다. 너무 맑은 것만 고집하는 사람에게는 적당히 탁한 모습으로 마음의 여유를 보여줘 결벽증에 걸리지 않게 해야 하고, 또 너무 탁하게만 사는 사람에게는 맑은 쪽으로 끌어당겨야 한다는 것입니다. 여기에서는 모두 법문을 비유로 들고 있습니다.

범부니 성인이니 하는 것도 다 자기 기준에서 만드는 것인데, 너무 현실을 무시하고 성스러운 것, 이상에만 빠져 있는 사람에게는 현실을 중시하도록 해주고, 세속적인 삶에 빠져있는 사람에게는 또 성스러운 삶에 대해 말해주라는 얘기입니다. 속가에 있을 때는 출가만 하면 공부가 저절로 다 되는 줄 알았습니다. 그게 아니더라고요. 출가하든 출가하지 않든 공부는 자기가 하는 것입니다. 노소가 상대하고 대소가 상대하고 장단이 상대하고 고하가 상대한다고 하였는데, 모두 한 쪽으로 치우치는 것을 막아서 중도적인 가르침을 실행하라는 뜻입니다.

자성이 일으켜 작용하는 대법에 열아홉 가지가 있느니라. 삿됨과 바름이 상대요, 어리석음과 지혜가 상대이며, 미련함과 슬기로움이 상대요, 어지러움과 선정禪定이 상대이며, 계율과 잘못됨이 상대이며, 곧음과 굽음이 상대이며, 실實과 허虛가 상대이며, 험함과 평탄함이 상대이며, 번뇌와 보리가 상대이며, 사랑과 해침이 상대이며, 기쁨과 성냄이 상대이며, 주는 것과 아낌이 상대이며, 나아감과 물러남이 상대이며, 남(生)과 없어짐(滅)이 상대이며, 항상함과 덧없음이 상대이며, 법신法身과 색신色身이 상대이며, 화신化身과 보신報身이 상대이며, 본체와 작용이 상대이며, 성품과 모양(性相)이 상대이니라.

강의 서로 상대하는 법을 19가지로 설명하고 있습니다. 삿됨이 오면 바름으로, 어리석음이 오면 지혜로써 마주 대합니다. 미련함이 오면 슬기로움으로써 마주 대하고, 어지러움이 오면 선정으로써 상대하고, 계율과 잘못됨이 서로 상대합니다. 계율이라는 것도 마음을 닦고 몸가짐을 바르게 하기 위해서 필요한 것입니다. 간혹 계율에 너무 집착하다보면 오히려 걸림돌이 될 수도 있다는 것이지요. 계율을 지키기 위해서 계율이 있는 것이 아니라 몸과 마음을 닦기 위해서 계율이 있다는 것을 잘 분간해서 써야 한다는 것입니다. 이것이 계율과 잘못됨이 상대한다는 것입니다.

곧음과 굽음이 상대이며 실과 허가 상대라고 했습니다. 너무 실다운 것만 구하다 보면 여유가 없습니다. 그럴 때는 여유를 찾게끔 만들어줘야 되고, 공허함에만 빠져 있으면 실속이 없으니까 그럴 때는 실속을 가질 수 있도록 해주는 것입니다. 허망과 평탄함이 상대이며, 평야에서만 사는 사람은 산에 대한 개념이 없으니 가끔 산에 가야 하고, 또 산에서만 살던 사람은 넓게 펼쳐진 초원, 평야에 한 번씩 들러서 툭 트인 것을 경험해야 합니다.

번뇌와 보리가 상대이며, 결국은 번뇌가 있기 때문에 보리가 있는 것임을 말씀하셨습니다. 번뇌가 없다면 번뇌에서 벗어나는 길, 깨달음도 필요 없는 것입니다. 보리菩提는 범어 보디를 음으로 번역한 것인데, 리자는 한문으로 이끌 제提자로 씁니다. 불교에서는 도장이라고 써놓고 도량이라고 읽는다든가 보제라고 써놓고 보리라고 읽는 경우가 있습니다. 이런 것을 잘 알아서 실수하지 않도록 해야 합니다.

태어난 것은 모두 사라지고, 또 멸한다고 해서 아주 소멸하는 것이 아니라 다시 태어나는 상대적인 이치를 잘 알면 태어난다고 해서 그렇게 기뻐할 일도 아니고 죽는다고 해서 그렇게 슬퍼할 일도 아니라는 겁니다. 회자정리 이자정회라, 만난 사람은 언젠가 헤어지게 되고 또 인연이 무르익으면 다시 만나게 된다는 것입니다. 그래서 결국 본성은 공하지만, 작용은 있다는 것이 바로 진공묘유라고 하는 것입니다.

이상 유정·무정의 대법인 어語·언言과 법法·상相에 열두 가지 대법이 있고, 바깥 경계인 무정無情에 다섯 가지 대법이 있으며, 자성을 일으켜 작용하는 데 열아홉 가지의 대법이 있어서 모두 서른여섯 가지 대법을 이루느니라.

이 삼십육 대법對法을 알아서 쓰면 일체의 경전에 통달하고 출입에 바로 양변兩邊을 떠나게 된다. 어떻게 자성이 기용起用하는가?

―

갔의 여러 가지 상대하는 방법이 있는데, 말과 법, 현상에 12가지의 대법, 자성이 일으켜 작용하는 대법에 19가지, 바깥 경계인 무정에 5가지 대법을 합쳐서 36가지 상대하는 방법이 있다고 한 것입니다. 이것을 잘 알아서 쓰면, 일체의 경전에 통달하게 되고 출입에 있어서도 바로 양변을 떠나게 된다고 하였습니다. 양변이란 무와 유, 어느 한쪽에 치우치는 것을 말합니다. 아무리 좋은 것도 지나치면 모자람만 못하다는 과유불급이 불교의 가장 핵심사상인 중도설과 상통하는 말입니다. 왜냐하면 모든 것은 상대적인 것이기 때문입니다. 선과 악, 법신과 색신도 상대적인 것입니다. 색신은 눈으로 보이는 몸뚱이고 법신은 눈으로 보이지 않아 고정된 실체가 없는 것입니다.

이런 것을 잘 알아서 써야 양변을 떠나게 되지 어느 한 군데에 치우치게 되면 중도에서 벗어나게 됩니다. 중도설은 철저하게 연기설에 바탕을 두고 있습니다. 화신과 보신, 법신과 색신, 본체와 작용, 성품과 모양도 연緣이 되면 생겨났다가 연이 다하면 사라지는 것입니다. 연緣도 직접적인 원인인 인因과 간접적인 원인인 연緣 두 가지로 이루어져 있습니다.

앞서 화신과 보신의 비유가 나왔는데, 기도의 대상이 되는 부처님은 바로 아미타 부처님이나 관세음보살님 같은 보신불입니다. 스스로 수행의 과보로써 극락정토를 장엄하고, 또 우리가 기도하면 소원을 들어주는 것이 바로 보신불입니다. 화신불은 몸으로 나투신 부처님이기 때문에 육신의 눈을 가진 사람은 다 볼 수 있지만, 보신불은 마음으로 나투신 부처님이기 때문에 마음의 눈을 뜬 사람이 볼 수 있습니다. 이것을 잘 알아서 써야 합니다. "부처는 마음일 뿐인데 아미타불이 어디 있고 관세음보살이 어디 있어, 극락정토가 어디 있어?"라고 얘기하는 것 역시 한편에 치우친 것입니다. 무아법에 통달하게 되면 일체가 다 나이고 부처이기 때문에 고정된 실체로서의 극락이니 지옥, 또는 중생이니 부처가 없지만, 그 전에는 극락도 있고 지옥도 있고 보신도 있고 화신도 다 있습니다. 내가 있기 때문에 갖가지 차별이 벌어지기 때문이지요. 그런데 무아법에 통달하지 못한 사람한테도 무조건 없는 것이라고 가르쳐주면 헷갈릴 수밖에 없습니다.

어느 스님한테 법문을 들으면, "지옥이니 극락이니 잠꼬대에 불과하다."라고 얘기하고, 또 다른 스님은 "선하게 잘 살면 극락에 태어나고 악행을 하면 지옥에 떨어진다."면서 지옥과 천당이 있는 것이라 가르치니 어느 말이 옳은지 헤맵니다. 궁극적으로는 없는 것이나 현상적으로는 있다는 것을 잘 이해시켜야 합니다. 있는 데에 떨어져 있는 사람에게는 공의 도리를 들이대어서 집착을 깨어주고, 공에만 떨어져 있는 사람에게는 현상을 무시해서는 안 된다고 하면서 묘유의 도리를 가르쳐주는 것이 바로 대법입니다. 이것을 능숙하게 쓰는 사람이 법을 잘 설하는 사람입니다.

삼십육 대법이 사람의 언어와 더불어 함께하나 밖으로 나와서는 모양에서 모양을 떠나고, 안으로 들어와서는 공空에서 공을 떠나나니, 공에 집착하면 다만 무명만 기르고 모양에 집착하면 오직 사견邪見만 기르느니라.

강의 36대법 중에서 가장 근본적인 가르침이 공과 상이라는 것입니다. 공은 무엇이냐? 모든 것은 고정된 실체가 없다, 텅 비어 있다는 말입니다. 그런데 공에만 집착하면 이 세상에서 할 일이 없는 거예요. 극단적으로 가면 직장생활을 열심히 할 필요도 없고 학교에 다닐 필요도 없습니다. 수행할 것도 없고 깨달을 것도 없습니다. 이런 사람은 항상 무기력하고 은둔적이고 퇴보하는 삶을 살게 되죠. 이렇게 공에 떨어지면 무명만 기르게 된다는 겁니다. 그런가 하면 모양에 집착하면 눈에 보이는 세계가 다 고정된 실체가 있는 것으로 생각하는 겁니다. 그래서 재물에 탐착합니다. 큰 집, 좋은 차, 재물 등 눈에 보이는 현상에만 집착한 사람은 인생의 목적이 오직 잘 먹고 잘 사는 데에만 있다고 생각하는 삿된 견해만 늘어난다는 겁니다. 겉모양에만 탐착해 있는 사람한테는 공의 도리를 쓰고, 공에 집착하는 사람한테는 현상이 존재한다는 것을 알려줘야 합니다.

이와 관련된 유명한 일화가 있습니다. 마곡보철 선사가 부채질을 하고 있는데, 어떤 스님이 "스님, 바람의 본성은 변함이 없고 두루 작용하지 않는 곳이 없다는데 부채질은 뭐 하러 하십니까?" 하고 묻습니다. 그러자, 마곡보철 스님이 "자네는 바람의 본성이 변함이 없다는 것은 알고 있는지 모르겠지만 두루 작용하지 않는 곳이 없다는 것은 모르고 있구먼." 하는 것입니다. "그게 무슨 뜻입니까?" 하고 다시 여쭤봤더니 아무 말 없이 부채질하고 계셨다는 일화입니다. 그냥 앉아 있으면 시원해지는 게 아니라는 것입니다. 이것이야말로 바로 공과 상을 초월하는 도리라고 말씀드릴 수 있습니다.

더러는 법法을 비방하면서 바로 '문자文字를 쓰지 않는다.'고 말한다. 그러나 정녕 문자를 쓰지 않는다(不用文字)고 말한다면 사람이 말하지도 않아야만 옳을 것이니, 언어가 바로 문자이기 때문이다.

갚의 문자를 세우지 않고 교 밖에 별도로 전하니 마음으로써 마음에 전하여서 성품을 보아서 부처를 이룬다는 '불립문자 교외별전 이심전심 견성성불' 이 네 마디의 말로 함축해서 참선의 대지大旨를 표현합니다. 그래서 참선하는 사람은 특히 문자에 집착하거나 또는 알음알이로 공부하지 않습니다. 그런 점에서 볼 때 언제 어디서나 누구나 할 수 있는 게 참선인지라 대중화될 가능성이 많은 수행법입니다. 우리 식으로 표현하자면 낫 놓고 기역 자도 모르던 나무꾼 출신인 6조 스님이 성품을 보시고 대선지식이 되신 것입니다. 지금까지 그분의 가르침이 면면이 전해 내려오고 있는 것을 볼 때 참선은 정말 학벌을 묻지 않고, 남녀를 묻지 않고, 노소를 묻지 않는다는 겁니다. 누구나 다 성품 자리는 여여부동하게 가지고 있기 때문입니다.

그렇다고 해서 문자를 무시하는 것으로 알고 있는데, 그렇지 않습니다. 선사들의 선어록이 수없이 많습니다. 강원의 교과과정도 참선을 하기 위한 기본적인 과정을 마스터하는 커리큘럼으로 되어 있습니다. 2학년 때 사집과정에서 배우는 대혜 스님의 서장, 고봉 스님의 선요, 도서, 절요 등이 다 선어록의 일종입니다. 강원 3학년인 사교반에서는 『원각경』, 『금강경』,『대승기신론』,『능엄경』을 배웁니다. 이 경전들 역시 우리의 본마음 자리에 대해서 설파하고 마음을 어떻게 닦아야 할 것인가를 다루고 있습니다. 대교과에서 배우는『화엄경』또한 일체유심조의 도리를 말씀하고 있지요.

결국 강원에서 배우는 대부분의 내용들이 본마음 자리를 찾거나 마음 닦는 방법에 집중되어 있습니다. 사교입선이라 해서 문자를 쓰지 않는 것은 아닙니다. 다만 6조 스님의 말씀처럼 언어가 바로 문자이고, 문자에 집착하지 않을 뿐입니다. 선어록에는 참선을 하는 방법이 체계적으로 잘 갖춰져 있습니다.

벽송지엄 선사가 벽계정심 선사를 찾아와서 3년간 시봉을 하면서 가르침을 구했어요. 그런데 3년 동안 한 마디도 안 가르쳐주는 겁니다. 도저히 안 되겠다 싶어서 걸망을 싸서 막 떠나가는데, 벽계정심 선사가 벽송지엄 선사를 부릅니다. 가던 길을 멈추고 뒤돌아보자, "내 법을 받아라." 하면서 무언가를 던지는 시늉을 합니다. 그 한 마디에 성품을 보게 되었다고 합니다. 언하대오한 것이지요. 이러한 언어도 결국 문자를 떠난 것이 아닙니다.

자성 상에 공空을 말하나, 바로 말하면 본래의 성품은 공空하지 않으니, 미혹하여 스스로 현혹됨은 말들이 삿된 까닭이니라.

강의　공에 떨어질까 봐 진공은 묘유라는 소식을 전해주는 것입니다. 봄이

온다고 하지만, 봄이라는 게 고정된 실체가 있습니까? 날이 따뜻해지고 꽃이 피고 해가 좀 길어지니까 봄이 왔다고 하지만 내놓을 봄이 있습니까? 그게 바로 『금강경』에서 누누이 말하는 즉비卽非와 시명是名의 이치입니다. "봄은 곧 봄이 아니고 이름이 봄일 뿐이다."라고 하는 것입니다.

또한 텅 비어서 무엇이든 채울 수 있다는 데에 의미가 있는 것이지 비어 있음 그 자체로 의미가 있는 것은 아닙니다. 이 몸과 마음은 본래 공한 것이지만 이 몸과 마음을 가지고 무엇으로든 쓸 수 있다는 것, 선한 일도 할 수 있고 악한 일도 할 수 있다는 것이 바로 묘유입니다.

"어둠이 스스로 어둡지 아니하나, 밝음 때문에 어두운 것이니라. 어둠이 스스로 어둡지 아니하나 밝음이 변화함으로써 어둡고, 어둠으로써 밝음이 나타나느니라. 오고 감이 서로 인연한 것이니 삼십육 대법도 또한 이와 같으니라."

갚의 밝음이 떠나면 어두운 것이고, 밝음이 오면 밝아지는 것입니다. 한마디로 어둠이라는 것은 본래 없다는 겁니다. 12연기의 첫 번째가 무명으로 시작하는데, 왜 어둠이라고 표현하지 않고 무명이라고 표현했을까를 잘 생각해봐야 합니다. 어둠이라고 표현하면 어둠이라는 실체가 있는 것이라고 생각하기 쉬운데, 어둠이란 없고, 밝음이 떠났느냐 왔느냐의 차이만 있다는 겁니다. 밝음은 오가는 것이기 때문에 얼른 밝음을 일으켜서 무명

이 사라지면 바로 밝은 지혜가 드러나는 것입니다. 어두운 생각, 고통스런 생각, 고뇌는 본래 실체가 없는 것인데, 다만 고통스럽다고 생각하고 있을 뿐인 거예요. "부처님, 저를 고통에서 벗어나게 해 주세요." 하지 말고 얼른 자기 자신이 본래 갖추고 있는 밝음을 드러내면 됩니다. 어두운 방에 불을 켜면 환함이 왔다가 불을 끄면 환함이 갈 뿐이지 어둠이라는 게 따로 있는 것이 아닙니다. 여러분도 법문을 듣고, 육조단경을 읽고, 마하반야바라밀을 입으로 염하고 행하는 마음의 스위치를 켜야 됩니다. 그래서 스스로가 이미 갖추고 있는 지혜광명을 발굴해내어 나를 밝히고 주변을 밝히는 것이 바로 법륜을 굴리는 것입니다. 법륜을 굴린다는 것은 윤회에서 졸업하게끔 만드는 것인데, 나와 남이 함께 졸업할 수 있도록 지도해주는 게 바로 보살도입니다.

대사께서 열 명의 제자들에게 말씀하셨다.

"이후에 법을 전하되 서로가 번갈아 이 한 권의 단경을 가르쳐 주어 본래의 종지를 잃어버리지 않게 할지니, 단경을 이어 받지 않는다면 나의 종지가 아니니라. 이제 얻었으니 대대로 유포하여 행하게 할지니라. 단경을 만나 얻은 이는 내가 친히 만나서 주는 것과 같으니라."

열 분의 스님들이 가르침을 받아가지고 단경을 베껴 써서 대대로 널리 퍼지게 하니, 얻은 이는 반드시 성품을 봄이로다.

강의 6조 스님께서 10명의 제자에게 부탁하고 위촉해서 단경을 전수하는 내용입니다. 법을 설할 때에는 이 단경을 가르쳐줘서 본래의 종지를 잃지 않게 하라고 하셨습니다. 소소한 가르침이야 표현에 조금 차이가 있어도 괜찮지만 근본적인 가르침인 종지는 어긋나서는 안 됩니다. 6조 스님의 가르침이 담겨있는 핵심경전인 육조단경에서는 몸과 마음은 닦아야 하는 것이지만 성품은 닦을 필요가 없이 보면 된다는 점을 일깨워주고 있습니다. 그리고 성품을 보기 위해서는 마하반야바라밀법을 입으로 염하고 마음으로 행하면 됩니다. "단경을 만나서 얻은 이는 내가 친히 만나서 주는 것과 같다."고 하셨는데, 단경이 6조 스님의 분신이라는 것이지요. 참선 수행자가 육조단경을 모른다면 그 사람은 참선을 제대로 하는 것이 아니라고까지 말할 수 있는 근거가 바로 여기에 있습니다. 또한 "단경을 얻은 이는 반드시 자성을 깨달을 것이라."고 하셨습니다.

　　이런 내용이 중국 당나라에서만 그친 것이 아니고 우리나라까지 전해져서 지금도 쌍계사에 '육조정상탑'이 있습니다. 신라 말 의상 스님의 제자였던 삼법 스님이 이 육조단경의 초록을 보고 '이것이야말로 진정한 가르침이구나.' 발심합니다. 그래서 당나라로 가서 대비 스님과 함께 6조 스님의 정상을 모시고 옴으로써 쌍계사의 역사가 시작됩니다. 그래서 쌍계사에서는 예불할 때 항상 삼법·대비 양대 화상께 정례하고, 또 6조 혜능 정상 보탑에 정례하는 내용이 추가되어 9정례를 합니다.

2

―성품의 몸통은 생멸 거래가 없다―

대사께서는 선천 이년 팔월 삼일에 돌아가셨다. 칠월 팔일에 문인들을 불러 고별하시었는데, 선천 원년에 신주 국은사에 탑을 조성하고 선천 이년 칠월에 이르러 작별을 고하셨다.

앞의 6조 스님께서 작별을 고하시는 대목입니다. 여기에서 보자면 거의 한 달 전쯤에 미리 돌아가실 것을 알려주셨습니다. 석가모니 부처님께서는 석 달 전에 미리 예견하시었습니다. "앞으로 석 달 후에 이 세상을 떠날 것이니 그 동안에 물어볼 것이 있으면 마저 다 물어 보라."고 하셨어요. 중국의 큰스님 한 분이 "내가 몇 월 며칠에 북문 밖에서 입적하리라."고 하니까 그날 사람들이 북문 밖으로 많이 모였어요. 그런데 입적을 안 하는 겁니다. 그래서 어떻게 된 일이냐고 물었더니, "좀 연기되었다. 내가 며칠 후에 남문 밖에서 입적하리라."고 했습니다. 그날 또 사람들이 남문 밖으로 많이 모였습니다. 또 입적을 안 하셨어요. 어떻게 된 일이냐 했더니, 또 연기되었다고 하면서 며칠 후에 동문 밖에서 입적하리라고 하는 겁니다. 점점 사람들이 줄어드는 거예요. 예를 들어 첫날에는 만 명이 모였으면 두 번째는 오천 명, 세 번째는 천여 명이 모였는데 역시 동문 밖에서도 입적을 안 하셨어요. 그리고 마지막으로 '서문 밖에서 입적하리라' 했는데 그 때는 아무도 안 왔습니다. 세 번이나 속고 나니까 사람들이 저 영감탱이 또 거짓말하나 보다 하고 아무도 안 갔는데 그날 진짜 입적을 하셨습니다. 이렇게 돌아가시는 그 순간에도 중생들에게 삶과 죽음에 관한 메시지, 생사 일대사를 초월한 소식을 남겨주시고 가신 겁니다.

　불교에서는 죽고 사는 문제에 대해서 옷을 벗고 입듯이 여겨서 대단하게 생각하지 않습니다. 죽는다고 아주 죽는 것도 아니고, 산다고 영원히 사는 것도 아니라고 생각합니다. 마치 봄이 오면 꽃이 피고, 좀 있으면 떨어집니다. 그런데 떨어진다고 아주 떨어지는 게 아닙니다. 내년 이맘때가 되면 다시 또 꽃이 핍니다. 꽃을 보면서 핀다고 기뻐하고 진다고 슬퍼할지 몰라도 사실은 크게 기뻐할 일도 아니고 슬퍼할 일도 아니라는 겁니다.

　스님들은 물론이고 재가불자들도 마음공부를 제대로만 하면 누구나 죽음과 삶에서 자재로울 수 있고, 미리 언제 갈 지를 예견할 수 있다는 겁니다. 실제로 죽기 전에 미리 예견하고 다 조치를 해놓고 돌아가신 불자님도 많습니다. 옛날 얘기가 아니라 최근에 부산에서 그런 일이 있었습니다. 어디에서 왔다가 어디로 가는지, 언제 갈 지를 모르고 살면 업생입니다. 자신이 갈 날을 자유자재로 택일할 수 있는 원생을 살아야 됩니다.

대사께서 말씀하셨다.

"그대들은 앞으로 가까이 오너라. 나는 팔월이 되면 세상을 떠나고자 하니, 그대들은 의심이 있으면 빨리 묻도록 하여라. 그대들을 위하여 의심을 부수어 미혹을 다 없애고 그대들로 하여금 안락하게 하리라. 내가 떠난 뒤에는 그대들을 가르쳐 줄 사람이 없으리라."

잠의 대선지식이 계실 때 법에 대해서 궁금한 점을 여쭙는 것은 굉장히 다행입니다. 공부하다가 물어볼 사람이 있는 것이야말로 진정한 행복입니다. 학교 공부는 참고서도 있고 물어볼 사람도 많은데 마음공부는 여쭤 볼 수 있는 분이 그리 많지 않습니다. 몇 년 전에 큰스님들께서 겨울 한 철에 연거푸 입적하신 해가 있었습니다. 그 때 다비식에 다니면서 '어른스님들께서 한 분 한 분 가신다, 진짜 이러다가는 언젠가 공부하다가 막혀도 여쭤볼 분도 안 계시겠구나' 하는 긴장감과 막막함을 느꼈습니다. 지금도 은사스님을 위시해서 어른스님들이 계시다는 것만으로도 든든합니다. 당장 여쭤보지 않아도 언제든지 궁금한 게 있으면 여쭤볼 수 있다는 것만으로도 든든한데, 만약 이 분들이 언젠가 다 돌아가시고 필자가 어른의 반열에 속하게 된다면 그 때는 막막하겠구나 하는 생각이 듭니다.

6조 스님께서도 마지막에 의심스러운 점에 대해 물으라고 하신 것처럼 부처님께서도 대열반에 드시기 직전까지도 가르침을 펴셨습니다. 이 때 펴신 가르침을 열반경이라고도 하고 대반열반경이라고도 합니다. 반

열반이란 '빠리 니르바나'라고 해서 '완전한 열반'이라는 뜻입니다. '빠리'는 완전하다는 뜻이고 '니르바나'는 혹 불어서 꺼진 상태, 열망의 불, 몸뚱이 착, 분별심이 완전히 쉬어진 상태를 말합니다. 『열반경』에 보면 부처님께서 육신은 소멸하더라도 법신은 여전히 남아있다는 가르침을 주셨습니다. 절에 가면 불리기원佛離祇園이라는 편액을 볼 수 있습니다. 부처님께서는 기원정사를 떠난 적이 없다는 말씀이지요. 우리가 옷은 만날 갈아입어도 몸뚱이는 여전히 있는 것과 마찬가지로 육신의 옷은 갈아입는다 하더라도 법신은 항상 여여부동하게 아니 계신 곳 없으시다는 말씀입니다.

불교에서는 살아생전에도 마음의 번뇌를 소멸한 열반을 증득할 수 있지만, 진정으로 완전한 열반은 몸뚱이까지 완전히 소멸한 것을 말합니다. 그래서 불교에서는 몸뚱이가 소멸된다는 것, 죽는 것은 큰 재앙이라고 생각하지 않습니다. 오히려 몸뚱이가 소멸되고 마음도 소멸되어서 본마음 참나 자리만 오롯이 드러난다 하여 '빠리 니르바나', 진정한 니르바나라고 합니다.

법해를 비롯한 여러 스님들이 이 말씀을 듣고 눈물을 흘리며 슬피 울었으나, 오직 신회만이 동요치 않고 슬피 울지도 않으니, 6조 대사께서 말씀하셨다.

"나이 어린 신회는 도리어 옳고 그름을 알아 헐뜯고 칭찬함에 동요하지 않으나, 나머지 사람들은 그렇지 못하는구나. 여러 해 동안 산중에서 무슨 수도를 하였는가?

> '대선지식께서 항상 계실 줄 알았는데 가시는 구나' 해서 슬피 울었지만 신회만이 잠자코 울지 않아서 칭찬을 받습니다. 신회는 아직 어린데도 불구하고 헐뜯거나 기리는 데 있어서 요동치 아니하니, 이야말로 공부가 제대로 되어 가는 것이라는 겁니다.

앞에서도 신회가 등장했었습니다. 6조 스님께 "스님은 좌선하면서 보십니까, 보지 않으십니까?" 질문했다가 한 방 얻어맞았었는데, 이제는 6조 스님께서 떠나신다고 하는 경계를 당해서도 크게 슬퍼하지 않는 마음가짐을 유지할 수 있게 되었으니 그 동안에 공부를 많이 한 것입니다.

생사 일대사를 해결하기 전에는 어디에서 와서 어디로 가는 건지, 사후세계가 정말 있는 것인지, 또 있다고 하면 어떻게 전개되는 것인지, 지옥과 극락이 있다고도 하고 또 꿈속의 잠꼬대라고도 해서 도무지 종잡을 수가 없습니다. 그러나 참선을 통해서 이 생사 일대사를 해결하게 되면 그런 것에 대한 궁금증이 풀립니다. 그렇다면 과연 6조 혜능 스님께서 입적하시면 과연 어디로 가실까? 궁금하지 않습니까? 6조 스님께서 너희들은 남아 있고 나는 이제 8월에 간다고 하셨는데, 과연 스님은 어디로 가는 것일까요?

그대들이 지금 슬피 우는 것은 또한 누구를 위함인가? 나의 가는 곳을 그대들이 몰라서 근심하는 것인가? 만약 내가 가는 곳을 모른다면 그대들에게 고별을 하겠는가? 그대들이 슬피 우는 것은 바로 나의 가는 곳을 몰라서이니, 만약 가는 곳을 안다면 슬피 울지 않으리라. 성품의 몸통은 남(生)도 없고 없어짐(滅)도 없으며 감(去)도 없고 옴(來)도 없느니라.

───

강의 상가에 가면 곡을 하는데 이는 유가적인 전통입니다. 불교에서는 독경을 해야 합니다. 불자들은 상가에 가서 일단 조의를 표한 다음, 얼른 준비해간 『금강경』이든 『천수경』이든 경전을 얼른 꺼내서 한 편이라도 독경해주고 시간이 되는 대로 나무아미타불 관세음보살 염불을 해주는 것이 돌아가신 분에게 도움이 됩니다. 망자도 돌아가신 지 얼마 안 되어서 아직 얼떨떨합니다. 살아생전에 영혼과 죽음의 세계에 대해서 공부를 했거나 마음이 잘 닦여져 있다면 괜찮겠지만, 대부분의 사람들은 사후 세계에 대한 이해가 거의 없습니다. 금생만 최고로 생각하고, 사후의 세계를 아예 부정하는 사람도 많습니다. 하지만 절대 그렇지 않습니다. 무아법에 통달하기까지는 사후세계는 확실히 있습니다. 사후에 망자가 당황해서 어찌할 바를 모르는데, 조문 온 사람들이 울고불고 하면 망자가 동요됩니다. 망자의 마음이 슬퍼져서 탁해지기 쉽습니다. 상가에 조문 갔을 때 울지 말고, 독경과 염불을 해주는 것이 돌아가신 분을 위하는 길입니다.

　　6조 스님의 제자들도 이별하는 게 슬퍼서 울었겠죠. 그렇지만 6조 스님께서는 가는 곳을 안다면 슬퍼하지 않으리라고 하시면서 자성의 본체자리로 돌아가신다는 얘기를 남기셨습니다. 어디에서 와서 어디로 가는가? 바로 자성의 본체 자리에서 와서 자성의 본체 자리로 돌아가는 겁니다. 그렇다면 이 세상에서 살아가는 것은 뭐냐? 자성의 용用, 쓰임자리입니다. 자성이 작용을 해서 쓰이는 것이고 쓰임의 역할이 다 끝나면 다시 본체 자리로 돌아가는 것입니다. 자성의 본체 자리는 생한다든가 멸한다든가 간다든가 온다든가 하는 것이 완전히 쉬어버린 자리입니다.

6조 스님 같은 분은 생멸 거래가 쉰 자성의 본체자리로 돌아가는 것이고, 분별심과 몸뚱이 착이 많이 남아 있는 사람은 아직 해야 할 숙제가 남아 있기 때문에 계속해서 윤회의 수레바퀴를 돌고 도는 것입니다. 무아법에 통달하면 더 이상 윤회를 하지 않고, 무아법에 통달하지 못하면 계속해서 윤회를 하는 것입니다. 공부할 거리가 남아서 다시 태어나는 것이기 때문에 불교에서는 다시 태어난다는 것이 결코 바람직한 일은 아닙니다. 그런데 마음공부가 되었음에도 불구하고 다른 사람들의 공부에 도움이 될 수 있도록 학습도우미로서 다시 태어나는 분들을 보살이라고 합니다.

그대들은 모두 앉거라. 내 이제 그대들에게 한 게송偈頌을 주노니, '진가동정게眞假動靜偈'니라. 그대들이 다 외워 이 게송의 뜻을 알면 그대들은 나와 더불어 같을 것이니, 게송을 의지하여 수행해서 종지를 잃지 않도록 하여라."

스님들이 예배하고 대사께 게송 남기시기를 청하고 공경하는 마음으로 받아 가졌다. 게송에 말씀하셨다.

모든 것에 진실이 없나니 진실을 보려 하지 말라.
진실이라 보인다 해도 그것은 바로 진실이 아니니라.
만약 능히 자기에게 진실이 있다면,

거짓을 떠나는 것이 바로 마음의 진실이니라.
자기 마음의 거짓을 여의지 않으면 진실이 없거니,
어느 곳에 진실이 있을 것인가?

강의 어떤 것이 거짓이고 어떤 것이 진실이며, 어떤 것이 동動이고 어떤 것이 정靜인가를 잘 구분해주는 게송입니다. 『금강경』 사구게 중의 하나인 "약이색견아若以色見我 이음성구아以音聲求我 시인행사도是人行邪道 불능견여래不能見如來"와 유사한 내용입니다. '거짓을 떠나는 것, 가식을 여의는 것이 바로 마음의 진실'이라는 말씀은 '곧은 마음이 참다운 도량'이라는 말씀과 같은 맥락입니다. 거짓을 여의게 되면 있는 그대로를 털어놓고 올바로 논의할 수 있습니다. 직접 체험으로 안 것과 남에게 들어서 아는 것을 옳게 드러내야 공부에 진전이 있습니다. 선지식에게 질문할 때 역시 자기의 체험을 밝히고 구체적으로 질문해야 한 단계씩 업그레이드되는 계기가 된다는 것입니다.

유정은 움직일 줄 알고 무정은 움직이지 않나니
만약 움직이지 않는 행을 닦는다면, 무정의 움직이지 않음과 같으니라.
만약 참으로 움직이지 않음을 본다면 움직이는 가운데 움직이지 않음이 있나니
움직이지 않음이 움직이지 않음이면 무정은 부처의 종자가 없음이로다.

참의 유정이란 감정이 있는 생물이고, 무정은 감정이 없는 돌이나 나무, 목석을 말합니다. 인간은 유정으로 감정이 있는데도 불구하고 참선한다면서 움직이지 않는 행만 닦는다면 무정과 마찬가지라는 겁니다. 참선의 목적은 목석이 되는 게 아닙니다. 움직이는 가운데 움직이지 않는 도리를 터득해야 합니다. 그것이야말로 진정한 진여의 작용을 깨닫는 것입니다. 본마음 참나의 체體는 움직여서는 안 되겠지만 용用은 고요히 머물러서는 안 됩니다. 몸과 마음이 용이고, 본마음이 체입니다. 몸과 마음은 부지런히 움직여서 자기에게 맡겨진 소임을, 작용을 잘 해나가야 된다는 것입니다. 앞에서 말씀드린 파자소암이라는 화두가 바로 이 내용을 가장 극적으로 보여주는 것입니다. "유정은 움직일 줄 알고 무정은 움직이지 않는다."는 말에 파자소암 화두의 답이 있습니다. 모든 것에 목석처럼 대하는 것은 반쪽짜리 공부입니다. 체는 부동하되 용은 머무르지 않을 때 제대로 공부가 된 것입니다. 따뜻한 지혜와 자비라는 개념으로 풀이할 수도 있겠지요.

『능엄경』에도 재미있는 비유가 나옵니다. 부처님께서 아난 존자의 좌우에 빛을 놓자, 아난 존자가 좌우로 머리를 돌려가면서 그 빛을 바라봅니다. 견見에는 동정動靜이 있지만 견성見性은 부동不動이라, 얼굴과 눈은 움직였지만 빛을 바라보는 성품은 움직이지 않았다고 하는 겁니다. 종소리의 비유도 나옵니다. 종소리가 꽝 하고 났다가 사라집니다. 소리에는 생멸이 있지만 그 소리를 듣는 성품은 생멸이 없습니다. 참선 또한 앉은뱅이 연습을 하는 것이 아닙니다. 본체는 부동하되 작용은 역시 꾸준히 부지런히 움직여야 합니다. 몸과 마음을 잘 써나가고 묘하게 존재하되 근본 뜻, 제일의, 본마음 참나 자리는 항상 여여 부동함을 터득해야 된다는 의미입니다.

능히 모양을 잘 분별하여 근본 뜻은 움직이지 말지니
만약 깨달아서 이 견해를 지으면 바로 진여의 작용이니라.
도를 배우는 모든 이에게 말하노니 힘써 뜻을 써서
대승의 문에서 도리어 생사生死의 견해에 집착하지 말라.

앞 사람과 서로 응하면 함께 부처님 말씀을 의논할지나
서로 응하지 않으면 합장하여 기쁘게 하라.
이 가르침은 본래 다툼이 없음이니, 다툼이 없으면 도의 뜻을 잃겠는가.
미혹에 집착하여 법문을 다투면 자성自性이 생사에 들어가느니라.

강의 힘써 뜻을 세우고 대승의 문에서 생사의 견해에 집착하지 말라고 하십니다. 생사의 견해란 생사 일대사가 아니라 나고 죽음에 대한 견해를 말합니다. 예를 들어 죽어서 지옥이나 천당에 갔다고 하는 것도 임시적 방편에 불과합니다. 윤회 속에서 어느 한 가지 길을 제시해준 것이지 궁극적인 길은 아니지요. 불교에서도 극락정토를 이야기하지만 그것이 최종 목표는 아닙니다. 극락정토에서 복락을 누리는 한편 불보살님의 법문을 매일 듣고 스스로 부처가 되어서 정토를 장엄하여 중생을 제도하는 것이 궁극적인 목표입니다. 그런 견해를 가지고 있되 서로 응하는 사람이 있으면 함께 의논하고, 상응하지 못하면 다만 그냥 선을 짓도록 권장하라고 했습니다. 본래 생사의 지혜란 선을 권장하고 악을 지양하는 것입니다. 그래서

서로 궁극적인 진리에 계합되는 사람이라면 의논을 하고, 말귀도 서로 통하지 않는 사람한테는 굳이 진리의 가르침을 의논하지 말고 그냥 넘어가라는 소리입니다. 기름진 밭을 먼저 갈고 그 다음에 중간 밭을 갈고 그리고도 여분이 있으면 자갈밭을 갈라는 것입니다. 자갈밭부터 갈겠다고 덤벼들다가는 자칫하면 조금만 노력해도 많은 수확을 거둘 수 있는 기름진 밭을 갈고 파종할 시기를 놓쳐버릴 수도 있기 때문입니다.

또한 자성이 생사에 들어간다는 것은 윤회를 시작한다는 소리입니다. 무아법에 통달하면 윤회를 하지 않게 되는데 무아법에 통달 못했기 때문에 윤회를 하게 되는 겁니다. 나의 견해, 내 고집, 내 주장을 내세우기 때문에 다투게 되는 것이고, 그것은 곧 생사에 들어가게 되는 지름길입니다. 그저 상대방이 내 뜻과 맞지 않으면 선을 짓도록 권장하고 다투지 말라고 하였습니다. 다투지 않으면 본래 그대로 크고 밝고 완전한 존재인데, 분별심과 아상을 내어서 다투다보면 진흙탕에서 싸우는 개꼴이 되어서 생사의 문에 들어가기 때문입니다.

대중스님들은 다들 듣고 대사의 뜻을 알았으며, 다시는 감히 다투지 아니하고 법을 의지하여 수행하기를 다짐하였다. 대중은 모두 함께 예배하였으며 바로 대사께서 세상에 오래 머물지 않을 것을 알았다.

강의 승가는 화합승이라고 해서 화합을 가장 최상의 덕목으로 여깁니다.

필자도 출가하기 전에는 스스로 성품이 원만한 줄 알았습니다. 비교적 참을성도 많고 별로 남과 다투는 일도 없었기 때문입니다. 그런데 강원과 선방 생활을 해보니까 '나에게도 엄청나게 모난 부분이 있었구나.' 하는 것을 알게 되었습니다. 자꾸 어떤 부분에서 대중과 부딪히게 되면 얼른 알아차려야 됩니다. '내게 모난 점이, 아상이 있구나.' 하는 것을 알아차리고 빨리 고쳐나가야 됩니다. 그런데 거꾸로 대중을 자기에게 맞추려고 하는 사람들이 의외로 많습니다. 사회생활도 마찬가집니다. 아무리 내 생각이 옳은 것 같아도 전체적인 대중들과 의견이 다를 때에는 다시 한 번 생각해볼 여지가 있다는 겁니다. 왜냐하면 화합이야말로 무엇보다 중요하기 때문입니다. 또한 때로는 화합을 위해서 양보할 수도 있는 것이 바로 아상이 쉬어 들어가는 것입니다.

　　부처님 당시에도 코샴비의 비구들이 서로 두 쪽으로 갈라져서 언쟁을 한 적이 있었습니다. 심지어는 석존께서 직접 말렸는데도 듣지 않았다고 합니다. 대신 밥 먹어줄 수 없고 대신 잠 자줄 수 없는 것과 마찬가지로 부처님이 계신다고 한들, 또 신이 있다고 한들 그 사람의 의견을 강제로 조정할 수 없다는 것이지요. 그런데 결국 신도들로 인하여 그 싸움이 멈추게 되었습니다. 그 지방의 신도들이 부처님마저 떠나신 걸 보고 충격을 받아서 서로 화합하지 않으면 싸우는 양쪽 모두에게 공양을 올리지 않겠다고 선언했습니다. 먹을 게 없어서 마침내 화합한 것입니다. 그러니까 신도들의 수준이 올라가야 승가의 수준도 올라갑니다. 서로 상호작용을 하는 겁니다. 스님들도 열심히 공부하고 법문을 해야 되겠지만, 신도들도 역시 열심히 공부하고 정법을 밝혀나가야 사부대중이 화합하고 불교가 발전할 수 있습니다.

3

―법은 전하고 가사는 전하지 않다―

상좌인 법해가 앞으로 나와 여쭈었다.

"대사님이시여, 대사님께서 가신 뒤에 가사와 법을 마땅히 누구에게 부촉하시겠습니까?"

대사께서 말씀하셨다.

"법은 전하여 마쳤으니 그대들은 다시 묻지 말라. 내가 떠난 뒤 이십여 년에 삿된 법이 요란하여 나의 종지를 혹란하게 할 것이니라. 그러나 어떤 사람이 나와서 신명을 아끼지 않고 불법佛法의 옳고 그름을 결정하여 종지를 세우리니, 이것이 바로 나의 바른 법이니라. 가사를 전하는 것은 옳지 않으니, 그대들이 믿지 않는다면 내가 선대先代의 다섯 조사께서 가사를 전하고 법을 내린 게송을 외워 주리라. 제1조 달마 대사의 게송의 뜻에 따르면 가사를 전하는 것은 합당하지 않나니, 잘 들어라. 내가 그대들을 위하여 게송을 외우리라."

제1조 달마 대사의 게송에 말씀하셨다.

내 본시 당나라에 와서, 부처님 가르침을 전하여 미혹한 중생을 구하노니
한 꽃에 다섯 잎이 열리어, 그 결과가 자연히 이루어짐이로다.

<u>갑은</u> 6조 스님께서 가사를 전하는 것은 옳지 않다고 하시면서 가사를 따로 전하지 않겠다고 말씀하셨습니다. 6조 스님도 가사 때문에 위험한 지경을 당한 적이 있었습니다. 5조 홍인 대사에게서 가사와 발우를 전수받고 도망쳤는데, 많은 사람들이 대유령까지 추격해 왔다고 하는 일화가 지금도 전해지고 있습니다. 그래서 이제부터는 따로 가사와 발우를 전달하지 않고 법이 사방팔방으로 펼쳐 나가리라는 말씀을 하셨습니다. 특히 제1조 달마 대사의 게송의 뜻에 따라서 가사를 전하는 것은 합당하지 않다고 하신 점에 주목해야 합니다. 달마 대사의 게송에서 말씀하시기를, "내 본시 당나라에 와서, 부처님의 가르침을 전하여 미혹한 중생을 구하노니 한 꽃에 다섯 잎이 열리어 그 결과가 자연히 이루어짐이로다."라고 하였습니다. 한 꽃에 다섯 잎이 열렸다는 것은 보리달마로부터 비롯된 마음법의 가르침이 2조부터 6조까지 다섯 잎사귀를 이루었다는 내용으로 보고 있습니다. 그 이후로는 그 열매가 자연히 이루어진다고 하였지요.

　　6조 스님까지는 단전單傳, 홀로 전해졌습니다. 초조인 보리달마는 2조 혜가에게, 2조 혜가는 3조 승찬에게, 3조 승찬은 4조 도신에게, 4조 도신은 5조 홍인에게, 5조 홍인 대사는 6조 혜능 스님 등 한 사람에게서 한 사람으로 가사와 발우를 전했습니다. 그러나 6조 혜능 스님부터는 옷을 한 사람에게 전하는 것이 아니라 많은 사람에게 전한다는 것입니다. 누구나 다 자신이 주인공이란 사실을 깨닫고 바로 지금 여기에서 자신의 주

인공이 되어서 완전 연소하는 삶을 사는 대중선의 시대가 개막했음을 알리는 것입니다. 6조 스님은 특수한 사람들이 특수한 기간에 특수한 장소에서 하는 닫힌 참선이 아니라 언제 어디서나 누구나 자신의 본성, 본마음 참나 자리를 단박에 돌이켜보면 된다는 열린 참선의 선구자입니다. 한편 이미 제1조 보리달마 스님이 이것을 게송으로 예견하셨다는 것입니다. 달마 대사의 게송처럼 이제부터는 홀로 전하는 것이 아니라 널리 대중에게 전해집니다. 이러한 참선이 세상에 퍼지게 된 결정적인 계기가 바로 이 게송에 담겨있다고 말씀드릴 수 있습니다.

제 2조 혜가 대사의 게송에 말씀하셨다.
본래 땅으로 인연하여, 땅에서 씨앗이 꽃 피나니
만약 본래 땅이 없다면, 꽃이 어느 곳에서 피어나리오.

강의 『경덕전등록』 같은 전등사서를 보면 여기에 나오는 게송을 읊게 된 연유가 자세히 나와 있습니다. 본래 달마 대사가 2조 혜가 대사에게 전법할 때에 안심법문을 했습니다. 2조 혜가 대사의 본래 이름은 신광이었습니다. 신광이 "부처님의 법인을 들려주십시오." 하니까, 대사가 "부처님의 법인은 남에게 얻는 것이 아니니라."고 하였습니다. "제 마음이 편안치 못하니 스님께서 편안케 해주소서." 하니까, "마음을 가지고 오너라. 편안케 해주리라." "마음을 찾아도 얻을 수 없습니다." "내가 이미 네 마음

을 편안케 했다." 이것이 바로 안심법문입니다.

　불안·근심·걱정 등의 마음을 가지고 있는데, 마음을 가지고 오면 편안케 해주리라 하였고, 마음을 찾아보아도 얻을 수 없다는 대답을 해서 마음이 편안해졌다는 겁니다. 왜냐하면 마음이란 고정된 실체가 없기 때문에 불안하다는 생각이 있을 뿐이지 그 실체를 드러내 보일 수는 없었다는 것이죠. 그렇게 해서 전법게를 받게 되었습니다.

　이 부분은 2조 혜가 대사와 3조 승찬과의 문답에서 나오는 게송입니다. 3조 승찬이 본래 거사로 있었는데 2조 혜가 대사를 만났을 때 "제가 풍병에 걸렸사오니 화상께서 저의 죄를 참회케 하여주소서."라고 하였습니다. 그 때 2조 스님이 "그래, 죄를 가지고 오너라. 참회를 시켜 주리라."라고 하였습니다. 달마 대사에게서 배운 대로입니다. 그러니까 거사가 "죄를 찾아도 찾을 수가 없습니다."라고 하자, "그대의 죄는 다 참회되었다. 앞으로는 불법승 삼보에 의해서 머물러라."라고 합니다. "지금 화상을 뵈옵고 승보는 알았는데 어떤 것을 불보와 법보라 합니까?"라고 승찬이 여쭙자, "마음이 부처요, 마음이 법이다. 법과 부처는 둘이 아니고 승보도 또한 그러하다."고 대답해줍니다. 그 때 승찬의 마음이 밝아져 "오늘에야 비로소 죄의 성품이 안에도 밖에도 중간에도 있지 않음을 알았사오니 마음이 그러하듯이 불보와 법보가 둘이 아닙니다."라고 대답함으로써 승찬이라는 법명을 받게 되었고, 그로부터 병이 차츰 나아져서 2년 동안 2조 혜가 대사를 시봉할 수 있었다고 합니다.

　그 때 외운 게송이 "본래 땅으로 인연하여, 땅에서 씨앗이 꽃 피나니 만약 본래 땅이 없다면, 꽃이 어느 곳에서 피어나리오."라는 것입니다. 본마음 참나 자리에서 불보·법보·승보가 다 나왔다고 하는 것이지요. 우리는 다 한 뿌리에서 나온 줄기이기 때문에 모두가 둘이 아니라는 불이법문이고, 이것이야말로 진정으로 큰마음을 연습하는 것입니다. 필자도 출가해서 굉장히 힘겨웠던 적이 있는데, 그 때『화엄경』에서 "삼계가 내 집이요, 사생이 내 가족이다."라는 말을 보고 마음이 편안해졌습니다. 온 세상이 내 집 아님이 없는데 집 생각할 것이 무엇이며, 온 생명이 내 가족 아닌 이 없는데 누군들 사랑스럽지 않으랴 하는 뜻입니다.

제 3조 승찬 대사의 게송에 말씀하셨다.
꽃씨가 비록 땅을 인연하여, 땅 위에 씨앗이 꽃을 피우나
꽃씨는 나는 성품이 없고, 땅도 또한 남(生)이 없도다.

강의 14세 어린 나이의 도신이라는 사미가 3조 승찬 대사에게 절하면서 말했습니다. "큰스님이시여, 자비를 베푸셔서 해탈하는 법문을 일러주소서." 해탈은 말 그대로 풀 해解, 벗을 탈脫자로서 속박을 풀어서 벗어난다는 의미를 지니고 있지요. 3조 대사께서 "누가 너를 묶었느냐?"라고 하십니다. 망치로 머리를 맞는 기분 아닙니까? 처음에 이 구절을 봤을 때 진짜 대단하다는 생각이 들었습니다. 도신이 가만히 생각해보니까 아무도 나를 묶고 있지 않았습니다. 자승자박自繩自縛하고 있는 것이지요. 스스로 재물의 노예가 되고 욕심의 노예가 되어있는 것입니다.

3조 승찬 스님의 말을 듣고 도신 스님이 "아무도 묶지 않았습니다." 하고 대답합니다. 3조 승찬 스님이 "그런데 무슨 해탈을 구하느냐?"고 하

십니다. 아무도 묶지 않았는데 어디에서 벗어나겠느냐는 말씀입니다. 이 말 끝에 도신이 크게 깨달아서 9년 동안 시봉했습니다. 3조 승찬 대사께서 여러 가지로 그를 시험해보고 인연이 익었음을 알고 옷과 법을 전해주었습니다. 그 때 함께 전해준 게송이 바로 위의 게송입니다.

    6조 스님까지 계속 홀로 전하는 가풍을 소개해드리고 있습니다. 이렇듯 선법문은 굉장히 간단합니다. 참선은 많은 말을 필요로 하지 않습니다. 단순 명쾌하게 때와 장소와 사람에 따라 한 마디로 송곳처럼 찔러줍니다. 이것이야말로 참선의 핵심입니다.

제 4조 도신 대사의 게송에 말씀하셨다.
꽃씨에 나는 성품 있어, 땅을 인연하여 씨앗이 꽃이 피나
앞의 인연이 화합하지 않으면, 모든 것이 다 나지 않는 도다.

―

<u>갚의</u> 도신 대사는 3조 승찬 스님과 만나서 법을 전해 받았고, 또 5조 홍인 대사에게 법을 전한 분입니다. 『전등록』에 보면, "도신 대사가 수나라 때 무리를 이끌고 길주 땅으로 가는데 도적의 떼를 만났다. 도적 떼들이 70일 동안 성을 둘러싸고 협박하자, 대중들이 모두 겁에 질려 있어서, 대사가 대중들을 가엾게 생각하여 '마하반야바라밀'을 외우게 하였다. 그 때에 도적들이 성벽 위를 바라보니 신병(神兵 : 신의 병사)들이 서 있는 것이 보였다. 도적들이 이 성 안에는 이상한 사람이 있으니 공격하지 말자고 하면서

슬금슬금 물러났다."는 기록이 나옵니다. '마하반야바라밀'을 외움으로써 그런 신통한 일이 생겼다는 것입니다. 여러분도 어려운 일이 있거나 위험한 상황에 처했을 때 마하반야바라밀을 외우면 반드시 가피를 입을 수 있습니다.

도신 대사가 하루는 황매현으로 가는 길에 아이를 하나 만났습니다. 골격이 아주 수려하고 남다른 면모를 풍기는 아이에게 도신 대사가 물었습니다. "네 성이 무엇이냐?" 그 아이가 대답하기를, "성이 있기는 있지만 흔한 것이 아닙니다." "어떤 성이냐?" "불성입니다." 성이 무엇이냐고 묻는데 불성이라고 대답했습니다. 그래서 다시 "네 성품은 없는가?" 했더니 "성품은 공하기 때문입니다." 하고 대답했습니다. 어린아이가 벌써 공의 도리를 어느 정도 터득하고 있는 것을 보고 도신 대사가 아이의 부모를 찾아가서 출가시키기를 요구했다고 합니다. 그 부모는 전생의 인연을 느낀지라 아무런 난색도 표하지 않고 아들을 주었다고 합니다. 왜냐하면 전생에 5조 홍인이 너무 나이가 들어서 도신 대사를 만났어요. 그 때 "몸을 새로 받아 와야 제자로서 입문시켜 주겠다."는 말을 하신 겁니다.

이처럼 선사, 조사스님은 죽고 살기를 옷 갈아입듯이 합니다. 물론 자살은 절대 권할 만한 일이 못 되지만, 몸뚱이에 대한 애착을 쉬고 필요에 따라, 때와 장소와 사람에 따라서 죽고 살기를 자유자재로 할 수 있는 것이 바로 선사들의 가풍입니다. 꿈속에서 아무리 왔다 갔다 하면서 좋은 일도 겪고 나쁜 일도 겪지만 깨어나면 항상 그 자리입니다. 어디로 간 적도 없고 그렇다고 어디에서 온 적도 없는 것입니다. 그래서 생사가 문제가 아니라 얼마나 자기의 근본자리를 읽어내느냐가 중요한 일입니다.

제 5조 홍인 대사의 게송에 말씀하셨다.

유정이 와서 씨를 뿌리니, 무정인 꽃이 피어나고

정도 없고 씨앗도 없으니, 마음자리에 또한 나(生)는 것도 없도다.

<u>강의</u> 5조 홍인 대사는 황매현의 사람이었다고 합니다. 5조 홍인 대사와 6조 혜능 스님이 행자였던 시절의 첫 만남에 대해서는 이미 말씀드렸습니다. 5조 홍인 대사가 "영남 사람은 불성이 없는데 어찌 부처가 되겠느냐?" 했더니 "사람은 남북이 있지만 불성에는 남북이 없습니다."라는 6조의 대답을 듣고, 뛰어난 사람임을 알았지만 일단 방앗간으로 보내서 행자생활을 하게 합니다.

그 후 700명이나 되는 대중 가운데 최고 수제자였던 신수가 지은 "몸은 보리의 나무요, 마음은 밝은 거울과 같으니 때때로 부지런히 닦아서 티끌이 끼지 않도록 하라."는 게송을 보고 후대의 사람들이 이에 따라 수행하면 타락하지는 않으리라 평을 내려주었지요.

그 게송을 본 노행자, 6조 스님이 신수의 게송 옆에다 자신의 게송을 쓰게 합니다. "보리는 본래 나무가 아니요, 마음 거울에도 본래 밑바탕이 없다. 불성은 항상 청정하거늘 어찌 먼지를 털 필요가 있겠느냐?" 하는 게송을 써놓습니다. 앞서의 게송과는 상당히 격이 다른 게송입니다. 마음과 몸을 닦는 것도 중요하겠지만 더 근본적인 것, 불성상청정 그 자리를 밝혀야 된다는 것입니다. 육조단경의 핵심이요, 참선의 핵심인 성품을 보는 견성법이 여기에서 나오게 됩니다. 5조 홍인 대사가 6조의 경지를 바로 알아보고 법보와 가사와 함께 위와 같은 전법게를 내린 것입니다.

제 6조 혜능의 게송을 말한다.
마음자리에 정의 씨앗을 머금으니, 법의 비가 꽃을 피우고
스스로 꽃의 정과 씨앗을 깨달으니, 보리의 열매가 저절로 이루어지도다.

강의 5조 홍인 대사의 법을 이은 6조 혜능 스님께서는 일단 숨어 지냅니다. 그러다가 남해 법성사에 이르러서 인종 법사가 『열반경』을 강의하는 법석을 만났습니다. 그날 깃대 위에서 깃발이 나부끼니까 어떤 스님 둘이서 토론을 하고 있었습니다. 한 스님은 "깃발이 움직인다."고 주장했고, 또 한 스님은 "바람이 움직인다."고 주장했지요. 그 때 6조 혜능 스님께서 "움직이는 것은 바람과 깃발이 아니고 그대들의 마음이 움직일 뿐이다."라고 하셨습니다. 이 말을 듣고, 인종 법사가 '보통 분이 아니구나.' 하고 내력을 알아보니까 바로 6조 혜능 스님이셨던 것입니다. 인종 법사는 '육신 보살을 만났구나.' 하고 감탄하지요. 육신 보살은 몸뚱이로 나투신 보살이라는 소리입니다. 본래 관세음보살, 지장보살, 문수보살은 마음으로 나투신 보살입니다. 그런데 마음으로 나투신 보살님은 마음의 눈을 뜬 사람만 볼 수 있기 때문에 중생 제도하는 데 부족함이 있습니다. 그래서 몸으로 나투신 보살이 필요한데, 6조 혜능 스님이야말로 진정으로 몸으로 나투신

보살이라는 의미가 담겨있습니다.

어쨌든 인종 법사 회상에 계단을 설치해서 드디어 6조 혜능 스님이 구족계를 받게 됩니다. 구족계는 비구계를 말합니다. 6조께서 지금까지는 행자의 신분이었기에 이제 비구로서 정식으로 인가를 받은 것이지요. 그렇게 비구계를 받고 인종 법사 회상에서 잠시 지내다가 다시 보림사로 돌아가십니다. 그 곳에 있다가 소주 자사 위거가 청하여서 대범사에서 법문을 펴게 되었고, 이 법문이 바로 『육조단경』이라는 제목으로 유포된 것입니다. 6조 혜능 대사께서는 그 당시 중종 황제가 여러 번 신하를 보내서 청하였는데도 항상 병을 핑계로 사의를 표하고 숲 속에서 일생을 마치겠다고 하셨습니다. 그래서 신하가 와서 질문을 했습니다.

"서울에 있는 선덕들은 모두 도를 알고자 하면 반드시 좌선을 하여서 선정을 익혀라, 선정을 익히지 않고 해탈을 얻는다는 것은 옳지 않다고 말하는데 스님께서는 어떤 법을 말씀하십니까?"

여기에 대해서 6조 스님은 이렇게 대답합니다.

"도는 마음을 깨닫는 데 있으니 어찌 몸뚱이를 앉히는 데 있겠습니까? 경전에 이르기를, '만약 여래께서 앉거나 눕는다고 하면 그는 삿된 도를 행하는 사람이다. 무슨 까닭인가? 여래는 오는 바도 없고 가는 바도 없기 때문이다.'라고 설하셨습니다. 생멸이 없으면 그것이 여래의 청정한 선정이요, 모든 법이 공적하면 그것이 여래의 청정한 해탈입니다. 끝끝내 증득할 것이 없거늘 하물며 앉을 것이 있겠습니까?"

이러한 식으로 사람들이 가지고 있는 고정관념이나 선입견을 과감하게 부숴줬습니다. 고정관념에 더 이상 집착하지 않도록 만들어 주었습니다. 심지어는 "이 냄새나는 몸뚱이로 어떻게 공과를 세우겠느냐? 살아서는 앉아서 눕지 못하고 죽어서는 누워서 앉지 못하네. 한 무더기의 냄새나는 뼈 무더기로 어떻게 공과를 세우겠느냐?"라는 게송을 지어, 앉는 데에 집착하는 것은 진정한 선이 아니라고 하셨습니다.

또한 『전등록』에 보면, 돌아가실 때 "내가 죽은 후 5, 6년 뒤에 어떤 사람이 와서 내 머리를 끊어 가리라."라는 말씀을 하셨습니다. 그 당시 신라에서 삼법 스님이 이 대목을 보고 중국으로 가서 장정만이라는 거사를 시켜서 6조 혜능 스님의 두상을 탈취해 왔습니다. 『전등록』에는 대사의 목에 상처가 생겼고 장정만이라는 처사를 잡았으나, 6조 스님을 모시기 위해서 한 것이기 때문에 자비로써 풀어주었다는 기록이 나와 있습니다. 그런데 고려의 각훈 스님이 쓴 '육조정상 동래연기'라고 하는 기록에 의하면 장정만은 잡혔지만 신라의 삼법과 대비 스님은 6조 스님의 정상을 모시고 우리나라로 온 것으로 되어 있습니다.

지금 쌍계사 금당선원 부근에 정상을 모셨다는 기록이 있습니다. 실제로 거기에서 수차례 빛을 발한 기록이 지금까지도 전해지고 있고, 또 근래에도 여러 번에 걸쳐서 방광이 있었다고 전해집니다. 진정으로 두상의 존재 유무가 중요한 것이 아니고 여기에서 주는 교훈, 낙처를 알아야 됩니다. 선禪이 비록 중국에서 시작해서 꽃을 피웠지만 선의 세계화, 또 6조 스님의 가르침이 많은 사람들에게 퍼지게 되는 것은 바로 우리나라, 지리산 쌍계사에서 비롯하는 게 아닌가 하는 메시지를 읽어내야 합니다.

혜능 대사께서 말씀하셨다.
"그대들은 또한 내가 지은 두 게송을 들으라. 달마 대사의 게송의 뜻을 취하였으니, 그대들 미혹한 사람들은 이 게송을 의지하여 수행하면 반드시 성품을 보게 되리라."

첫째 게송에 말씀하셨다.
마음자리에 삿된 꽃 피우면 다섯 잎이 뿌리를 좇아 따르고
함께 무명의 업을 지어, 업의 바람에 나부낌을 보게 된다.

둘째 게송에 말씀하셨다.
마음 바탕에 바른 꽃 피우면 다섯 잎이 뿌리를 좇아 따르고
함께 반야의 지혜를 닦아, 장차 올 부처님의 보리로다.

———

<u>강의</u> 원문에 보면, '의차송수행依此頌修行하면 필당견성必當見性하리라', 이 게송에 의지해서 수행하면 반드시 마땅히 성품을 보게 된다고 하셨으니 얼마나 좋습니까? 그런데 이 게송 두 가지가 정 반대의 내용을 담고 있습니다. 하나는 "마음자리에 삿된 꽃 피우면 다섯 잎이 뿌리를 좇아 따르고 함께 무명의 업을 지어, 업의 바람에 나부낌을 보게 된다."는 것이고, 다른 하나는 "마음 바탕에 바른 꽃 피우면 다섯 잎이 뿌리를 좇아 따르고 함께 반야의 지혜를 닦아, 장차 올 부처님의 보리로다."라는 것입니다.

삿된 꽃이란 내 행복, 내 마음의 주인공을 돈, 술, 마약, 담배, 신神 등 밖에 있는 존재에서 찾는 것입니다. 그러다 보면 함께 무명의 업을 짓게 된다고 하였습니다. 무명은 밝음이 없다, 지혜롭지 못하다는 뜻입니다. 나의 행복과 불행의 원인을 밖에서 찾으니까 해결도 밖에서 찾으려 합니다. 요즘 사회적으로 사이코패스가 상당히 문제가 되고 있는데, 그게 바로 밖

에서 주인을 찾는 대표적인 행태입니다. 어떤 마음의 괴로움이 있다든가, 불이익을 당한다 하면 그 원인을 밖에서 찾는 겁니다. '사회 때문에, 대통령 때문에, 국가 때문에, 내지는 다른 사람들 때문에, 너 때문에'라고 하니까 밖에다 분풀이를 하게 됩니다. 자기의 마음가짐을 다스리고 탐·진·치를 쉴 생각을 하지 않고 모든 원인을 밖에다 부여하니까 분풀이를 해야 직성이 풀립니다. 그런다고 직성이 풀리나요? 하면 할수록 점점 더 갈증을 느끼게 됩니다. 그래서 결국은 업생을 계속해서 살게 되는 겁니다. 인생이 점점 업그레이드되어야 하는데 자꾸 밖에다 해코지를 하니까 점점 다운그레이드가 됩니다. 인간의 몸에서 축생의 몸으로, 축생의 몸에서 지옥으로 점점 내려가는 삶을 살게 되는 것이지요.

두 번째의 게송은 그와 반대입니다. 올바른 꽃은 일체가 다 공하다는 것을 터득하는 것입니다. 우리 눈앞에 보이는 모든 세계, 내 몸뚱이, 내 마음도 순간적으로 생겨났다 순간적으로 사라집니다. 그렇기 때문에 과거든 미래든 사량 계교할 것 없이 항상 바로 지금 여기에서 나에게 주어진 이 몸과 마음을 잘 선용해 나가는 것보다 더 귀한 진리는 없다는 겁니다. 그것이 바로 반야의 지혜이고, 반야의 지혜를 닦다보면 부처님의 깨달음을 획득하게 되는 것이지요. 결국 우리의 마음바탕은 공하기 때문에 무슨 꽃이든 피울 수 있다고 하는 것입니다.

마음 바탕에 삿된 꽃을 피울 것이냐, 바른 꽃을 피울 것이냐 하는 것도 내가 선택하고 결정한다는 겁니다. '더 이상 밖에서 주인공을 찾지 말고 나의 몸가짐, 마음가짐을 바르게 써나가야 되겠구나, 내가 올바르게 살아나갈 때 불보살님이나 다른 사람도 나를 도와주는 것이구나.'라고 생각하는 것이 바로 올바른 꽃을 피우는 겁니다. 밖에다 핑계를 대고 밖에서 다 알아서 해주신다는 것도 역시 삿된 꽃을 피우는 겁니다. 이런 마음가짐을 쉬고 "내가 인因이요, 남이 연緣이다. 인을 먼저 다스려서 연도 충실해질 수 있도록 만드는 것이야말로 올바른 꽃을 피우는 것이다. 그것이 반야의 지혜를 닦는 것이고 결국 부처님의 깨달음을 얻게 되는 것"이라고 말씀하십니다.

　　6조 대사께서 게송을 말씀하여 마치시고 대중을 해산시켰다.
　　밖으로 나온 문인들은 생각하였으니, 대사께서 세상에 오래 머물지 않으실 것임을 알았다.

　　<u>강의</u> 마음에 해탈 얻으신 분은 오고감이 자유롭습니다. 미리 한 달 전부터 언제쯤 가리라고 예견도 하시고 또 당일에도 평상시와 다름없이 말짱하게 공양까지 하시고 "내가 이제 오늘 가려고 하니까, 마지막으로 질문할 것 있으면 하여라." 하는 식으로 가십니다.
　　앞에서도 말씀드렸듯이 선가에서는 죽고 사는 것을 옷 갈아입듯이 합니다. 사실 우리의 몸뚱이는 옷과 같은 것입니다. 그렇다고 해서 함부로 해서는 안 됩니다. 옷도 단정하게 잘 입고 다녀야 하는 것처럼 이 몸뚱이도 이 생에서 체험학습을 하는 자료로서 큰 역할을 합니다. 마음공부도 마음만 있으면 실감이 안 나기 때문에 공부가 잘 안 됩니다. 몸뚱이가 있어야 더욱 실감이 나지요. 어학도 단순히 책만 보고 공부하는 것보다 듣기를 하면서 하는 게 훨씬 낫고, 또 그냥 듣기만 하는 것보다는 비디오로 화면

의 모습을 보면서 하는 게 더 낫고, 그보다 더 좋은 것은 그 언어를 쓰는 나라에 가서 그 나라 사람들과 몸으로 부딪혀가며 하는 공부가 가장 실감이 나겠지요. 그것과 마찬가지로 마음공부도 몸뚱이가 있어야 더 실감이 나고 노는 것도 실감이 납니다. 그래서 불가에서는 죽음은 재앙도 아니고 축복도 아니라고 말합니다. 그 사람이 어떻게 살았느냐에 따라서 재앙도 될 수 있고 축복도 될 수 있다는 겁니다.

그 대표적인 예가 불국사와 석굴암을 지었다고 하는 김대성입니다. 김대성이 어렸을 때 길을 지나가다가 "시주를 하면 큰 복을 받는다."는 소리를 듣고 자기 엄마에게 "우리도 좀 시주를 하자."고 합니다. 당시 김대성의 가족은 머슴살이를 하고 있었습니다. 엄마가 "애야, 우리가 가진 게 뭐가 있다고 시주를 하겠느냐?"고 했더니 "머슴살이하면서 품삯으로 받은 밭이 있지 않습니까?"라고 한 것입니다. 평생 머슴살이해서 겨우 마련한 것을 주자고 하니까 한편으로는 마음이 무거웠지만 아이가 하도 원하니까 그걸 시주했습니다.

그리고 며칠 안 되어서 김대성이 죽었습니다. 머슴살이하면서 평생 만든 전 재산을 시주했는데 며칠도 안 되어서 죽어버리느냐고 부처님을 원망하면서 대성통곡을 할 수도 있었겠지요. 그것은 바로 죽음은 무조건 재앙이라는 편견에 의해서 판단하는 겁니다. 하지만 김대성은 더 좋은 재상집에 태어나기 위해서 죽은 겁니다. 당시와 같은 철저한 신분주의 사회에서 머슴으로서 복을 받아야 얼마나 받겠습니까? 몸과 마음이 왕창 업그레이드되는 인생을 살기 위해서 일단 죽어서 새롭게 태어난 겁니다.

4

—— 일곱 부처님과 삽삼조사 ——

그 뒤 6조 대사께서는 팔월 초삼일에 이르러 공양 끝에 말씀하셨다.
"그대들은 차례를 따라 앉으라. 내 이제 그대들과 작별하리라."
법해가 여쭈었다.
"이 돈교법의 전수는 위로부터 지금까지 몇 대입니까?"
6조 대사께서 말씀하셨다.
"처음은 일곱 부처님으로부터 전수되었으니, 석가모니불은 그 일곱째이시니라."

———

갚의 6조 대사께서 옷 갈아입듯이 갈 때가 되었음을 선언하셨습니다. 제자인 법해 스님이 돈교법의 전수는 예로부터 지금까지 몇 대째냐고 물었습니다. 돈교법頓敎法의 돈頓자는 단박 돈으로 짧은 시간, '곧 바로'의 의미를 가지고 있는데, 요새말로 표현하면 디지털식이라고 말할 수 있습니다. 예를 들어서 10시를 가리킬 때에 디지털 시계는 바로 10시 00분이라고 화면에 뜹니다. 그런데 아날로그 시계는 한 시부터 시작해서 분침을 한 바퀴 돌리면 두 시, 두 바퀴 돌리면 세 시, 이렇게 계속 돌려야 10시에 맞출 수 있습니다. 바로 그게 돈頓과 점漸의 차이입니다.

육조단경의 가르침은 마하반야바라밀법이고 단박에 성품을 볼 수 있는 돈교법입니다. 그래서 초지일관 견성법, 성품을 그대로 보는 법을 밝히고 있습니다. 성품은 공한 것이고, 공한 것은 텅 비어 있다는 뜻입니다. 텅 비어 있기 때문에 무엇으로든 채울 수 있다는 데에 더 큰 의미가 있습니다. 건물을 새로 지어놓으면 텅 비어 있습니다. 그것을 어떤 용도로 활용할 것인지에 따라서 채워놓는 게 달라집니다. 무아라는 것도 마찬가지입니다. 무아란 고정된 실체로서의 몸과 마음이 없다는 것인데, 거기에 의미가 있는 것이 아니라 고정되어 있지 않기 때문에 무엇으로든 만들어갈 수 있다는 데에 더 큰 의미가 있는 겁니다.

6조 대사께서 말씀하시기를, 처음에는 일곱 부처님으로부터 전수되었으니 석가모니불은 그 일곱째라고 하셨습니다. 흔히들 과거칠불이라는 표현을 씁니다. 부처님은 과거에도 무수하게 계셨고 현겁만 해도 천 부처님이 계시는데, 그 중에서 석가모니불에 이르기까지 일곱 부처님이 바로 과거칠불입니다. 과거칠불의 첫 번째는 비바시불이고, 그 다음이 시기불, 그 다음이 비사부불, 그 다음이 구류손불, 또 구나함모니불, 가섭불, 그 다음이 석가모니불 해서 일곱 부처님입니다.

대가섭은 제 팔,
아난은 제 구,
말전지는 제 십,
상나화수는 제 십일,
우바국타는 제 십이,
제다가는 제 십삼,
불타난제는 제 십사,
불타밀다는 제 십오,
협비구는 제 십육,
부나사는 제 십칠,
마명은 제 십팔,
비라 장자는 제 십구,
용수는 제 이십,
가나제바는 제 이십일,
라후라는 제 이십이,
승가나제는 제 이십삼,
승가야사는 제 이십사,
구마라타는 제 이십오,
사야다는 제 이십육,
바수반다는 제 이십칠,
마나라는 제 이십팔,

학륵나는 제 이십구,

사자 비구는 제 삼십,

사나바사는 제 삼십일,

우바굴은 제 삼십이,

승가라는 제 삼십삼,

수바밀다는 제 삼십사,

남천축국 왕자 셋째 아들 보리달마는 제 삼십오,

당나라 스님 혜가는 제 삼십육,

승찬은 제 삼십칠,

도신은 제 삼십팔,

홍인은 제 삼십구,

나 혜능이 지금 법을 받은 것은 제 사십대이니라."

대사께서 말씀하셨다.

"오늘 이후로는 서로서로 전수하여 모름지기 대략 좇아서 종지를 잃지 말도록 하여라."

가섭 존자가 석가모니 부처님으로부터 세 곳에서 마음을 전해 받았다고 해서 '삼처전심'이라는 표현을 씁니다. 그 첫째가 '영산회상 염화미소'입니다. 영산은 부처님께서 『법화경』을 설하신 영축산을 뜻하고, 회상이란 모임을 의미합니다. 부처님께서 그날따라 아무 법문도 하지 않으시고 묵묵히 꽃을 들어서 대중에게 보이셨습니다. 그 때 대가섭 존자만이 빙그레 미소를 지었고, 부처님으로부터 정법안장 열반묘심을 전수받게 됩

니다. "웃자, 웃을 일이 생긴다."가 바로 이때부터 그 기원을 두고 있는 것이 아닐까요?

그 다음에는 '다자탑전 분반좌'입니다. 당시에 자식이 많은 사람을 위해서 세워둔 다자탑이 있었는데, 부처님께서 그 탑 앞에서 법문을 하셨습니다. 그런데 가섭 존자는 두타행을 많이 했기 때문에 부처님 곁을 떠나 멀리 유행 걸식을 자주 다녔습니다. 그러다보니 옷도 떨어지고 먼지도 하얗게 묻어서 다른 사람은 가섭 존자를 전혀 몰라볼 정도였는데, 부처님께서 단번에 알아보시고 자신의 자리의 반을 양보해서 옆에 앉게끔 하셨습니다. 그것이 바로 다자탑 앞에서 자리를 반쪽 나누어주었다는 것입니다.

마지막이 '사라쌍수 곽시쌍부'입니다. 석존께서 입멸에 드시고 나서 장례를 치르려고 하는데 불이 안 붙는 겁니다. '올 사람이 아직 안 온 모양이다' 하고 기다리고 있었는데 그게 바로 마하가섭 존자였습니다. 부처님과 멀리 떨어져서 탁발을 하고 지내던 마하가섭은 부처님의 입멸을 전해 듣고 일주일이 지나서야 도착했습니다. 그런데 부처님께서 이미 입적하신 지 일주일이 지났지만, 관 밖으로 발을 내어서 보이셨습니다. 이것은 바로 불생불멸의 소식을 전해주려는 것입니다. 육신은 소멸해도 법신은 영원하다는 것, 우리의 몸과 마음은 일시적이고 변하는 것이지만 성품자리는 바로 불생불멸이라는 소식을 전해주는 것이지요.

이 삼처전심이야말로 석존께서 마하가섭에게 정법안장을 전하신 결정적인 소식입니다. 마하가섭은 이 도리를 아난 존자에게 전합니다. 다문제일 아난 존자는 듣기만 많이 들었지 정작 아라한의 경지에 도달하지는 못 했습니다. 『화엄경』에도 "많이 듣기만 하고 실제로 행하지 않으면 마치 남의 돈을 세는 것처럼 자기 것은 반전의 몫도 없다."는 게송이 있지요. 아난 존자는 마하가섭에게서 책망을 받고 나서 며칠 동안 열심히 정진하여 마침내 관문을 투과했습니다. 그래서 마하가섭으로부터 법을 전해 받았기 때문에 비록 사형사제지간이지만 전법에서는 위계가 달라집니다.

이처럼 법이 전해지는데, 우바국타 같은 이는 전법을 굉장히 많이 하신 것으로 유명합니다. 우바국타 존자께서 교화한 사람 한 사람당 산가지 하나씩을 석실에 집어넣었는데, 석실에 나뭇가지가 가득했다고 합니다. 얼마나 많은 사람을 교화했는지 석실에 가득 차서 그 나무만 가지고 화장해도 충분할 정도였다니 굉장하신 겁니다. 그 당시에 어떻게 그렇게 전법을 많이 하고 교화를 했는지 대단하신 분 같아요. 우바국타 존자는 마왕 파순을 항복시키고 불자로 귀의시킬 정도로 법력과 신통력이 대단하셨다고 합니다.

우바국타 존자가 수많은 사람을 교화하니까 마왕 파순이 '이러다가 우리 악마의 궁전이 텅 비는 것 아니냐?'고 걱정을 했답니다. 그래서 우바국타 존자가 삼매에 들어 있을 때 마왕 파순이 사람·개·뱀의 송장으로 만든 목걸이를 목에 걸어두고 갔습니다. 그런데 우바국타 존자는 전혀 동요하지 않고 "네가 나한테 좋은 목걸이를 주었으니까 내가 꽃으로 만든 목걸이를 보답하겠다." 하고 파순의 목에다 꽃으로 만든 목걸이를 걸어줬는데, 받고 나서 보니까 세 가지 냄새 나는 시체로 변하여서 구더기가 우글거렸다고 합니다.

파순이 자기의 신통력으로 목걸이를 벗으려고 해도 벗겨지지 않는 겁니다. 천상에 올라가서 천왕에게 풀어달라고 청했지만 "십력의 제자들이 부린 신통을 우리 같은 범속한 이가 어찌 풀 수 있겠는가?"라고 대답합니다. 그래서 파순이 "어떻게 해야 되겠습니까?" 하고 여쭈었더니, "네가 만일 존자님께 마음을 바쳐서 귀의를 하면 없앨 수 있으리라."고 했습니다. 땅으로 인하여 넘어진 이는 땅으로 인하여 일어나야 합니다. 땅을 떠나서 일어나려 하면 끝끝내 일어날 수 없지요. 또한 결자해지結者解之라고, 묶은 자가 풀어야 됩니다. 결국 파순이 존자의 발에 예배하고 참회했습니다. 우바국타 존자께서 "너는 지금부터 여래의 바른 법을 방해하지 않겠느냐?" 했더니 "예, 제가 불도에 귀의해서 앞으로는 악을 끊겠습니다."라고 하였고, 그렇다면 네 입으로 삼보에 귀의함을 외치라는 우바국타 존자의 말에 마왕 파순이 합장하고 귀의불 양족존, 귀의법 이욕존, 귀의승 중중존, 삼귀의를 크게 외쳤습니다. 그러자 마자 이 목걸이가 사라져 버렸다고 합니다.

"거룩한 부처님께 귀의합니다. 거룩한 가르침에 귀의합니다. 거룩한 스님들께 귀의합니다." 이 세 마디를 하는 것만으로도 마왕, 또는 마귀, 악마의 해침에서 벗어날 수 있습니다. 어려운 일이 있거나 이상하고 섬뜩한 느낌이 들 때 얼른 삼보에 귀의하기만 해도 거기에서 벗어날 수 있습니다.

한편 우바국타 존자의 수제자로 제다가라는 제자가 있었습니다. 그는 아버지가 꿈에 해를 보고 낳았다고 해서 이름을 제다가라고 했습니다. 우바국타 존자가 제다가에게 "그대의 마음이 출가하는가, 몸이 출가하는가?"라고 묻자, "저의 출가는 몸이나 마음으로 하는 것이 아닙니다."라고 대답했습니다. "그렇다면 무엇이 출가하는가?" "나 없는 나가 출가합니다. 무아無我의 나라고 하는 것은 생멸이 없으니, 생멸이 없는 그것이 곧 항상한 도이며 모든 부처님의 항상함입니다. 마음이 그렇듯이 본체도 그러합니다."라고 하여 우바국타 존자에게 인정받아서 구족계를 받게 된 것입니다.

다시 제다가 존자는 불타난제에게, 불타난제 존자는 불타밀다에게 전합니다. 불타밀다는 복타밀다라고도 하는데 이름이 조금씩 다른 것은 큰 의미가 없고 부처님의 가르침의 핵심을 한 사람에게서 한 사람에게로 전해내린 것이 의미가 있습니다. 복타밀다가 이런 질문을 합니다. "부모도 나와 친한 이가 아니니 누가 가장 친한 이인가요? 모든 부처님도 나의 도라고는 못하리니 무엇이 가장 거룩한 도입니까?" 그러자 불타난제가 "네 말이 마음과 친하면 부모에 견줄 바가 아니요, 너의 행이 도와 합하면 모든 부처님이 곧 네 것이다. 밖으로 형상 있는 부처를 구하면 너와 같은 바탕이 아니리니 너의 근본 마음을 알고자 한다면 합하지도 말고 여의지도 말아라."라고 대답해주었습니다.

이렇게 마치 등불을 전해주듯이 법의 불이 전해졌습니다. 어둠속에서 횃불을 치켜들면 사방이 다 밝아지는 것처럼 법을 전해 받은 스님에 의해서 세상이 밝혀지는 것입니다. 협 비구의 협자는 옆구리 협脅자로, 옆구리를 땅에 대지 않고, 즉 눕지 않고 열심히 정진했다고 해서 협 비구라는 이름을 붙인 것이지요. 마명 조사도 아주 유명한 분이고, 20번 용수 조사는 팔종八宗의 조사, 즉 여러 종파에서 종조로 삼을 정도로 불교를 통합해서 설명해주신 분입니다. 용수 보살이 지은 대표적인 논서는 『중론』입니다.

불교에서 삼장이라고 할 때 경장(부처님의 가르침)·율장(부처님의 가르침 가운데서 특별히 율에 관한, 우리가 지켜야 할 계율에 관한 가르침)·논장(부처님의 제자들이 편찬해놓은 것)을 말합니다. 요새 말로 하면 논문 같은 것을 논장이라고 하는데, 그 중의 대표적인 논장이 용수 보살의 『중론』입니다. 용수 보살은 불교의 핵심은 중도설이라는 입장에서 논을 썼습니다. 논사는 부처님의 가르침을 그 시대에 맞게 풀어서 설명해주신 분입니다. 부처님의 가르침은 부처님 생전 당시에는 가장 적절한 가르침이었지만 후대에 100년 200년, 1000년, 2000년이 흐른 뒤에는 비유, 설명을 하는 데 있어 달라져야 합니다. 당대 사람들이 갖고 있는 주된 관심사나 예화를 들어서 설명해줘야 받아들이기 쉽기 때문입니다. 그 일을 바로 논사, 조사 등 법등을 이어받은 분들이 하는 것입니다.

　그 뒤의 27번째 바수반두 존자는 세친 보살이라고도 하는데, 『구사론』을 지으신 분입니다. 불교의 모든 학설을 제법무아설로 총정리하고 다시 대승 유식에 관한 책을 내신 분이죠. 29번째 학륵나 존자 같은 경우는 제자가 본래 500명이 있었다고 합니다. 학륵나 존자가 용궁으로 공양청을 받아서 가는데, 제자들이 학륵나 존자에게 "왜 평등하게 먹지 않습니까? 법에 평등한 이는 먹는 것도 평등하다고 말씀하시지 않았습니까?"라고 하기에 용궁에 같이 가서 먹었습니다. 그러나 제자들에게는 과분했던 탓인지 후생에 학으로 태어난 것입니다. 학 500마리가 학륵나 존자를 항상 쫓아다녔다고 해서 학륵나 존자라고 했답니다.

　혜능 자신은 제40대째라고 말했는데, 과거 일곱 부처님을 빼면 33명이 됩니다. 그래서 33조사라고도 합니다. 한편 중국의 입장에서 보면 보리달마가 초조이고, 혜가가 2조, 승찬이 3조, 도신이 4조, 홍인이 5조, 혜능이 제6대 조사가 됩니다. 그런데 인도에서도 보리달마의 제자가 있었습니다. 그 중에 바라제 존자라는 분이 계셨는데, 이 바라제 존자가 그 당시의 임금인 이견왕과 대화를 나눈 내용이 귀감이 됩니다.

　이견왕이 불법을 믿으면서도 불법에 대해서 편벽한 견해를 가지고 있었습니다. '내 몸이 곧 부처인데 어찌 밖에서 구하리오? 선과 악의 과보는 모두 말재주 있는 자들이 허망하게 꾸민 것이다.'라는 생각으로 선악에 대한 과보를 무시하고 불교를 존숭하는 것을 없애 버렸습니다. 그 때 바라제 존자가 이견왕을 찾아가서 문답을 합니다.

　이견왕이 바라제 존자에게 "어떤 것이 부처인가?"라고 물었습니다. "성품을 본 사람이 부처입니다."라고 답하는 바라제 존자에게 "그렇다면 그대는 성품을 보았는가?" "예, 저는 이미 성품을 보았습니다." "그 성품이 어디에 있는가?" 했을 때 "성품은 작용하는 곳에 있습니다." 하고 바라제 존자가 대답합니다. "그것이 어떻게 작용하기에 나에게는 보이지 않는가?" "지금 작용하고 있는데도 왕 스스로 보지 못할 뿐입니다." "그럼 나에게도 있는가?" "대왕께서 만약 작용을 한다면 없을 수가 없습니다. 그러나 작용을 하지 않는다면 본체를 스스로 보기는 어렵습니다." "만약 작용한다면 몇 곳이나 나타나는가?" "나타날 때에는 여덟 가지 길이 있습니다." "그 여덟 가지 길을 말해보시오."라는 이견왕의 말에 바라제 존자가 게송으로 대답합니다.

"태속에서는 몸이요, 세상에 나와서는 사람이라 하고, 눈으로는 본다 하고, 귀로는 듣는다 하고, 코로는 냄새를 맡고, 입으로는 말을 하고, 손으로는 움켜잡고, 발로는 몸을 옮겨 다닌다네. 그래서 두루 나타나서는 무수한 세계를 뒤덮고 거두어들이면 한 티끌 속에 있네. 아는 이는 그것을 불성이라 하지만 알지 못하는 이는 정혼이라고 부른다네."

바라제 존자가 이견왕에게 성품, 불성에 대해서 아주 명쾌하게 답변해주고 있습니다. 성품 그게 도대체 어디에 있느냐 하니까 작용하는 곳에 있다고 했습니다. 왜냐하면 작용만을 알 수 있을 뿐이지 그 본체 자체는 보거나 들을 수 있는 게 아니기 때문입니다. 또한 행주좌와 어묵동정이 다 불성의 작용이라는 것입니다. 그래서 두루 나타나면 무수한 세계를 덮을 만큼 크지만, 거두어들이면 한 티끌 속에 들어올 정도로 작아질 수도 있다는 겁니다. 이 말을 듣고 왕의 마음이 열려서 허물을 깨쳤다고 합니다. 성품, 불성은 물론 공한 것이지만 공하다고 해서 텅 빈 게 아니고 작용으로 나타난다는 진공묘유의 소식을 전해주는 것입니다.

5

── 참 부처를 보는 해탈의 노래 ──

법해가 또 여쭈었다.

"대사님께서 이제 가심에 무슨 법을 부촉하여 남기시어, 후대의 사람으로 하여금 어떻게 부처님을 보게 하시렵니까?"

6조 대사께서 말씀하셨다.

"그대들은 들으라. 뒷세상에 미혹한 사람들이 다만 중생을 바로 알면 곧 능히 부처를 볼 수 있느니라. 만약 중생을 알지 못하면 만겁토록 부처를 찾아도 보지 못하리라. 내가 지금 그대들로 하여금 중생을 알아서 부처를 보게 하고자 다시 '참 부처를 보는 해탈의 노래(見眞佛解脫頌)'를 남기리니, 미혹하면 부처를 보지 못하고 깨달은 이는 바로 보느니라."

강의 6조 스님께서 이 법을 서로서로 전수해서 근본 가르침을 잊지 말라고

하였습니다. "부처님을 후대 사람들이 어떻게 볼 수 있겠느냐?"는 질문에 "중생을 바로 알면 그것이 곧 부처를 보는 것"이라고 하였습니다. 불성을 갖춘 중생은 곧 부처가 될 가능성이 있다는 겁니다. 또한 "중생을 알지 못하고 부처를 찾아도 보지 못하리라."고 했습니다. 중생이 있기 때문에 부처가 있고 꿈이 있기 때문에 꿈에서 깨어남이 있는 것이기 때문입니다.

부처와 중생의 차이는 무엇이냐? 인과법을 100% 믿는 이가 부처이고 인과법을 자기 깜냥대로 믿는 이는 중생입니다. 그러니까 콩을 심어 놓고 어떤 때에는 팥이 나기를 기다리고, 어떤 때에는 팥을 심어놓고 콩이 나기를 기다리는 것이 중생이고, 콩 심으면 콩 나고 팥 심으면 팥 난다는 것을 아주 확고하게 믿고 실행하는 이가 바로 부처입니다.

다음 중에서 옳다고 생각하는 것은 무엇일까요?

1. 콩 심은 데 콩 나고 팥 심은 데 팥 난다.
2. 콩을 심건 팥을 심건 무엇이 날 지는 신에게 달려 있다.
3. 콩을 심건 팥을 심건 무엇이 날 지는 이미 결정되어 있다.
4. 콩을 심건 팥을 심건 무엇이 날 지는 아무도 알 수 없다.

그런데 의외로 3번과 4번에 손을 많이 들더군요. 너무 단순 명쾌한 진리이기 때문에 필자는 1번에 90% 이상 손을 들 줄 알았습니다. 그런데 젊은 학생 중에서는 무엇이 날 지는 아무도 알 수 없다는 4번에 손을 많이 들었고, 또 나이가 드신 불자님들 중에서는 무엇이 날 지는 이미 결정되어 있다는 3번에 손을 많이 들었습니다. 젊은 사람들은 우연론, 불가지론, 불확실성의 시대를 반영하고 있는 것 같고, 또 연세 드신 분들은 이미 모든 것은 다 결정되어 있다는 숙명론에 많이 빠져 있는 것 같았습니다. 불교는 숙명론도 아니고 우연론도 아니고 또 모든 것은 신에게 달려있다고 하는 신의설도 아닙니다. 인과설, 연기법입니다.

"법해는 듣기를 바라오며 대대로 유전하여 세세생생에 끊어지지 않게 하리이다."

6조 대사께서 말씀하셨다. "그대들은 들으라. 내 그대들을 위하여 설하리라. 만약 뒷세상 사람들이 부처를 찾고자 한다면 오직 자기 마음의 중생을 알지니, 그러면 바로 능히 부처를 알게 되는 것이니라. 곧 연이 중생에게 있으므로 중생을 떠나서는 부처의 마음이 없느니라.

강의 중생을 보면 부처를 알 수 있다고 했습니다. 중생은 부처에서 일어나는 그림자, 마치 저 거울 속의 모습과도 같습니다. 자기 마음의 중생을 알면 부처를 알 수 있다고 했고, 중생을 여의면 불심이란 것도 없다고 했습니다. 아주 간단한 말씀이지만 정말 중요한 말씀입니다. 분별심이란 것도 사실은 본마음에서 비롯한 것이지 어디 딴 데에서 나온 게 아닙니다. 파도가 바다에서 나온 것과 마찬가지입니다. 사실 바다가 없으면 파도도 없고, 파도가 없으면 바다도 미루어서 짐작할 수 없다는 겁니다.

그러면 우리 마음의 중생은 무엇일까요? 우리 마음에서 끊임없이 일어나는 탐·진·치야말로 자심중생, 자성중생입니다. 선가에서는 심원의 마心猿意馬, 마음은 원숭이와 같고 생각은 말과 같다는 비유를 합니다. 예전에 중국 아미산을 갔는데, 원숭이들이 과일이나 과자를 빼앗아 먹기도 하면서 한시도 가만히 있지 않고 이리 갔다 저리 갔다 뛰어다니더군요. 말은 또 항상 내달리기만 합니다. 원래 본마음 자리는 마치 저 고요한 바다와 호수처럼 여여 부동합니다. 그러나 그 본마음 자리에서 중생심이 일어나서 탐·진·치 삼독을 시시때때로 일으키고 사는 것입니다. 마음이라 할 때에는 본마음 자리와 중생심을 잘 구별해서 쓸 줄 알아야 합니다. 유리창이 너무 깨끗하면 있는지 없는지 모릅니다. 그러나 거기에 때가 좀 묻으면 유리창이 있다는 것을 압니다. 중생심이 그런 것과 같습니다. 그래서 하루하루 일어나는 중생심을 바로바로 알아차리고 얼른 '마하반야바라밀'을 하면서 본마음 자리로 돌아가면 그게 부처님 마음자리라고 하는 겁니다.

미혹하면 부처가 중생이요,
깨달으면 중생이 부처니라.
어리석으면 부처가 중생이요,
지혜로우면 중생이 부처이니라.

마음이 험악하면 부처가 중생이요,
마음이 평등하면 중생이 부처이니라.

———

갌의 한 마디로 부처니 중생이니 하는 것도 고정된 실체가 없고 계속 변화한다는 것입니다. 그러니까 바로 지금 여기에서 어떤 행위를 하느냐에 따라서 자기가 끊임없이 규정되어 간다고 하는 것입니다. 이것이야말로 바로 무아설의 핵심사상입니다. '고정된 실체로서의 내가 없기 때문에 어떠한 나도 만들어 갈 수 있다.' '나는 내가 창조한다.' '지금 이 모습도 나의 작품일 뿐, 나의 작품이기 때문에 내가 고칠 수 있다.' 얼마나 멋집니까? 밖으로 이렇게 해 달라, 저렇게 해 달라 구걸하지 말고 스스로 자기 자신에게 다짐하고 실행하는 것이 더 빠른 길입니다. 모든 것은 변화하는 것일진대, 역동적인 인因은 내가 만들어가는 것이고 불보살님은 단지 연緣으로 작용할 뿐이기 때문입니다.

지혜롭게 마음을 쓰면 그대로 부처의 행을 해서 부처가 되는 것이고, 마음을 어리석게 쓰면 부처가 그대로 중생노릇이 되는 것입니다. 마치 손바닥 뒤집기와 같은 겁니다. 본래 선한 이도 없고 본래 악한 이도 없습니다. 선한 마음을 먹으면 선한 이가 되는 것이고 악한 마음을 먹으면 악한 이가 되는 겁니다. 선과 악이란 그때그때 상황에 따라, 자신의 입장에 따라서 결정되는 것이지요.

마음과 부처와 중생, 이 셋은 차별이 없습니다. 세상사가 모두 마음먹기에 달려있다는 것입니다. 우리의 살아가는 모습은 그 사람의 가치관을 반영하고 있습니다. 세상 사람들에게는 누구나 비슷한 시간이 주어지는데, 그 사람의 가치관에 따라서 행보가 갈립니다. 그 시간에 참선을 좋아하는 사람은 참선을 할 것이고, 골프를 좋아하는 사람은 골프를 치러 갈 것이며, 산행을 좋아하는 사람은 산행을 하러 갈 것입니다. 인생을 바꾸려면 먼저 가치관이 바뀌어야 되고 무엇보다 현재의 모습은 나의 가치관을 100% 반영한다는 것을 믿어야 됩니다. 그렇지 않고 자꾸 이 핑계 저 핑계를 대다보면 발전 가능성이 없습니다. 앞에서도 말씀드린 것처럼, 우리가 이 세상에 온 것은 체험학습을 하고 법륜을 굴리기 위해서 왔습니다.

그러면 어떻게 하는 것이 가장 좋을지를 판단해서 살면 보람 있고 성공적인 인생이 될 수 있을 것입니다. 그렇지 않고 욕심나는 대로, 마음이

끌리는 대로 끌려 다니다 보면 자꾸 추락하는 인생을 살게 됩니다. 삶을 상승시키기 위해서는 반드시 원을 세워야 됩니다. 원을 세우는 것이야말로 자신의 가치관을 바꾸는 결정적인 힘이 됩니다. 마음공부가 우선순위 1위라고 가치관이 바뀌어야지, 이것저것 다 하고 시간이 남으면 마음 공부한다는 사람은 금생에는 못 하고 가는 겁니다.

한평생 마음이 험악하면
부처가 중생 속에 있으며,
한 생각 깨달아 마음 평등하면
바로 중생 스스로 부처로다.

내 마음에 스스로 부처가 있음이라.
자기 부처가 참 부처이니
만약 자기에게 부처의 마음이 없다면
어느 곳을 향하여 부처를 구하리오."

———

강의 절에 가면 불상을 향해서 경배를 드립니다. 아니 불상을 통해서 표현되는 부처님의 덕성, 부처님의 지혜와 자비에 경배를 드리는 것이지요. 적멸보궁에는 불상이 없고 좌복만 덩그러니 놓여 있는데, 이것이야말로 불교의 입장을 제대로 대변해주는 것입니다. 불상을 향해서 경배를 하지만 밖에서 주인님을 찾는 것이 아니고 자기 스스로가 주인공이라는 연습을 하는 것입니다.

그리고 이 본마음과 마음과 몸의 형태에 대해서 잘 파악할 필요가 있습니다. 사람들에게 마음이 어디 있느냐고 물어보면 머리나 가슴, 또는 온몸에 있다는 식으로 얘기합니다. 그러나『능엄경』에서 그것은 그릇된 생각이라고 확실하게 깨우쳐 주고 있습니다.『능엄경』에 보면, 부처님께서 아난 존자에게 마음이라는 게 어디에 있느냐고 물어봤습니다. 아난 존자가 "몸 속에 있다, 몸 밖에 있다, 중간에 있다. 눈 속에 있다."는 식으로 온갖 대답을 했습니다. 일반적으로 사람들이 하는 대답을 대변한 것이지요. 그러나 어느 것도 정답은 아니었습니다. 결국 멱심료불가득覓心了不可得이라, "마음을 찾아보았으나 가히 찾을 수가 없다."는 것이 올바른 답변입니다. 마음은 실체가 없고 작용으로 드러나는 것이기 때문입니다. 우주 속에 마음이 있는 것이 아니라 마음속에 우주가 있고, 몸속에 마음이 있는 것이 아니라 마음속에 몸이 있다는 사실을 밝혀 주고 있습니다.

『능엄경』은 본마음과 마음의 소재를 잘 밝혀주고 있는 경전입니다. 본마음은 순수 에너지입니다. 순수 에너지에서 한 생각 일으켜서 마음, 분별심이 일어난 겁니다. 그것은 파동 에너지입니다. 그리고 마음이 똘똘 뭉쳐서 물질, 몸뚱이가 형성된 겁니다. 물질은 마음이 똘똘 뭉쳐서 생긴 것이기 때문에 잘 분해하면 거기에서 엄청난 에너지가 나온다고 합니다. 이것을 발견한 사람이 아인슈타인입니다. 그래서 원자폭탄도 나오고 수소폭탄도 나오게 된 겁니다. 과학이 발달할수록 불교의 진리성이 명확하게 드러납니다. 여러분이 명심해야 될 것은 마음이 몸뚱이 속에 있는 게 아니라는 것입니다. 몸뚱이 속에 있는 마음이라면 얼마나 오종종하겠습니까? 어쨌든 그런 마음은 참다운 마음이 아니라고 하는 겁니다.

6

──자성의 참 부처 해탈의 노래──

대사께서 말씀하셨다.

"그대들 문인門人들은 잘 있거라. 내가 게송 하나를 남기리니 자성진불해탈송自性眞佛解脫頌이라고 이름 하느니라. 뒷세상에 미혹한 사람들이 이 게송의 뜻을 들으면 바로 자기의 마음, 자기 성품의 참 부처를 보리라. 그대들에게 이 게송을 주면서 내 그대들과 작별하리라."

강의 선사들은 정말 멋지게 입적하시는 분들이 많습니다. 잠시 여행 떠나는 사람처럼 '자성진불해탈송'을 하나 주고 작별을 합니다. 자성이라는 것은 무한한 가능성을 뜻한다고 말씀드렸지요. 쉽게 말하자면, 백지수표와 같은 겁니다. 이 세상에 올 때 누구나 다 백지수표를 한 장씩 가지고 나왔습니다. 그 공백에 어떻게 쓰느냐에 따라서 현재의 삶이 천차만별로 벌어

집니다. 각자 가지고 있는 백지수표로써 각자 무엇을 사가지고 나올 것인 가는 개개인의 몫입니다. 저마다 자신의 주인공이기 때문에, 아무도 대신 해줄 수가 없습니다. 이것이 바로 무한한 가능성이라고 하는 것입니다. 우리의 모습, 주변 환경, 나의 몸과 마음가짐은 과거에 이미 내가 선택했기 때문에 이렇게 지금 나타난 것입니다. 그래서 지금 만족스러우면 계속해서 같은 선택을 하면 되고, 불만족스럽거나 바꾸고 싶다면 마음가짐과 몸가짐을 바꾸어야 그런 날이 빨리 당겨지는 것입니다. 인생은 저마다의 선택입니다. 그래서 지혜로운 선택이냐, 어리석은 선택이냐가 중요합니다. 이 책을 읽는 분들은 대부분 지혜로운 선택을 하는 분일 것입니다.

게송을 말씀하셨다.
진여의 깨끗한 성품이 참 부처요,
삿된 견해의 삼독(탐·진·치)이 곧 참 마군魔軍이니라.
삿된 생각 가진 사람은 마군이 집에 있고,
바른 견해 가진 사람은 바로 부처가 들르는도다.

성품 가운데서 삿된 견해인 삼독이 나면
곧 마왕이 와서 집에 살고
바른 견해로 삼독의 마음을 스스로 없애면
마군이 변하여 부처 되나니, 참되어 거짓이 없도다.

같의 부처니 마군이니 하는 것을 밖에서 찾을 것이 없고 자신의 본마음 자리야말로 참다운 부처이고, 또 거기에서 일어난 탐·진·치 삼독이 마군이라는 것입니다. 이 삼독이라는 것도 다른 데에서 나온 것이 아니라 우리의 본성 가운데서 나온 것입니다. 그래서 정견, 올바른 견해를 세워서 삼독심을 제거하면 마군이가 변하여서 곧 부처가 된다고 하였습니다. 그러니까 우리 마음을 어떻게 쓰느냐에 따라서 마군이도 될 수 있고 부처도 될 수 있다는 얘기입니다. 이 삼독을 곧바로 전환시키기만 하면 그 자리에서 마군이가 부처로 변하는 것처럼 탐욕은 신심으로 변하고, 성냄은 분심으로 변하고, 어리석음은 지혜로운 마음으로 변합니다.

『청정도론』에 보면 우리 인간을 여섯 가지 종류로 나누고 있습니다. 첫 번째가 탐행자, 두 번째가 진행자, 세 번째가 치행자입니다. 탐행자란 탐·진·치 삼독 가운데서도 특히 욕심이 많은 사람을 말하고, 진행자는 특히 성을 잘 내는 사람이고, 치행자는 치심, 어리석음이 강한 사람입니다. 그래서 탐·진·치 삼독의 세 가지 부류로 나누고, 그 다음에 이와 각기 배대하여 신信·각覺·심尋 세 가지로 나눕니다. 신행자(信行者:신심이 강한 사람), 각행자(覺行者:잘 깨닫는 사람), 심행자(尋行者:꾸준히 소걸음처럼 뚜벅뚜벅 찾아나가는 사람)입니다. 삼독이 바로 수행의 삼요가 될 수 있다는 것입니다.

탐행자貪行者는 끌어당기는 에너지가 강한 사람입니다. 재물이나 사랑이나 명예에 대한 욕심을 전환시켜서 깨달음을 얻고자 하는 욕심, 기도를 통해서 부처님을 만나고자 하는 욕심, 큰 불사를 이루고자 하는 욕심 쪽으로 전환시키면 이 사람은 신심이 매우 강한 사람이 되는 것입니다. 진행자瞋行者, 성을 잘 내는 사람은 밀쳐내는 에너지가 강한 겁니다. 대개 순발력이 좋은 사람이 성질을 잘 냅니다. 순간순간 판단을 잘 하고 따지기를 잘하기 때문에 순간적으로 남을 궁지에 몰아넣는 힘이 아주 강하고, 남의 허물을 보는 데 능수능란합니다. 그것을 자신의 허물을 보는 쪽으로 돌이 킨다면 깨달음을 빨리 얻어나가는 각행자가 될 수 있습니다. 그리고 유위법을 밀쳐내는 쪽으로 에너지를 전환해서 쓴다면 공부의 진도가 아주 빨리 나갑니다. 치행자癡行者는 판단이 좀 늦습니다. 이런 분은 심행자, 좌우를 돌아보지 않고 그저 천 리 길도 한 걸음부터 하는 식으로 소가 뚜벅뚜벅 걸어 나가듯이 꾸준하다는 장점이 있습니다. 다시 말해서 굳이 단점을 없애려고 노력하지 않아도 된다는 겁니다. 방향만, 포인트만 잘 찾아내면 오히려 내가 가지고 있는 단점이 장점으로 작용할 수 있습니다. 자신의 에너지를 나 하나만 잘 먹고 잘 사는 데 쓰려고 하면 탐·진·치의 행자가 되는 것이고, 나와 남을 서로 살리는 방면으로 돌이켜 쓰면 신심 있고 잘 깨쳐 나가고 꾸준함이 돋보이는 멋진 수행자가 될 수 있는 것입니다.

화신과 보신과 정신淨身이여,
세 몸이 원래로 한 몸이니,
만약 몸 가운데서 자기를 찾아내어 본다면
곧 부처님의 깨달음을 성취하는 씨앗이니라.

―――

값의 법신·보신·화신이라 하면 청정법신 비로자나불, 원만보신 노사나불, 천백억화신 석가모니불 하는 식으로 규정합니다. 그러나 사실은 우리 몸뚱이야말로 화신불이고, 나날이 쓰는 분별심, 이 마음이야말로 보신불이며, 나의 본마음 자리야말로 법신불입니다. 결국 스스로에게 삼신불이 다 갖춰져 있고, 이 세 가지가 원래는 하나라는 것입니다. "만약 몸 가운데서 자기를 찾아낸다면 곧 부처님의 깨달음을 성취하는 씨앗"이라는 말씀은 내게 이미 갖춰져 있으니 굳이 밖에서 찾을 필요가 없다는 것입니다. 거듭 말씀드리건대, 부처가 있어서 부처의 행위를 하는 것이 아니고 부처의 행위를 하는 자가 부처라고 하는 것입니다.

어떤 이가 6조 스님에게 "부처가 도대체 누굽니까?" 하고 여쭈었을 때, 6조 스님이 한 마디로 통쾌하게 "불행시불佛行是佛", 부처의 행위가 부처라고 하셨습니다. '나는 누구인가?' 고민하는 분들 더 이상 고민할 필요가 없게 되었습니다. 나의 행위가 나입니다. 부처의 행을 할 것인가, 보살의 행을 할 것인가, 인간다운 행을 할 것인가, 축생 같은 행을 할 것인가? 스스로 판단하고 스스로 선택하는 것입니다. 자기 스스로 자신을 만들어가는 주인공입니다. 부처님이나 보살님, 주위사람들은 단지 지켜보고 도와주고 조언해줄 수 있지만 대신 공부해줄 수는 없습니다.

그래서 법신불·보신불·화신불의 개념을 잘 이해하고 있어야 합니다. 어느 스님에게 법문을 들으면, "부처는 다 자기 마음속에 있는 거야."라고 하시고, 또 다른 스님은 "부처님한테 기도를 잘 하면 가피를 받는다, 꿈속에서라도 나타나서 선몽을 해주신다."고 하시고, 또 어디 가서 들으면 역사적 실존인물인 석가모니불만 부처라고 합니다. 이때 삼신불에 대해서 명확한 지견이 서 있지 않으면 헷갈립니다. 지견이 서 있으면, '아 저 분은 법신불 자리에 대해서 말씀하시는구나.' '저 분은 보신불을 얘기하시는구나.' '저 분은 화신불을 얘기하시는구나.' 하고 알 수 있습니다.

부처님은 크게 세 가지 몸이 있는데, 먼저 어떤 형상이나 소리로써 알 수 없는 본마음 자리를 뜻하는 법신불이 계십니다. 그런데 이 세상에 법신불만 있으면 알 수가 없습니다. 형상이나 소리로써 알 수가 없기 때문입니다. 그러므로 법륜을 굴리기 위해서 마음으로 나투신 부처님이 바로 관세음보살이나 아미타 부처님 같은 보신불입니다. 선몽도 해주시고, 꿈에도 볼 수 있고, 현실에서도 마음의 눈으로 볼 수 있습니다. 이 분들은 기도를 하면 응답을 해주십니다. 그래서 보답할 보報자입니다. 나의 마음이 어디로 향하고 있는가를 보시고 다 응답해주시는 분이 바로 보신불입니다. 그리고 석가모니불처럼 몸으로 나투신 부처님을 화신불이라고 하는데 사실은 우리 눈앞의 세계가 화신불 아닌 것이 없습니다. 왜냐하면 모두 다 본마음 참나 자리에서 나왔기 때문입니다. 궁극적으로 중요한 것은 행불行佛입니다. 바로 지금 여기에서 부처님 같은 마음가짐과 몸가짐을 연습하면 부처가 되는 것이고, 보살행을 하면 보살이 되는 것입니다.

본래 화신으로부터 깨끗한 성품이 나나니,
깨끗한 성품은 항상 화신 속에 있고
성품이 화신으로 하여금 바른 길을 행하게 하면
장차 원만하여 참됨이 다함없도다.

음욕의 성품은 본래 몸의 깨끗한 씨앗이니,
음욕을 없애고는 깨끗한 성품의 몸도 없느니라.
다만 성품 가운데 있는 다섯 가지 욕심을 스스로 여의면
성품을 보는 찰나 바로 참(眞)이로다.

갚의 석가모니 부처님께서 화신불로 출현하셔서 가르침을 주셨기 때문에 보신과 법신에 대해 알 수 있지 화신불이 없었다면 법신이 있는지조차 아예 몰랐다는 겁니다. 그래서 성품이 화신으로 하여금 바른 길을 행하게 하면 원만하여 참됨이 다함없다고 하였습니다.

"음욕의 성품이 본래 몸의 깨끗한 씨앗이니, 음욕을 없애고는 깨끗한 성품의 몸도 없다."고 하였습니다. 우리가 가지고 있는 탐욕·성냄·어리석음 이 삼독만 제하면 그 자리가 그대로 청정본연한 불성자리, 백지수표가 된다는 것입니다. 탐·진·치 삼독 대신 대신심·대분심·대의심을 써 나가면 멋진 수행자가 되겠지요.

그런데 파도가 쉬면 그대로 청정하고 고요하고 맑은 바다인데, 그 바다는 또 어디 있느냐, 어떻게 생겼느냐 하고 찾아다니면 그것 역시 그릇된 견해에 빠지기 쉽다는 겁니다. 지금도 남해 바다에는 물고기가 헤엄쳐 다니면서 "도대체 바다가 어떻게 생겼느냐?"고 묻고 다닌답니다. 또 지리산에도 새가 많이 날아다니는데, "도대체 허공이 어떻게 생긴 거냐?"고 묻고 다닌다는데, 그럴 필요가 없다는 것입니다.

불성은 부처가 될 가능성, 자성은 무한한 가능성입니다. 백지수표와 같은 것이 자성이고, 백지수표에다 부처라고 쓰면 불성입니다. 부처의 몸가짐과 마음가짐을 연습해서 부처로 살면 백지수표를 큰 가치로 쓰는 것이고, 백지수표에 축생이라고 써넣으면 무한한 가능성을 축소해서 사는 것입니다. 무한한 가능성이 있고, 인생의 주인공이 될 수 있는데 스스로 종노릇을 자처하는 것입니다. 오히려 종노릇이 너무 편하다고 해서 다른 사람들까지 그 세계로 끌어 들이려는 사람도 많지요. 그것 또한 그 사람의 가치관과 덕성과 불연佛緣이 작용하는 것입니다.

"다만 다섯 가지 욕심을 여의면 성품을 보는 찰나 바로 참"이라고 했습니다. 성품을 보려고 억지로 노력할 필요 없이 식욕·성욕·수면욕·재물욕·권세욕을 떠나면 그대로 성품을 보게 된다는 것이지요. 텅 빈 공간을 욕심으로 채울 것인가, 아니면 법륜을 굴릴 것인가는 온전히 저마다의 몫입니다. 자신이 중요하다고 생각하는 것들로 자신의 공간을 채우기 때문입니다. 간혹 남의 탓을 하는 사람도 있는데, 그것처럼 어리석은 일이 없습니다. 이 세상에, 이 시기에, 이 나라에 태어난 것도 내 작품이고 지금의 부모, 남편, 자식을 만난 것도 역시 내 작품입니다. 그렇기 때문에 스스로 고쳐나갈 수 있습니다. 여기에 진정한 의미가 있는 것입니다. 고정된 실체로서의 내가 없기 때문에 나를 새롭게 만들어 갈 수 있습니다.

만약, 금생에 돈교頓敎의 법문을 깨달으면
바로 눈앞에 세존을 보려니와
만약, 수행하여 부처를 찾는다면
어디서 진리를 구해야 할지 알 수가 없다.
만약 자기 몸 가운데 본래로 진리 있다면
그 진리 있음이 바로 성불의 씨앗이니라.

―――――

갚의 새벽 종성 중에 "삼계유여급정륜三界猶如級井輪 백천만겁역미진百千

萬劫歷未盡 차신불향금생도此身不向今生度 갱대하생도차신更待何生度此身.”이라는 게송이 있습니다. "삼계윤회가 물 긷는 두레박과 같으니 백천만겁을 지나면서 다함이 없구나. 금생에 이 몸을 제도하지 못하면 다시 어느 생을 기다려 이 몸을 제도하리오."라는 내용입니다. 요새는 우물을 잘 볼 수 없지만, 과거에는 동네 한 가운데 우물이 있었습니다. 우물에 달린 두레박이 오르락내리락하는 모습을 기억하시는 분들도 있을 것입니다. 우리가 이 세상에 왔다 갔다 하는 것이 마치 우물물 긷는 두레박과 같다는 겁니다. 더 이상 오르락내리락 하지 말고 금생에, 이번 기회에 제도하라는 것입니다. 이생보다 더 좋은 환경이 언제 오리라고 보장할 수 있겠습니까?

내생으로 미루지 말고 금생에 돈교의 문을 깨닫는다면 깨달은 즉 눈앞에서 세존을 볼 것이라고 하였습니다. 이것은 『금강경』의 사구게인 "무릇 상이 있는 것은 모두 허망하니 모든 상이 고정된 상이 아님을 보게 되면 여래를 보게 되리라(凡所有相 皆是虛妄 若見諸相非相 即見如來)."는 말과 유사한 표현입니다.

그 뒤의 구절에는 수행을 해서 부처를 보고자 한다면 볼 수 없다고 합니다. 이는 육조단경의 종지가 그대로 드러나는 엄청난 소식입니다. 많은 분들이 '수행을 열심히 하다보면 언젠가는 부처님을 보게 되겠지.'라고 생각하는 분이 계시는데, 그것은 앞서도 얘기했지만 신수 스님의 가풍입니다. 6조 스님의 가풍은 단박에 성품을 봄으로써 깨달음을 얻는 방법입니다. 사실 6조 스님의 가풍은 지금 봐도 상당히 파격적입니다. 그러다 보니 사람들이 육조단경을 읽으면서도 지나치는 경우가 많습니다. 몸과 마음은 꾸준한 수행을 통해서 닦아야 합니다. 그러나 성품은 수행을 해서 닦는 게 아닙니다. 본래 청정하고 완벽한 자리인지라 때가 낄 일도 없기 때문에 성품은 닦는 게 아니라 보는 것입니다. 이것이 육조단경의 핵심 가르침입니다.

스스로 진리를 구하지 않고 밖으로 부처를 찾으면
가서 찾는 모두가 크게 어리석은 사람이로다.

돈교의 법문을 이제 남겼나니
세상 사람들 구제하고 모름지기 스스로 닦으라.
이제 세간의 도道를 배우는 이에게 알리노니,
이러한 가르침에 의지하지 않으면 크게 부질없는 일이로다.

같의 자기 몸 가운데 진리가 있는데 밖으로 부처를 찾으면 크게 어리석다는 말입니다. 결국 내 인생의 주인공은 나라고 하는 소리입니다. 부처의 행을 하면 그 자리에 진정한 부처가 드러나는 것이고, 밖에서 찾으면 진정한 부처의 모습을 볼 수 없다는 말입니다. 이런 돈교의 법문을 남겼으니 세상 사람을 구제하고 스스로 닦으라고 하였습니다. 사실 가장 중요한 것은 행불行佛입니다. 우리는 모두 부처가 될 가능성이 있는데, 가능성만 있으면 뭐 하겠습니까? 어마어마한 돈이 있을지라도 뭉쳐 두고만 있으면 소용이 없습니다. 자기와 남, 세상을 위해서 잘 쓸 때 비로소 진정한 가치가 있는 것입니다. 바로 지금 여기에서 부처의 행을 수행하는 것, 자신의 주인이 되어 완전연소하는 것, 스스로도 꿈에서 깨어나고 남도 꿈에서 깨어날 수 있도록 돕는 것이야말로 행불이고, 이것이 우리 모두의 삶의 목적이 될 때 나도 행복하고 남도 행복하고 세상에 진정한 평화가 올 것입니다.

7

── 마지막 말씀을 남기시다 ──

대사께서 게송을 설해 마치고 마침내 문인에게 고하였다.
"그대들은 잘 있거라. 이제 그대들과 작별하리라. 내가 떠난 뒤에 세속의 인정으로 슬피 울거나, 사람들의 조문과 돈과 비단을 받지 말며, 상복을 입지 말라. 그런 짓은 성인의 법이 아니며 나의 제자가 아니니라.
내가 살아있던 때와 한가지로 한 때 단정히 앉아서 움직임도 없고 고요함도 없으며 남(生)도 없고 없어짐(滅)도 없으며, 감(去)도 없고 옴(來)도 없으며, 옳음도 없고 그름도 없으며, 머무름도 없고 감도 없어서 평탄하게 고요히 하면 이것이 큰 도道이니라.

―――

<u>강의</u> 이 세상에 태어난 이상 늙고 병들고 죽는 것을 피할 수 없습니다. 그러나 지금 작별한다고 해서 슬퍼할 것도 없습니다. 인연에 따라서 다시 모

이고, 다시 만나게 되어 있기 때문입니다. 특히 마음속에서 못 다한 여한을 가지고 있으면 그 풀이를 하기 위해서라도 언제든 다시 태어나는 겁니다. 한이 남아서, 아직 숙제를 다 못해서, 해탈을 못해서 다시 태어나는 것인지라 불교의 근본 입장에서 보면 별로 바람직한 일은 못 됩니다. 불교에서는 공부가 익을수록 덜 태어난다고 합니다. 수다원은 일곱 번 왕복해서 태어나야 되고, 한 단계 높은 사다함은 한 번만 왔다 갔다 하면 되고, 아나함은 저 세상에 가서 아예 오지 않고, 아라한은 모든 공부를 다 알아 마쳤기 때문에 금생으로 끝난다고 하는 겁니다.

그런데 숙제를 다 마쳤음에도 불구하고 계속 태어나는 이가 있습니다. 스스로 숙제를 해 마쳤지만 남의 숙제를 돕기 위해서 다시 태어나는 분들이 보살입니다. 여러분도 원을 세우면 그 순간부터는 보살도에 들어가게 됩니다. 그 때부터는 업대로 사는 업생業生이 아니라 원생願生을 살게 됩니다. 업생은 나, 내 가족을 위해서 잘 먹고 잘 사는 것이라면 원생은 나도 좋고 남도 좋게 사는 것입니다.

6조 스님께서 당신이 돌아가신 후에 슬피 울거나 상복을 입지 말라고 했습니다. 평상시와 다름없이 좌선을 하고 마음을 관찰하고 또 돌아가신 분을 위해서 염불 내지는 독경을 해주는 것이 불교식 문상법이라고 하는 것입니다.

내가 떠난 뒤에 오직 법에 의지하여 수행하면 내가 있던 날과 한가지일 것이나, 내가 만약 세상에 있더라도 그대들이 가르침을 어기면 내가 있은들 이익이 없느니라."

　　대사께서 이 말씀을 마치시고 밤 삼경에 이르러 문득 입적하시니, 대사의 춘추는 일흔 여섯이었다.

　　대사께서 입적하신 날, 절 안은 기이한 향내가 가득하여 여러 날이 지나도 흩어지지 않았다. 산이 무너지고 땅이 진동하며 숲의 나무가 희게 변하고 해와 달은 광채가 없고 바람과 구름이 빛을 잃게 되었다.

강의　6조 스님께서 가르침을 다 펴시고, 장례를 지내는 요령까지 자세히 말씀해주시면서 "오직 법에 의해서 수행을 하면 내가 있는 것과 마찬가지요, 내가 세상에 있더라도 가르침을 따르지 않으면 있은들 이익이 없다."고 했습니다. 부처님께서도 이와 비슷한 말씀을 하셨지요.『열반경』을 보면, 아들들이 병이 났는데도 놀음에 빠져서 고칠 생각을 하지 않습니다. 아버지가 아무리 의술이 훌륭해도 노는 데에 정신이 팔려 있는 아들들은 약을 먹을 생각조차 하지 않아 병을 고칠 도리가 없었습니다. 아버지가 결국 아들들의 병을 고치기 위해 방편을 씁니다. "내가 혹시 무슨 일이 생기면 너희들은 이 약을 먹어라. 그러면 너희들의 병이 다 나을 것이다."고 당부해 놓고 이웃나라로 갔습니다. 이웃나라에 가서 갑자기 돌아가셨다는 전갈을 보냅니다. 그 때서야 아들들이 정신을 차리고 약을 먹습니다. 그렇게 해서 마침내 병이 낫게 되었다는 비유담이 있지요.

　　6조 스님 같은 대선지식이 계시더라도 역시 그 가르침을 어기면 의미가 없습니다. 6조 스님이 아무리 위대한 선지식일지라도 대신 밥 먹어줄 수 없고 대신 잠 자줄 수 없습니다. 그것은 부처님이나 신神도 마찬가지입니다. 아무리 위대하고 전지전능한 분일지라도 내 대신 밥 먹어줄 수 없고 잠 자줄 수도 없고 아파줄 수도 없고 죽어줄 수도 없는 것이죠. 그것이야 말로 우리 모두가 저마다 인생의 주인공이라고 하는 명확한 증거입니다. 아무도 대신 해줄 수 없기 때문에 아무리 부처님 가르침 같은, 육조단경과 같은 인생의 좋은 처방이 있어도 본인이 믿지 않고 실천하지 않으면 소용이 없습니다.

우리가 이 세상에 태어났다가 죽는다고 하는데, 과연 우리가 어디에서 와서 어디로 가는가? 이것을 명확하게 알고 있는 삶은 뚜렷한 원력의 삶이 되겠지만, 어디에서 왔는지도 모르고 어디로 가는지도 모르면 업생을 살 수밖에 없습니다. 업생과 원생의 차이는 바로 그 부분에 있습니다. 예를 들어서 촛불을 켰다고 합시다. 이 촛불이 어디에서 와서 어디로 갑니까? 이 질문 자체가 사실은 어리석은 질문이지만, 연 따라 와서 연 따라서 간다는 답을 해드릴 수 있습니다. 사람이 성냥으로 혹은 라이터로 불을 붙이니까 촛불이 켜진 거고, 훅 불어서 끄면 촛불이 꺼지는 겁니다. 우리 인간도 마찬가집니다.

재 지낼 때 외우는 의식문 가운데 "생종하처래生從何處來 사향하처거死向何處去 생야일편부운기生也一片浮雲起 사야일편부운멸死也一片浮雲滅 부운자체본무실浮雲自體本無實 생사거래역여연生死去來亦如然이라는 글귀가 있습니다. "삶은 어느 곳으로부터 오며 죽음은 어느 곳으로 좇아가는가? 태어난다는 것은 한 조각 구름이 일어나는 것이며, 죽는다는 것은 한 조각 구름이 스러지는 것이네. 뜬구름은 본래 실체가 없으니 태어나고 죽고 오고 가는 것도 또한 이와 마찬가지."라는 내용입니다.

우리가 어디에서 와서 어디로 가는지를 한 마디로 압축해서 보여주는 게송입니다. 태어난다는 것은 뜬구름 일어나는 것과 같고 죽는다는 것은 뜬구름 스러지는 것과 같습니다. 일정한 습도가 유지되고 비가 내리면 수

은들 이익이 없느니라."

대사께서 이 말씀을 마치시고 밤 삼경에 이르러 문득 입적하시니, 대사의 춘추는 일흔 여섯이었다.

대사께서 입적하신 날, 절 안은 기이한 향내가 가득하여 여러 날이 지나도 흩어지지 않았다. 산이 무너지고 땅이 진동하며 숲의 나무가 희게 변하고 해와 달은 광채가 없고 바람과 구름이 빛을 잃게 되었다.

강의 6조 스님께서 가르침을 다 펴시고, 장례를 지내는 요령까지 자세히 말씀해주시면서 "오직 법에 의해서 수행을 하면 내가 있는 것과 마찬가지요, 내가 세상에 있더라도 가르침을 따르지 않으면 있은들 이익이 없다."고 했습니다. 부처님께서도 이와 비슷한 말씀을 하셨지요. 『열반경』을 보면, 아들들이 병이 났는데도 놀음에 빠져서 고칠 생각을 하지 않습니다. 아버지가 아무리 의술이 훌륭해도 노는 데에 정신이 팔려 있는 아들들은 약을 먹을 생각조차 하지 않아 병을 고칠 도리가 없었습니다. 아버지가 결국 아들들의 병을 고치기 위해 방편을 씁니다. "내가 혹시 무슨 일이 생기면 너희들은 이 약을 먹어라. 그러면 너희들의 병이 다 나을 것이다."고 당부해 놓고 이웃나라로 갔습니다. 이웃나라에 가서 갑자기 돌아가셨다는 전갈을 보냅니다. 그 때서야 아들들이 정신을 차리고 약을 먹습니다. 그렇게 해서 마침내 병이 낫게 되었다는 비유담이 있지요.

6조 스님 같은 대선지식이 계시더라도 역시 그 가르침을 어기면 의미가 없습니다. 6조 스님이 아무리 위대한 선지식일지라도 대신 밥 먹어줄 수 없고 대신 잠 자줄 수 없습니다. 그것은 부처님이나 신神도 마찬가지입니다. 아무리 위대하고 전지전능한 분일지라도 내 대신 밥 먹어줄 수 없고 잠 자줄 수도 없고 아파줄 수도 없고 죽어줄 수도 없는 것이죠. 그것이야 말로 우리 모두가 저마다 인생의 주인공이라고 하는 명확한 증거입니다. 아무도 대신 해줄 수 없기 때문에 아무리 부처님 가르침 같은, 육조단경과 같은 인생의 좋은 처방이 있어도 본인이 믿지 않고 실천하지 않으면 소용이 없습니다.

우리가 이 세상에 태어났다가 죽는다고 하는데, 과연 우리가 어디에서 와서 어디로 가는가? 이것을 명확하게 알고 있는 삶은 뚜렷한 원력의 삶이 되겠지만, 어디에서 왔는지도 모르고 어디로 가는지도 모르면 업생을 살 수밖에 없습니다. 업생과 원생의 차이는 바로 그 부분에 있습니다. 예를 들어서 촛불을 켰다고 합시다. 이 촛불이 어디에서 와서 어디로 갑니까? 이 질문 자체가 사실은 어리석은 질문이지만, 연 따라 와서 연 따라서 간다는 답을 해드릴 수 있습니다. 사람이 성냥으로 혹은 라이터로 불을 붙이니까 촛불이 켜진 거고, 훅 불어서 끄면 촛불이 꺼지는 겁니다. 우리 인간도 마찬가집니다.

재 지낼 때 외우는 의식문 가운데 "생종하처래生從何處來 사향하처거死向何處去 생야일편부운기生也一片浮雲起 사야일편부운멸死也一片浮雲滅 부운자체본무실浮雲自體本無實 생사거래역여연生死去來亦如然이라는 글귀가 있습니다. "삶은 어느 곳으로부터 오며 죽음은 어느 곳으로 좇아가는가? 태어난다는 것은 한 조각 구름이 일어나는 것이며, 죽는다는 것은 한 조각 구름이 스러지는 것이네. 뜬구름은 본래 실체가 없으니 태어나고 죽고 오고 가는 것도 또한 이와 마찬가지."라는 내용입니다.

우리가 어디에서 와서 어디로 가는지를 한 마디로 압축해서 보여주는 게송입니다. 태어난다는 것은 뜬구름 일어나는 것과 같고 죽는다는 것은 뜬구름 스러지는 것과 같습니다. 일정한 습도가 유지되고 비가 내리면 수

증기가 증발해서 위로 올라가다가 뭉쳐서 구름이 되는 겁니다. 그러다가 점점 무거워지면 구름이 소멸되고 비가 됩니다. 연 따라 생기고 연 따라 사라지면서 존재하기 때문에 연기설이라고도 합니다. 공사상과 중도와 연기설은 모두 한 가지 얘기를 다른 방식으로 표현한 것에 불과합니다.

팔월 삼일에 입적하시고 십일월에 이르러 대사의 영구를 모시어 조계산에 장사 지내니 대사의 용감龍龕 속에서 흰 빛이 나타나 곧게 하늘 위로 솟구치다가 이틀 만에 비로소 흩어졌다.

소주 자사 위거가 비碑를 세우고 지금까지 공양을 올렸다.

강의 8월 3일에 돌아가셨는데 동짓달에 이르러 조계산에서 장사를 지냈습니다. 용감龍龕에서 흰 빛이 나타나서 하늘 위로 솟구치다가 이틀 만에 흩어지는 이적이 보였다고 합니다. 이 책은 『돈황본 육조단경』인데, 『덕이본 육조단경』이나 『경덕전등록』에도 6조 스님에 관한 여러 가지 일화들이 전해지고 있습니다.

덕이본에는 6조 스님께서 입적하시기 전에 "내가 멸한 뒤 5, 6년이 지나서 마땅히 한 사람이 와서 내 머리를 가져가리라."는 예언을 하십니다. 그런데 당시 신라에서 삼법이라는 스님이 6조 스님의 머리를 탈취해 옵니다. 돈황본에는 그런 기록이 없지만 『덕이본 육조단경』과 『경덕전등록』에는 그것에 관한 기록이 나와 있습니다. 그 내용은 다음과 같습니다.

"조사를 탑에 모신 후 개원 10년에 이르러 밤중에 탑 속에서 소리가 나서 갔더니 상주 차림을 한 사람이 탑에서 달아났다. 탑 속을 살펴보니 목에 상처가 있었다. 나중에 이 사람을 잡았는데, 이름이 장정만이고 어머니의 상을 치르는 데 돈이 없어서 신라에서 온 삼법 스님과 대비 스님에게서 돈을 받고 6조 대사의 머리를 취해서 해동에 돌아가서 공양하고자 했다."

앞에서도 말씀드렸지만, 고려의 각훈 스님이 쓴 '육조정상 동래연기'에는, 6조 스님의 정상을 모시고 와서 지금 하동 쌍계사 금당 근처에 봉안했다는 기록이 나옵니다. 한편 지금 쌍계사 조실스님께서 한 30여 년 전 쌍계사에 오셨는데, 쌍계사 금당에서 방광하는 장면을 네 번에 걸쳐서 목격하셨다는 것을 직접 들었습니다.

어쨌든 이러한 일들이 역사적으로 사실이든 아니든 간에 그 의미를 새겨볼 필요가 있습니다. 사실 6조 스님의 정상頂相은 참선의 정수를 뜻합니다. 우리나라에 6조 스님 가르침의 골수가 전수되었고 또 우리나라에서 육조선이 꽃을 피우게 되리라는 암시라고 봐야 할 것입니다. 그 중심에 지리산 쌍계사가 있고, 이 책을 공부하고 있는 여러분과 필자에게 바로 육조선을 진흥시킬 책임과 의무가 있다고 하는 겁니다. 6조 스님의 육신은 소멸했을지 몰라도 법신인 육조단경은 영원하기 때문입니다. 우리에게 육조단경의 법륜을 굴릴 책임이 있습니다.

8

― 후기 ―

    이 단경은 상좌인 법해 스님이 모은 것이다. 법해 스님이 입적하니 함께 수학한 도제 스님에게 부촉하였고, 도제 스님이 입적하니 문인인 오진 스님에게 부촉하였다. 오진 스님은 영남 조계산 법흥사에서 지금 이 법을 전수하고 있다. 만약 이 법을 전하려면 모름지기 상근기의 지혜라야 한다. 마음으로 불법을 믿어 큰 자비를 세우고 이 경을 지니고 좇아 이어받아 지금까지 끊이지 않고 있다.

    법해 스님은 본래 소주 곡강현 사람이다. 여래께서 열반하시고 법의 가르침이 동쪽 땅으로 흘러서 함께 전하여 머무르지 않으니, 바로 나의 마음이 머무르지 않음이다.

    이 진정한 보살이 참된 종지를 설하고 진실한 비유를 행하여 오직 큰 지혜의 사람만을 가르치니, 이것은 뜻을 좇음이라. 무릇, 중생을 제도하기를 서원하고 많은 수행을 거듭하여 어려움을 만나서 물러서지 않고, 괴로움을 만나서도 능히 참아 복과 덕이 깊고 두터워야만 바야흐로 이 법을 전할 것이다.

앞의 6조 스님께서 입적하시고 나서 법해 스님이 육조단경을 기록하고, 법해 스님이 돌아가신 뒤에는 같이 배운 도제 스님, 또 도제 스님의 문인인 우진 스님으로 법이 전수되었습니다. 여기에서 '나의 마음은 무주無住라' 머무름이 없다고 하였습니다. 육조단경의 핵심사상 중 하나가 바로 무주위본無住爲本, 머무름 없음으로써 근본을 삼는 것입니다. 머무른다는 것은 애착을 갖고 있다는 뜻입니다. 때와 장소, 사람에 애착하지 않는 것이 선법禪法의 핵심입니다.

그런데 머무르지 않는 삶, 애착 없는 삶도 중요하지만 "중생 제도를 서원하고, 많은 수행을 거듭하여 어려움을 만나서 물러서지 않고, 괴로움을 만나도 능히 참아 복과 덕이 두터워야만 이 법을 전할 것."이라고 하였습니다. 법륜을 굴리다 보면 어려움도 많이 만나게 됩니다.

그래서 진정한 참선인, 진정한 종교인의 자세는 풍파가 일어나지 않기를 바라는 것이 아니고 풍파가 일어나더라도 그것을 잘 참아내고 극복해서 복덕이 깊고 두터워지기를 발원하는 겁니다. "살아가면서 어려움, 괴로움을 만나지 말아지이다." 하며 재앙을 피하고 복을 바라는 것은 초보적인 기복신앙의 형태입니다. 선법으로 들어오면, "나쁜 일이든 좋은 일이든 어려운 일에도 물러서지 않고 괴로움도 참아내어서 복덕이 깊고 두터워지이다."라고 발원해야 됩니다. 바람이 불어도 끄떡없는 여여부동한 마음의 경계를 얻을 수 있도록 노력해야 하는 것입니다. 그렇지 않고 아무리 풍파가 없기를 기도해도 풍파는 결국 일어나게 마련입니다.

만약 근성이 감당하지 못하고 재량才量이 좋지 못하면, 모름지기 이 법을 구하더라도 율법律法을 어긴 덕 없는 이에게는 함부로 『단경』을 부촉하지 말 것이니, 도를 같이 하는 모든 이에게 고하여 비밀한 뜻을 알도록 하는 바이다.

같은 때와 장소와 상대방에 맞추어서 법륜을 굴리는 것이 효율적이라는 말씀입니다. 이와 같이 육조단경을 다른 사람에게 전할 것을 권하고 있습니다. 법륜, 경전을 굴려야 그 뜻이 세상에 생생하게 되살아나고 사람들에게 큰 이익이 되기 때문입니다.

이상 육조단경의 핵심을 간단하게 요약하자면, 앞에서도 말씀드렸듯이 깨달음 행, 돈오頓悟호에 탑승하는 플랫폼입니다. 육조단경은 플랫폼 수트라입니다. 지하철이나 기차를 탈 때 탑승하는 곳이 플랫폼입니다. 육조단경을 그대로 믿고 실행해 가다 보면 깨달음, 견성으로 가게 되어 있습니다. 그것도 단박에 깨닫는 돈오호입니다. 육조단경의 대략적인 뜻(大旨)은 6조 스님께서 행자로 있을 당시 신수 스님의 게송에 대비해서 쓴 게송에 다 나타납니다.

"깨달음은 본래 나무가 없고 명경도 또한 대가 아니네. 불성은 항상 청정하거늘 어느 곳에 먼지가 끼겠는가?" 첫째 구절은 몸뚱이는 고정된 실체가 없다는 소리이고, 둘째 구절은 마음도 고정된 실체가 없다는 것입니다. 셋째와 넷째 구절은 성품은 과거에도 청정했고 현재에도 청정하며 미래에도 청정하다는 뜻입니다. 더럽고 깨끗하고의 상대적 개념의 청정이 아니고 공空하다는 의미입니다. 불성은 텅 비어 있기 때문에 무엇으로든 채울 수 있다고 하는 것입니다. 결국 몸과 마음은 닦을 것이 없음을 알고 닦아야 하겠지만, 성품은 단박에 보면 된다고 해서 견성법을 강조하는 것입니다.

그렇다면 어떻게 몸과 마음을 닦고 성품을 볼 수 있겠느냐? 이것은 바로 '마하반야바라밀'을 구념심행口念心行, 입으로 염하고 마음으로 실행하는 방법을 통해서 되는 것입니다. '마하반야바라밀'을 외우고 그 소리를 듣는 것이 염하는 것입니다. 마음으로 행하는 것은 무엇이냐? 항상 마음을 크고(마하) 밝고(반야) 편안하게(바라밀) 연습하라는 것입니다. 그래서 궁극적으로 바로 지금 여기에서 자신의 주인이 되어 완전 연소하는 삶을 살라는 것이 육조단경의 근본취지입니다.

六祖壇經（敦煌本）

──南宗頓教最上大乘摩訶般若波羅蜜經──

六祖惠能大師於韶州 大梵寺施法壇經一卷
兼受無相戒弘法弟子法海集記

序言
●

惠能大師 於大梵寺講堂中昇高座 說摩訶般若波羅蜜法 授無相戒 其時座下僧尼道俗一萬餘人. 韶州刺史韋據及諸官僚三十餘人 儒士餘人 同請大師 說摩訶般若波羅蜜法 刺史遂令門人僧法海集記 流行後代 與學道者承此宗旨 遞相傳授 有所依約以爲禀承 說此壇經.

一. 전법의 인연을 설하시다
●

能大師言 善知識淨心念摩訶般若波羅蜜法 大師不語自淨心神 良久乃言. 善知識靜聽. 惠能慈父 本貫范陽 左降遷流南新州百姓 惠能幼少 父小早亡 老母孤遺移來南海 艱辛貧乏 於市買柴 忽有一客買柴 遂領惠能至於官店 客將柴去 惠能得錢 却向門前 忽見一客讀金剛經 惠能一聞 心明便悟 乃問客曰. 從何處來持此經典. 客答曰 我於蘄州黃梅縣東憑茂山 禮拜五祖弘忍和

尚 見今在彼門人有千餘衆 我於彼聽 見大師勸道俗但持金剛經一卷 即得見性直了成佛. 惠能聞說 宿業有緣 便即辭親 往黃梅憑茂山 禮拜五祖弘忍和尚. 弘忍和尙問惠能曰 汝何方人 來此山禮拜吾 汝今向吾邊 復求何物. 惠能答曰 弟子是嶺南人 新州百姓. 今故遠來禮拜和尙 不求餘物 唯求佛法. 大師遂責惠能曰 汝是嶺南人 又是獦獠 若爲堪作佛. 惠能答曰 人即有南北 佛性即無南北 獦獠身 與和尙不同 佛性有何差別. 大師欲更共議 見左右在傍邊 大師更不言 遂發遣惠能 令隨衆作務 時有一行者 遂差惠能於碓坊 踏碓八個餘月.

五祖忍於一日 喚門人盡來 門人集訖 五祖曰 吾向與說 世人生死大事 汝等門人終日供養 只求福田 不求出離生死苦海 汝等自性迷 福門何可救汝. 汝惣且歸坊自看 有知惠者 自取本性般若之智 各作一偈呈吾. 吾看汝偈 若悟大意者 付汝衣法 稟爲六代 火急急. 門人得處分 却來各至自房 遞相謂言 我等 不須呈心用意作偈 將呈和尙 神秀上座 是教授師. 秀上座得法後 自可依止 請不用作 諸人息心 盡不敢呈偈. 時大師堂前有三間房廊 於此廊下 供養欲畫楞伽變相 幷畫五祖大師 傳授衣法 流行後代 爲記 畫人盧珍看壁了 明日下手 上座神秀思惟 諸人不呈心偈 緣我爲教授師 我若不呈心偈 五祖如何得見我心中 見解深淺. 我將心偈 上五祖呈意 求法即善 覓祖不善 却同凡心 奪其聖位 若不呈心 終不得法. 良久思惟 甚難甚難. 夜至三更 不令人見 遂向南廊下中間壁上 題作呈心偈 欲求於法. 若五祖見偈 言此偈語不堪 若訪覓我 我宿業障重 不合得法 聖意難測 我心自息. 秀上座三更於南廊下中間壁上 秉燭題作偈 人盡不知. 偈曰

　　身是菩提樹　　心如明鏡臺

　　時時勤拂拭　　莫使有塵埃

神秀上座 題此偈畢 歸坊臥. 竝無人見. 五祖平旦遂換盧供奉來 南廊下 畫

楞伽變 五祖忽見此偈讀訖 乃謂供奉曰 弘忍 與供奉錢三十千 深勞遠來 不畫變相也 金剛經云 凡所有相皆是虛妄 不如留此偈 令迷人誦 依此修行 不墮三惡道 依法修行 人有大利益 大師遂喚門人盡來 焚香偈前 人衆入見 皆生敬心 五祖曰 汝等盡誦此偈者 方得見性 依此修行 即不墮落 門人盡誦 皆生敬心 喚言善哉. 五祖遂喚秀上座於堂內 問是汝作偈否. 若是汝作 應得我法. 秀上座言 罪過. 實是神秀作 不敢求祖 願和尚慈悲看. 弟子有小智惠 識大意否. 五祖曰 此偈 見即來到 只到門前 尚未得入 凡夫依此偈修行 即不墮落 作此見解 若覓無上菩提 即未可得. 須入得門見自本性 汝且去 一兩日來思惟 更作一偈 來呈吾. 若入得門 見自本性 當付汝衣法. 秀上座去 數日作不得.

有一童子 於碓房邊過 唱誦此偈 惠能 一聞知未見性 未識大意. 能問童子 適來誦者是何言偈 童子答能曰 儞不知. 大師言 生死事大 欲傳衣法 令門人等 各作一偈 來呈看悟大意 即付衣法 禀爲六代祖. 有一上座名神秀 忽於南廊下 書無相偈一首 五祖 令諸門人 盡誦 悟此偈者 即見自性. 依此修行 即得出離. 惠能答曰. 我此踏碓八箇餘月 未至堂前 望上人引惠能至南廊下 見此偈禮拜. 亦願誦取 結來生緣 願生佛地. 童子引能至南廊下 能即禮拜此偈 爲不識字 請一人讀 惠能聞已 即識大意. 惠能亦作一偈 又請得一解書人 於西間壁上題著 呈自本心 不識本心 學法無益. 識心見性 即悟大意 惠能偈曰

菩提本無樹　　明鏡亦無臺
佛性常清淨　　何處有塵埃

又偈曰

心是菩提樹　　身爲明鏡臺
明鏡本清淨　　何處染塵埃

院內從衆 見能作此偈盡怪 惠能却入碓坊

五祖忽見惠能偈 卽善知識大意 恐衆人知 五祖乃謂衆人曰 此亦未得了.
五祖夜至三更 喚惠能堂內 說金剛經 惠能一聞言下便悟 其夜受法 人盡不
知. 便傳頓法及衣 汝爲六代祖 衣將爲信. 稟代代相傳 法以心傳心 當令自
悟. 五祖言 惠能自古傳法 命如懸絲 若住此間 有人害汝 汝卽須速去. 能得
衣法 三更發去 五祖自送能於 九江驛登時 便五祖處分 汝去努力 將法向南
三年勿弘此法. 難起在後弘化 善誘迷人 若得心開 汝悟無別. 辭違已了 便發
向南. 兩月中間 至大庾嶺 不知向後 有數百人來 欲擬害惠能 奪衣法 來至半
路 盡總却廻 唯有一僧 姓陳 名惠明 先是三品將軍 性行麁惡 直至嶺上 來趂
犯著 惠能 卽還法衣 又不肯取 我故遠來 求法 不要其衣. 能於嶺上 便傳法
惠明 惠明 得聞 言下心開 能使惠明卽却向北化人來.

惠能來依此地 與諸官僚道俗 亦有累劫之因 敎是先聖所傳 不是惠能自知
願聞先聖敎者 各須淨心 聞了願自除迷 如先代悟(下是法). 惠能大師喚言 善
知識 菩提般若之智 世人本自有之 卽緣心迷 不能自悟 須求大善知識 示導
見性 善知識 遇悟卽成智.

二. 마하반야바라밀법을 설하시다

●

善知識 我此法門 以定惠爲本 第一勿迷言惠定別 定惠體一不二. 卽定是
惠體 卽惠是定用 卽惠之時定在惠 卽定之時惠在定. 善知識 此義卽是定惠
等 學道之人作意 莫言先定發惠 先惠發定 定惠各別. 作此見者 法有二相 口
說善 心不善 惠定不等 心口俱善 內外一種 定惠卽等. 自悟修行不在口諍 若
諍先後 卽是迷人 不斷勝負 却生法我 不離四相. 一行三昧者 於一切時中行
住坐臥 常行直心 是 淨名經云 直心是道場 直心是淨土 莫心行諂曲 口說法

直. 口說一行三昧 不行直心 非佛弟子. 但行直心 於一切法 無有執著 名一行三昧 迷人著法相 執一行三昧 直心坐不動 除妄不起心 即是一行三昧 若如是此法同無情. 却是障道因緣. 道須通流 何以却滯. 心不住在 即通流 住即被縛. 若坐不動 是 維摩詰不合呵舍利弗宴坐林中. 善知識 又見有人 教人坐 看心看淨 不動不起 從此置功 迷人不悟 便執成顛 即有數百般 如此教道者 故知大錯. 善知識 定惠猶如何等. 如燈光 有燈即有光 無燈即無光 燈是光之體 光是燈之用 名即有二 體無兩般 此定惠法 亦復如是.

　善知識 法無頓漸 人有利鈍 迷即漸契 悟人頓修. 識自本心是見本性 悟即元無差別 不悟即長劫輪廻 善知識 我自法門 從上已來 頓漸皆立 無念爲宗 無相爲體 無住無爲本. 何名無相 無相者於相而離相 無念者於念不念 無住者 爲人本性 念念不住 前念今念後念 念念相讀 無有斷絕 若一念斷絕法身即是離色身. 念念時中 於一切法上無住 一念若住 念念即住 名繫縛 於一切法上念念不住即無縛也 是以無住爲本. 善知識 外離一切相 是無相 但能離相 性體清淨 是以無相爲體. 於一切境上 不染名爲無念 於自念上離境 不於法上念生. 莫百物不思 念盡除却. 一念斷 即無別處受生. 學道者用心 莫不息法意 自錯尙可 更勸他人 迷不自見 又謗經法 是以立無念爲宗. 即緣迷人於境上有念念上便起邪見 一切塵勞妄念 從此而生. 然此教門 立無念爲宗 世人離見 不起於念 若無有念 無念亦不立. 無者無何事 念者念何物. 無者離二相諸塵勞 念者念眞如本性 眞如是念之體 念是眞如之用. 自性起念 雖即見聞覺知 不染萬境而常自在. 維摩經云 外能善分別諸法相 內於第一義而不動.

　善諸識 此法門中 坐禪元不著心 亦不著淨. 亦不言動 若言看心 心元是妄 妄如幻故 無所看也. 若言看淨 人性本淨 爲妄念故 蓋覆眞如 離妄念 本性淨. 不見自性本淨 心起看淨 却生淨妄. 妄無處所 故知看者却是妄也 淨無形相 却立淨相 言是功夫 作此見者障自本性 却被淨縛. 若不動者 不見一切人

過患. 是性不動 迷人 自身不動 開口即說人是非 與道違背. 看心看淨 却是障道因緣. 今記汝 是此法門中 何名坐禪. 此法門中 一切無礙 外於一切境界上 念不起爲坐 內見本性不亂爲禪. 何名爲禪定. 外離相曰禪 內不亂曰定 外若有相 內性不亂 本自淨自定 只緣境觸 觸卽亂 離相不亂卽定. 外離相卽禪 內不亂卽定 外禪內定 故名禪定. 維摩經云 卽時豁然 還得本心 菩薩戒云 本源自性 淸淨 善知識 見自性自淨. 自修自作 自性法身自行 佛行自作自成佛道.

善知識 總須自體 以受無相戒 一時逐惠能口道. 令善知識 見自三身佛. 於自色身 歸依淸淨法身佛 於自色身 歸依千百億化身佛 於自色身 歸依當來圓滿報身佛. (已上三唱) 色身 是舍宅 不可言歸. 向者三身 在自法性 世人盡有爲迷不見 外覓三身如來 不見自色身中三性佛. 善知識 聽. 與善知識說 令善知識 於自色身 見自法性 有三身佛. 此三身佛 從性上生 何名淸淨法身佛. 善知識 世人 性本自淨 萬法在自性. 思量一切惡事 卽行於惡 思量一切善事 便修於善行 知如是一切法 盡在自性 自性 常淸淨. 日月常明 只爲雲覆蓋 上名下暗 不能了見日月星辰 忽遇惠風吹散 卷盡雲霧 萬像森羅 一時皆現. 世人性淨 猶如淸天 惠如日智如月 智惠常明 於外著境 妄念浮雲 蓋覆自性 不能明. 故遇善知識 開眞法吹却迷妄 內外明徹 於自性中 萬法皆見 一切法 自在性 名爲淸淨法身. 自歸依者 除不善行 是名歸依 何名爲千百億化身佛. 不思量性卽空寂 思量卽是自化 思量惡法化爲地獄 思量善法化爲天堂 毒害化爲畜生 慈悲化爲菩薩 智惠化爲上界 愚癡化爲下方 自性變化甚明 迷人自不知見. 一念善智惠卽生 此名自性化身. 何名圓滿報身佛. 一燈能除千年闇 一智能滅萬年愚 莫思向前常思於後 常後念善名爲報身佛 一念惡報 却千年善止 一念善報 却千年惡滅 無始已來 後念善 名爲報身. 從法身思量 卽是化身 念念善 卽是報身 自悟自修卽名歸依也. 皮肉是色身是舍宅. 不在歸依也. 但悟三身 卽識大意.

今旣自歸依三身佛已 與善知識 發四弘大願. 善知識 一時逐惠能道. 衆生無邊誓願度 煩惱無邊誓願斷 法門無邊誓願學 無上佛道誓願成. (三唱) 善知識 衆生無邊誓願度 不是惠能 度善知識 心中衆生 各於自身 自性自度. 何名自性自度. 自色身中 邪見煩惱 愚癡迷妄 自有本覺性 將正見度. 旣悟正見般若之智 除却愚癡迷妄 衆生各各自度. 邪來正度 迷來悟度 愚來智度 惡來善度 煩惱來菩提度 如是度者是名眞度. 煩惱無邊誓願斷 自心除虛妄 法門無邊誓願學 學無上正法 無上佛道誓願成 常下心行 恭敬一切 遠離迷執 覺知生般若 除却迷妄 卽自悟佛道成 行誓願力.

今旣發四弘誓願訖 與善知識 無相懺悔 滅三世罪障. 大師言 善知識 前念後念及今念 念不被愚迷染 從前惡行 一時永斷 自性若除 卽是懺悔. 前念後念及今念 念念不被愚癡染 除却從前矯誑心 永斷名爲自性懺. 前念後念及今念 念念不被疽妬染 除却從前疾妬心 自性若除卽是懺. (已上三唱) 善知識 何名懺悔. 懺者終身不作 悔者知於前非 惡業恒不離心 諸佛前 口說無益 我此法門中 永斷不作 名爲懺悔. 今旣懺悔已 與善知識 授無相三歸依戒. 大師言 善知識 歸依覺兩足尊 歸依正離欲尊 歸依淨衆中尊. 從今已後 稱佛爲師 更不歸依餘邪迷外道 願自性三寶慈悲證明. 善知識 惠能勸善知識 歸依自性三寶 佛者覺也 法者正也 僧者淨也. 自心歸依覺 邪迷不生 少欲知足 離財離色 名兩足尊 自心歸正 念念無邪故 卽無愛著 以無愛著 名離欲尊 自心歸淨 一切塵勞妄念 雖在自性 自性不染著 名衆中尊. 凡夫不解 從日至日 受三歸依戒 若言歸佛 佛在何處 若不見佛 卽無所歸 言却是妄. 善知識 各自觀察莫錯用意. 經中只卽言自歸依佛 不言歸依他佛 自性不歸 無所歸處.

今旣自歸依三寶 總各各至心 與善知識說摩訶般若波羅蜜法. 善知識 雖念不解 惠能與說 各各聽. 摩訶般若波羅蜜者 西國梵語 唐言大智惠彼岸到. 此法須行 不在口念 口念不行 如幻如化 修行者 法身與佛等也. 何名摩訶 摩訶

者是大 心量廣大 猶如虛空 莫空心坐 即落無記空. 虛空能含日月星辰 大地山河 一切草木 惡人善人 惡法善法 天堂地獄 盡在空中 世人性空 亦復如是. 性含萬法是大 萬法盡是自性. 見一切人及非人 惡之與善 惡法善法 盡皆不捨 不可染著 猶如虛空 名之爲大 此是摩訶行 迷人口念 智者心行. 又有迷人空心不思 名之爲大 此亦不是. 心量廣大 不行是少 莫口空說 不修此行 非我弟子. 何名般若. 般若是智惠 一切時中念念不愚 常行智惠即名般若行. 一念愚即般若絶 一念智即般若生 心中常愚 自言我修. 般若無形相 智惠性即是. 何名波羅蜜. 此是西國梵音 言彼岸到. 解義離生滅 著境生滅起 如水有波浪 即是於此岸 離境無生滅 如水承長流 故即名到彼岸 故名波羅蜜. 迷人口念 智者心行 當念時有妄 有妄即非眞有 念念若行 是名眞有. 悟此法者 悟般若法 修般若行 不修即凡 一念修行 法身等佛. 善知識 即煩惱是菩提 捉前念迷即凡 後念悟即佛.

善知識 摩訶般若波羅蜜 最尊最上第一 無住無去無來 三世諸佛從中出 將大智惠到彼岸 打破五陰煩惱塵勞 最尊最上第一. 讚最上 最上乘法修行 定成佛 無去無住無來往 是定惠等 不染一切法 三世諸佛 從中變三毒 爲戒定惠. 善知識 我此法門 從八萬四千智惠 何以故. 爲世有八萬四千塵勞 若無塵勞 般若常在 不離自性. 悟此法者 即是無念 無憶無著 莫起誑妄 即自是眞如性. 用智惠觀照 於一切法 不取不捨 即見性成佛道. 善知識 若欲入甚深法界 入般若三昧者 直修般若波羅蜜行 但持金剛般若波羅蜜經一卷 即得見性 入般若三昧. 當知此人功德 無量 經中分名讚嘆 不能具說. 此是最上乘法 爲大智上根人說 小根智人 若聞此法 心不生信 何以故. 譬如大龍 若下大雨 雨於閻浮提 如漂草葉 若下大雨 雨於大海 不增不減. 若大乘者 聞說金剛經 心開悟解 故知本性自有般若之智 自用智惠觀照 不假文字 譬如其雨水不從天有 元是龍王 於江海中 將身引此水 令一切衆生 一切草木 一切有情無情 悉皆

蒙潤 諸水衆流 却入大海 海納衆水 合爲一體 衆生本性般若之智 亦復如是.

小根之人 聞說此頓教 猶如大地草木 根性自小者 若被大雨一沃 悉皆自倒 不能增長 小根之人 亦復如是 有般若之智 與大智之人 亦無差別 因何聞法 即不悟. 緣邪見障重 煩惱根深 猶如大雲 蓋覆於日 不得風吹 日無能現 般若之智 亦無大小 爲一切衆生 自有迷心 外修覓佛 未悟自性 即是小根人 聞其頓教 不信外修 但於自心 令自本性 常起正見 煩惱塵勞衆生 當時盡悟 猶如大海納於衆流 小水大水合爲一體. 即是見性 內外不住 來去自由 能除執心 通達無礙 心修此行 即與般若波羅蜜經 本無差別. 一切經書及文字 小大二乘 十二部經 皆因人置 因智惠性故 能建立. 我若無 智人 一切萬法 本無不有 故知萬法 本因人興 一切經書因人說有 緣在人中有愚有智 愚爲小故 智爲大人. 迷人問於智者 智人與愚人說法 令使愚者 悟解深開 迷人若悟心開 與大智人無別. 故知不悟 即佛是衆生 一念若悟 即衆生是佛. 故知一切萬法 盡在自身心中. 何不從於自心 頓現眞如本性. 菩薩戒經云 我本源自性清淨 識心見性 自成佛道 即時豁然 還得本心.

善知識 我於忍和尚處 一聞 言下大悟 頓見眞如本性. 是故將此教法 流行後代 令學道者 頓悟菩提 各自觀心 令自本性頓悟 若不能自悟者 須覓大善知識示導見性. 何名大善知識. 解最上乘法 直示正路 是大善知識 是大因緣. 所謂化導令得見佛 一切善法 皆因大善知識能發起. 故三世諸佛 十二部經 云在人性中 本自具有 不能自性悟 須得善知識示導 見性. 若自悟者 不假外善知識 若取外求善知識 望得解脫 無有是處 識自心內善知識 即得解脫. 若自心 邪迷妄念顛倒 外善知識 即有教授 不得自悟 當起般若觀照 刹那間 妄念俱滅 即是自眞正善知識 一悟即知佛也. 自性心地 以智惠觀照 內外明徹 識自本心 若識本心 即是解脫 既得解脫 即是般若三昧 悟般若三昧 即是無念 何名無念 無念法者 見一切法 不著一切法 遍一切處 不著一切處 常淨自

性 使六賊 從六門走出 於六塵中 不離不染 來去自由 卽是般若三昧 自在解脫 名無念行. 莫百物不思 常令念絶 卽是法縛 卽名邊見. 悟無念法者 萬法盡通 悟無念法者 見諸佛境界 悟無念頓法者 至佛位地. 善知識 後代得吾法者 常見吾法身 不離汝左右.

善知識 將此頓敎法門 同見同行 發願受持 如事佛故 終身受持而不退者 欲入聖位. 然須傳受時 從上已來 嘿然而付於法 發大誓願 不退菩提 卽須分付. 若不同見解 無有志願 在在處處 勿妄宣傳 損彼前人 究竟無益. 若遇人不解 謾此法門 百劫萬劫千生 斷佛種性. 大師言 善知識 聽吾說無相頌. 令汝迷者罪滅 亦名滅罪頌. 頌曰

愚人修福不修道　謂言修福而是道
布施供養福無邊　心中三業元來在
若將修福欲滅罪　後世得福罪無造
若解向心除罪緣　各自性中眞懺悔
若悟大乘眞懺悔　除邪行正造無罪
學道之人能自觀　卽與悟人同一例
大師令傳此頓敎　願學之人同一體
若欲當來覓本身　三毒惡緣心中洗
努力修道莫悠悠　忽然虛度一世休
若遇大乘頓敎法　虔誠合掌志心求

大師說法了 韋使君官僚 僧衆道俗 讚言無盡 昔所未聞.

三. 법을 묻고 답하다

使君禮拜自言 和尙說法 實不思議. 弟子嘗有少疑 欲聞和尙 望和尙 大慈大悲 爲弟子說. 大師言 有疑卽問 何須再三. 使君問 可不是西國第一祖達磨祖師宗旨. 大師言是. 弟子見說 達磨大師化梁武帝 問達磨 朕一生已來 造寺布施供養 有功德否. 達磨答言 竝無功德. 武帝惆悵 遂遣達磨 出境 未審此言 請和尙說. 六祖言 實無功德 使君 勿疑達磨大師言. 武帝著邪道 不識正法. 使君問. 何以無功德. 和尙言 造寺布施供養 只是修福. 不可將福 以爲功德 功德在法身 非在於福田. 自法性 有功德 見性是功 平直是德. 內見佛性 外行恭敬. 若輕一切人 吾我不斷 卽自無功德. 自性虛妄 法身無功德. 念念德行 平等直心 德卽不輕 常行於敬 自修身卽功 自修身心卽德. 功德自心作 福與功德別 武帝不識正理 非祖大師有過. 使君禮拜又問 弟子見僧道俗 常念阿彌陀佛 願往生西方 請和尙說. 得生彼否. 望爲破疑. 大師言 使君聽. 惠能與說. 世尊在舍衛國 說西方引化 經文分明去此不遠 只爲下根 說遠 說近只緣上智. 人自兩種 法無不同. 迷悟有殊 見有遲疾 迷人念佛生彼 悟者自淨其心 所以佛言 隨其心淨 則佛土淨. 使君 東方但淨心 無罪 西方心不淨 有愆 迷人願生 東方西方 所在處竝皆一種. 心但無不淨 西方去此不遠 心起不淨之心 念佛往生難到. 除十惡 卽行十萬 無八邪 卽過八千 但行直心 到如彈指. 使君 但行十善 何須更願往生 不斷十惡之心 何佛 卽來迎請. 若悟無生頓法 見西方只在刹那 不悟頓教大乘 念佛往生路遙 如何得達. 六祖言 惠能與使君 移西方刹那間 目前便見 使君願見否. 使君 禮拜 若此得見 何須往生. 願和尙 慈悲 爲現西方 大善. 大師言 唐見西方無疑 卽散. 大衆 愕然 莫知何事 大師曰 大衆 大衆作意聽. 世人自色身 是城 眼耳鼻舌身 卽是城門 外有五門 內有意門 心卽是地 性卽是王 性在王在 性去王無. 性在身心存 性去身心壞. 佛是自性作 莫向身外求. 自性迷佛卽衆生 自性悟衆生卽是佛. 慈悲卽是觀音 喜捨名爲勢至 能淨是釋迦 平直是彌勒. 人我是須彌 邪心是大

海 煩惱是波浪 毒心是惡龍 塵勞是魚鱉 虛妄卽是神鬼 三毒卽是地獄 愚癡卽是畜生 十善卽是天堂. 無人我須彌自倒 除邪心海水竭 煩惱無波浪滅 毒害除魚龍絶. 自心地上覺性如來 施大智惠 光明照耀 六門清淨 照破六欲諸天 下照 三毒若除 地獄一時消滅 內外明徹 不異西方 不作此修 如何到彼 座下聞說 讚聲徹天 應是迷人 了然便見. 使君禮拜 讚言 善哉善哉. 普願法界衆生 聞者一時悟解. 大師言 善知識 若欲修行 在家亦得 不由在寺 在寺不修 如西方心惡之人 在家若修行 如東方人修善 但願自家修清淨 卽是西方.

使君 問 和尙在家如何修. 願爲指授. 大師言 善知識 惠能 與道俗作無相頌 盡誦取. 依此修行 常與惠能 一處無別. 頌曰

說通及心通　　如日至虛空
惟傳頓教法　　出世破邪宗
教卽無頓漸　　迷悟有遲疾
若學頓教法　　愚人不可迷
說卽雖萬般　　合離還歸一
煩惱暗宅中　　常須生慧日
邪來因煩惱　　正來煩惱除
邪正俱不用　　清淨至無餘.
菩提本清淨　　起心卽是妄
淨性在妄中　　但正除三障.
世間若修道　　一切盡不妨
常現在己過　　與道卽相當.
色類自有道　　離道別覓道
覓道不見道　　到頭還自懊.
若欲貪覓道　　行正卽是道

自若無正心　暗行不見道.
若眞修道人　不見世間愚
若見世間非　自非却是左.
他非我有罪　我非自有罪
但自去非心　打破煩惱碎.
若欲化愚人　是須有方便
勿令彼有疑　即是菩提見.
法元在世間　於世出世間
勿離世間上　外求出世間.
邪見是世間　正見出世間
邪正悉打却　菩提性宛然.
此但是頓教　亦名爲大乘
迷來經累劫　悟則刹那間.

大師言 善知識 汝等盡誦取此偈. 依偈修行 去惠能千里 常在能邊 此不修 對面千里 各各自修 法不相待. 衆人且散. 惠能歸曹溪山 衆人若有大疑 來彼山間. 爲汝破疑 同見佛性. 合座官寮道俗 禮拜和尙 無不嗟嘆 善哉 大悟 昔所未聞. 嶺南有福 生佛在此 誰能得知. 一時盡散.

四. 조계산에서 교화를 펴시다

●

大師往曹溪山 韶廣二州 行化四十餘年. 若論門人 僧之與俗 三五千人 說不盡 若論宗旨 傳授壇經 以此爲依約. 若不得壇經 卽無稟受 須知去處年月日姓名 遞相付囑 無壇經稟承 非南宗弟子也. 未得稟承者 雖說頓教法 未知

根本 終不免諍. 但得法者 只勸修行 諍是勝負之心 與道違背. 世人 盡傳 南能北秀 未知根本事由. 且秀禪師 於荊南府當陽縣玉泉寺 住持修行 惠能大師 於韶州城東三十五里曹溪山住 法卽一宗 人有南北 因此便立南北. 何名漸頓 法卽一種 見有遲疾. 見遲卽漸 見疾卽頓 法無漸頓 人有利鈍故 名漸頓.

神秀師甞見人 說惠能法 疾直指路 秀師遂喚門人僧志誠曰 汝聰明多智 汝與吾至曹溪山 到惠能所 禮拜但聽 莫言吾使汝來 所聽得意旨記取 却來與吾說 看惠能見解與吾誰疾遲 汝第一早來 勿令吾怪. 志誠奉使歡喜 遂半月中間 卽至曹溪山 見惠能和尙 禮拜卽聽 不言來處 志誠聞法 言下便悟 卽契本心 起立卽禮拜 自言 和尙 弟子從玉泉寺來 秀師處 不得契悟 聞和尙說 便契本心 和尙慈悲願當教示. 惠能大師曰. 汝從彼來 應是細作. 志誠曰. 未說卽是 說了不是. 六祖言 煩惱卽是菩提 亦復如是. 大師謂志誠曰. 吾聞 與禪師教人 唯傳戒定惠 汝和尙 教人戒定惠如何. 當爲吾說. 志誠曰. 秀和尙言戒定惠 諸惡不作名爲戒 諸善奉行名爲惠 自淨其意名爲定. 此卽名爲戒定惠 彼作如是說 不知和尙所見如何. 惠能和尙答曰. 此說不可思議 惠能所見又別. 志誠問何以別. 惠能答曰. 見有遲疾. 志誠請和尙說所見戒定惠. 大師言. 汝聽吾說 看吾所見處. 心地無非自性戒 心地無亂 是自性定 心地無癡 自性惠. 能大師言. 汝戒定惠 勸小根諸人 吾戒定惠 勸上人 得悟自性 亦不立戒定惠. 志誠言請大師說不立如何. 大師言. 自性無非無亂無癡 念念般若觀照 常離法相 有何可立. 自性頓修 立有漸 此以不立. 志誠禮拜 便不離曹溪山 卽爲門人 不離大師左右.

又有一僧 名法達 常誦法華經七年 心迷不知正法之處. 來問曰經上 有疑大師 智惠廣大 願爲決疑. 大師言. 法達 法卽甚達 汝心不達 經上無疑 汝心自疑 汝心自邪 而求正法. 吾心正定 卽是持經. 吾一生已來 不識文字 汝將法華經來 對吾讀一遍 吾聞卽知. 法達 取經到 對大師讀一遍 六祖聞已 卽識

佛意 便與法達說法華經. 六祖言. 法達 法華經 無多語 七卷 盡是譬喻因緣. 如來廣說三乘 只爲世人根鈍 經文分明 無有餘乘 唯一佛乘. 大師言. 法達 汝聽 一佛乘 莫求二佛乘 迷却汝性. 經中何處是一佛乘 與汝說. 經云 諸佛世尊 唯以一大事因緣故 出現於世 (已上十六字是正法) 此法如何解 此法如何修. 汝聽吾說. 人心不思 本源空寂 離却邪見 即一大事因緣. 內外不迷 即離兩邊 外迷著相 內迷著空 於相離相 於空離空 即是不迷 悟此法 一念 心開 出現於世. 心開何物. 開佛知見 佛猶如覺也. 分爲四門 開覺知見 示覺知見 悟覺知見 入覺知見. 開示悟入 從一處入 即覺知見 見自本性 即得出世. 大師言 法達 吾常願一切世人 心地 常自開佛知見 莫開衆生知見 世人 心邪 愚迷造惡 自開衆生知見 世人 心正 起智惠觀照 自開佛知見 莫開衆生知見 開佛知見 即出世. 大師言. 法達 此是法達經一乘法 向下分三 爲迷人故 汝但依一佛乘. 大師言. 法達 心行轉法華 不行法華轉 心正轉法華 心邪法華轉. 開佛知見轉法華 開衆生知見被法華轉. 大師言. 努力依法修行 即是轉經. 法達 一聞 言下大悟 涕淚悲泣 自言 和尚實未曾轉法華 七年被法華轉 已後轉法華 念念修行佛行. 大師言. 即佛行 是佛. 其時聽人 無不悟者.

時有一僧 名智常 來曹溪山 禮拜和尚 問四乘法義 智常問和尚曰. 佛說三乘 又言最上乘. 弟子不解 望爲教示. 惠能大師曰 汝自身心見 莫著外法相. 元無四乘法. 人心自有四等 法有四乘 見聞讀誦 是小乘 悟法解義 是中乘 依法修行 是大乘 萬法 盡通 萬行俱備 一切無離 但離法相 作無所得 是最上乘 乘是行義 不在口諍 汝須自行 莫問吾也.

又有一僧名神會 南陽人也. 至曹溪山禮拜 問言 和尚坐禪 見 亦不見. 大師起打神會三下 却問神會 吾打汝痛 不痛. 神會答言 亦痛 亦不痛. 六祖言曰. 吾亦見亦不見. 神會又問大師 何以亦見亦不見. 大師言吾亦見 常見自過患 故云亦見 亦不見者 不見天地人過罪. 所以亦見亦不見. 汝亦痛亦不痛如

何. 神會答曰. 若不痛 卽同無情木石 若痛卽同凡夫 卽起於恨. 大師言. 神會向前 見不見是兩邊 痛不痛是生滅. 汝自性且不見 敢來弄人. 神會禮拜 更不言 大師言 汝心迷不見 問善知識覓路 以心悟自見 依法修行. 汝自迷 不見自心 却來問惠能見否. 吾見自知. 代汝迷不得 汝若自見 代得吾迷. 何不自修 問吾見否. 神會作禮 便爲門人 不離曹溪山中 常在左右.

五. 법을 전하고 유통케 하다

大師遂喚門人 法海·志誠·法達·智常·志通·志徹·志道·法珍·法如·神會. 大師言. 汝等拾弟子 近前. 汝等 不同餘人 吾滅度後 汝各爲一方頭 吾敎汝說法 不失本宗. 擧三科法門 動用三十六對 出沒 卽離兩邊. 說一切法 莫離於性相 若有人 問法 出語盡雙 皆取法對 來去相因 究竟 二法盡除 更無去處. 三科法門者 陰界入 陰是五陰 界是十八界 入是十二入. 何名五陰. 色陰受陰想陰行陰識陰是 何名十八界. 六塵六門六識 何名十二入. 外六塵中六門. 何名六塵. 色聲香味觸法是 何名六門. 眼耳鼻舌身意是. 法性起六識 眼識耳識鼻識舌識身識意識 六門六塵 自性 含萬法 名爲含藏識 思量卽轉識 生六識 出六門見六塵 是三六十八. 由自性邪 起十八邪 含自性正起 十八正. 含惡用卽衆生 善用卽佛 用由何等. 由自性對. 外境無情 對有五 天與地對 日與月對 暗與明對 陰與陽對 水與火對. 語與言對 法與相對 有十二對有爲無爲 有色無色對 有相無相對 有漏無漏對 色與空對 動與靜對 淸與濁對 凡與聖對 僧與俗對 老與少對 大大與少少對 長與短對 高與下對 自性起用對 有十九對 邪與正對 癡與惠對 愚與智對 亂與定對 戒與非對 直與曲對 實與虛對 嶮與平對 煩惱與菩提對 慈與害對 喜與嗔對 捨與慳對 進與

退對 生與滅對 常與無常對 法身與色身對 化身與報身對 體與用對 性與相對. 有情無情對 言語與法相有十二對 外境有無情五對 自性起有十九對 都合成三十六對法也 此三十六對法 解用 通一切經 出入 即離兩邊 如何自性起用. 三十六對共人言語 出外於相離相 入內於空離空 著空即惟長無明 著相惟長邪見. 謗法 直言不用文字 旣云不用文字 人不合言語 言語即是文字. 自性上說空 正語言 本性不空 迷自惑 語言邪故. 暗不自暗 以明故暗 暗不自暗 以明變暗. 以暗現明 來去相因 三十六對 亦復如是. 大師言. 十弟子 已後傳法 遞相教授一卷壇經 不失本宗. 不稟受壇經 非我宗旨. 如今得了 遞代流行. 得遇壇經者 如見吾親授. 拾僧得教授已 寫爲壇經 遞代流行 得者必當見性.

大師先天二年八月三日 滅度 七月八日 喚門人告別 大師先天元年 於新州國恩寺造塔 至先天二年七月告別. 大師言. 汝衆 近前. 五至八月欲離世間 汝等有疑早問. 爲汝破疑 當令迷者盡 使汝安樂. 吾若去後 無人教汝. 法海等衆僧 聞已 涕淚悲泣 唯有神會 不動亦不悲泣 六祖言 神會小僧 却得善不善等 毀譽不動 餘者不得. 數年 山中 更修何道 汝今悲泣 更有阿誰 憂吾不知去處在. 若不知去處 終不別汝. 汝等悲泣 即不知吾去處 若知去處 即不悲泣. 性體 無生無滅 無去無來 汝等盡坐. 吾與汝一偈 眞假動靜偈. 汝等 盡誦取 見此偈意 汝與吾同. 依此修行 不失宗旨. 僧衆禮拜 請大師留偈 敬心受持. 偈曰

一切無有眞　　不以見於眞
若見於眞者　　是見盡非眞
若能自有眞　　離假即心眞
自心不離假　　無眞何處眞
有情即解動　　無情即不動
若修不動行　　同無情不動

若見眞不動　動上有不動
不動是不動　無情無佛種
能善分別相　第一義不動
若悟作此見　則是眞如用
報諸學道者　努力須用意
莫於大乘門　却執生死智
前頭人相應　卽共論佛語
若實不相應　合掌令勸善
此教本無諍　有諍失道意
執迷諍法門　自性入生死．

衆僧既聞 識大師意 更不敢諍 依法修行 一時禮拜 卽知大師不永住世．

上座法海向前言 大師 大師去後 衣法當付何人．大師言．法卽付了 汝不須問．吾滅後二十餘年 邪法撩亂 惑我宗旨 有人出來 不惜身命 定佛教是非 竪立宗旨 卽是吾正法．衣不合轉 汝不信 吾與誦先代五祖傳衣付法頌．若據第一祖達摩頌意 卽不合傳衣 聽．吾與汝頌．頌曰

第一祖達摩和尙 頌曰
　　吾本來唐國　傳教救迷情
　　一花開五葉　結果自然成
第二祖惠可和尙 頌曰
　　本來緣有地　從地種花生
　　當本元無地　花從何處生
第三祖僧璨和尙 頌曰
　　花種雖因地　地上種花生
　　花種無生性　於地亦無生

第四祖道信和尚 頌曰

　　花種有生性　　因地種花生

　　先緣不和合　　一切盡無生

第五祖弘忍和尚 頌曰

　　有情來下種　　無情花卽生

　　無情又無種　　心地亦無生

第六祖惠能和尚 頌曰

　　心地含情種　　法雨卽花生

　　自悟花情種　　菩提果自成

能大師言．汝等 聽．吾作二頌．取達摩和尚頌意 汝迷人依此頌修行 必當見性．第一頌曰

　　心地邪花放　　五葉逐根隨

　　共造無明業　　見被業風吹

第二頌曰

　　心地正花放　　五葉逐根隨

　　共修般若惠　　當來佛菩提

六祖說偈已了 放衆生散 門人出外思惟 卽知大師不久住世．六祖後至八月三日 食後 大師言．汝等著位坐 吾今共汝等別．法海問言 此頓教法傳授 從上已來 至今幾代．六祖言．初傳授七佛 釋迦牟尼佛 第七．大迦葉第八 阿難第九 末田地第十 商那和修第十一 優婆鞠多第十二 提多迦第十三 佛陀難提第十四 佛陀蜜多第十五 脅比丘第十六 富那奢第十七 馬鳴第十八 毘羅長者第十九 龍樹第二十 迦那提婆第二十一 羅睺羅第二十二 僧迦那提第二十三 僧迦耶舍第二十四 鳩摩羅馱第二十五 闍耶多第二十六 婆修盤多第二十七 摩拏羅第二十八 鶴勒那第二十九 師子比丘第三十 舍那婆斯第三十一 優婆

堀第三十二 僧迦羅第三十三 須婆蜜多第三十四 南天竺國王子第三子菩提達摩第三十五 唐國僧惠可第三十六 僧璨第三十七 道信第三十八 弘忍第三十九 惠能自身 當今受法第四十. 大師言 今日已後 遞相傳授 須有依約 莫失宗旨.

法海又白. 大師今去 留付何法 令後代人 如何見佛. 六祖言. 汝聽. 後代迷人 但識眾生 即能見佛 若不識眾生 覓佛萬劫 不得見也. 吾今教汝 識眾生見佛 更留見眞佛解脫頌 迷即不見佛 悟者即見. 法海願聞 代代流傳 世世不絕. 六祖言. 汝聽. 吾與汝說. 後代世人 若欲覓佛 但識自心眾生 即能識佛 即緣有眾生 離眾生無佛心.

迷即佛眾生	悟即眾生佛
愚癡佛眾生	智惠眾生佛
心險佛眾生	平等眾生佛
一生心若險	佛在眾生中
一念悟若平	即眾生自佛
我心自有佛	自佛是眞佛
自若無佛心	向何處求佛

大師言. 汝等門人 好住. 吾留一頌 名自性眞佛解脫頌. 後代迷人 聞此頌意 即見自心自性眞佛 與汝此頌 吾共汝別. 頌曰

眞如淨性是眞佛	邪見三毒是眞魔
邪見之人魔在舍	正見之人佛則過
性中邪見三毒生	即是魔王來住舍
正見自除三毒心	魔變成佛眞無假
化身報身及淨身	三身元本是一身
若向身中覓自見	即是成佛菩提因

本從化身生淨性　　淨性常在化身中
性使化身行正道　　當來圓滿眞無窮
婬性本身淸淨因　　除卽婬無淨性身
性中但自離五欲　　見性刹那卽是眞
今生若悟頓教門　　悟卽眼前見世尊
若欲修行云覓佛　　不知何處欲求眞
若能身中自有眞　　有眞卽是成佛因
自不求眞外覓佛　　去覓總是大癡人.
頓教法門今已留　　救度世人須自修.
今報世間學道者　　不依此是大悠悠

大師說偈已了 遂告門人曰. 汝等好住. 今共汝別. 吾去已後 莫作世情悲泣 而受人弔問錢帛 著孝衣. 卽非聖法 非我弟子. 如吾在日一種 一時端坐 但無動無靜 無生無滅 無去無來 無是無非 無住無往 坦然寂靜 卽是大道. 吾去已後 但依法修行 共吾在日一種 吾若在世 汝違教法 吾住無益. 大師云此語已 夜至三更 奄然遷化 大師春秋七十有六. 大師滅度之日 寺內異香氤氳 經數日不散 山崩地動 林木變白 日月無光 風雲失色. 八月三日滅度 至十一月 迎和尙神座於曹溪山葬 在龍龕之內 白光出現 直上衝天 二日始散 韶州刺使韋璩立碑 至今供養.

此壇經 法海上座集. 上座無常 付同學道漈 道漈無常 付門人悟眞悟眞 在嶺南曹溪山法興寺 見今傳授此法. 如付此法 須得上根智 心信佛法 立大悲 持此經 以爲依承 於今不絕. 和尙 本是韶州曲江縣人也. 如來入涅槃 法教流東土 共傳無住 卽我心無住. 此眞菩薩 說眞宗 行實喩 唯教大智人 是旨依. 凡度誓修修行行遭難不退 遇苦能忍 福德深厚. 方授此法 如根性不堪 材量不得 須求此法 違律不德者 不得妄付壇經. 告諸同道者 今諸密意.

문 안의 수행
문 밖의 수행
월호 스님의 육조단경 강의

ⓒ 월호, 2009

2009년 3월 28일 초판 1쇄 발행
2024년 12월 18일 초판 8쇄 발행

지은이 월호
발행인 박상근(至弘) • 편집인 류지호 • 편집이사 양동민
편집 김재호, 양민호, 김소영, 최호승, 하다해, 정유리 • 디자인 쿠담디자인
제작 김명환 • 마케팅 김대현, 이선호, 류지수 • 관리 윤정안
콘텐츠국 유권준, 김대우, 김희준
펴낸 곳 불광출판사 (03169) 서울시 종로구 사직로10길 17 인왕빌딩 301호
 대표전화 02) 420-3200 편집부 02) 420-3300 팩시밀리 02) 420-3400
 출판등록 제300-2009-130호(1979. 10. 10.)

ISBN 978-89-7479-170-4 (03220)

값 16,000원

잘못된 책은 구입하신 서점에서 바꾸어 드립니다.
독자의 의견을 기다립니다. www.bulkwang.co.kr
불광출판사는 (주)불광미디어의 단행본 브랜드입니다.